PARA DEVOCIONAIS INDIVIDUAIS e em FAMÍLIA. DESDE 1956

Pão Diário

EDIÇÃO ANUAL

*De:*_____

Para: _____

Publicações
Pão Diário

ESCRITORES:
Albert Lee, Alyson Kieda, Amy Boucher Pye, Amy Peterson, Anne M. Cetas, Arthur Jackson, Chek Phang Hia, Cindy Hess Kasper, Dave Branon, Davi Charles Gomes, David C. McCasland, David H. Roper, Dennis Fisher, Elisa Morgan, Harold Myra, Jaime Fernández Garrido, James Banks, Jeff Olson, Jennifer Benson Schuldt, Jeremias Pereira da Silva, Jolene Philo, Joseph M. Stowell, Juarez Marcondes Filho, Julie Ackerman Link, Julie Schwab, Karen Wolfe, Keila Ochoa, Kirsten Holmberg, Lawrence Darmani, Leslie Koh, Linda Washington, Luis Roberto Silvado, Mart DeHaan, Marvin L. Williams, Miguel Uchôa, Monica Brands, Ney Silva Ladeia, Paschoal Piragine Junior, Peter Chin, Philip D. Yancey, Poh Fang Chia, Randy K. Kilgore, Shelly Beach, Sheridan Voysey, Timothy Gustafson, William E. Crowder, Xochitl Dixon.

Tradução: Cláudio F. Chagas, Rita Rosário
Revisão: Dayse Fontoura, Lozane Winter
Adaptação e edição: Rita Rosário
Coordenação gráfica: Audrey Novac Ribeiro
Diagramação: Lucila Lis

Fotos das capas:
Monkey Business Images © Shutterstock
Algarve, Portugal, Alex Soh © Ministérios Pão Diário
Matushchak Anton © Shutterstock
Parque Nacional Herodion (Herodium), Israel, John Theodor © Shutterstock

Referências bíblicas:
Exceto se indicado o contrário, as citações bíblicas são extraídas da Edição Revista e Atualizada de João F. de Almeida © 2009 Sociedade Bíblica do Brasil.

Créditos dos artigos:
Artigo: 22 de janeiro, 22 de fevereiro extraídos e adaptados do livro *Anotações sobre a Graça* de Philip Yancey © 2009 Zondervan. Publicado com a permissão da Zondervan

Artigo: 20 de julho, extraído e adaptado de: *Sinais da graça*, de Philip Yancey © Ed. Mundo Cristão, 2011.

Artigo: 11,20 de dezembro, extraído e adaptado de: *Meet the Bible: A Panorama of God's Word in 366 Daily Readings and Reflections*, de Philip Yancey e Brenda Quinn (Um panorama da Palavra de Deus em 366 meditações e reflexões).

Pedidos de permissão para usar citações deste devocional devem ser direcionados a: permissao@paodiario.org

PUBLICAÇÕES PÃO DIÁRIO
Caixa Postal 4190, 82501-970 Curitiba/PR, Brasil
E-mail: publicacoes@paodiario.org • Internet: www.paodiario.org
Telefone: (41) 3257-4028

R1542 • 978-1-68043-425-5
MS200 • 978-1-68043-426-2
PH917 • 978-1-68043-427-9
YS121 • 978-1-68043-428-6

© 2018 Ministérios Pão Diário. Todos os direitos reservados.
Impresso na China

Portuguese ODB Edition

Sumário

Introdução 4

Uma parábola sobre o perdão 5
Meditações diárias (janeiro–junho) 7
A graça de Deus 188
Meditações diárias (julho–dezembro) 193
Nossa maior necessidade 377
Um presente para você 378

Índice temático 382

Introdução

Estamos felizes por você ter decidido ler a edição anual do devocional *Pão Diário*, que publicamos para encorajar os seguidores de Jesus a alimentar a sua alma com a Palavra de Deus. Cada mensagem destaca a reverência a Deus e às Escrituras que contêm verdades imutáveis e atemporais.

Desejamos que os devocionais e os artigos especiais demonstrem a relevância de buscarmos uma fé vibrante e que o equipem e encorajem em sua caminhada com o Senhor. No artigo sobre a graça de Deus, Gary Inrig, afirma: "Graça significa não recebermos o castigo que verdadeiramente merecemos e, em vez disso, recebemos exatamente o oposto: a aprovação, a aceitação e o perdão de Deus".

Por favor, leia e compartilhe estes devocionais com outros ao seu redor que precisam saber mais sobre Jesus o Salvador e o nosso Deus que nos concede a Sua graça.

Conheça em www.paodiario.org os recursos que disponibilizamos para atender às diversas necessidades dos nossos leitores: livros, música, mensagens, orações, textos devocionais, vídeos e grande variedade de livretos com assuntos contemporâneos disponíveis para baixar.

Estamos à sua disposição para juntos compartilharmos o Pão da Vida.

DOS EDITORES DO PÃO DIÁRIO

Uma parábola sobre o perdão

Jesus nos apresenta outra bela perspectiva sobre o perdão na história do filho pródigo, relatada em Lucas 15, vejamos estas evidências:

O coração arrependido. O filho pródigo demonstrou o seu arrependimento, tendo: *fome por restauração* e desejo de voltar para casa (v.16). Ao *confessar humildemente* o seu erro, ele reconheceu o seu pecado em violar o amor em relação ao Pai e aos outros (vv.18,19). E suplicou por misericórdia sem exigir a restauração à sua posição anterior (v.21).

> O filho pródigo demonstrou que se arrependeu.

O coração perdoador. O pai representa o coração perdoador de Deus em resposta ao arrependimento genuíno do filho. Isso é demonstrado por:

• *Esperança de retorno*. O pai nunca desistiu de esperar por seu filho (v.20).
• *Amor corajoso*. O pai estava disposto a se humilhar e amorosamente correu para abraçar seu filho (v.20).
• *Graça e misericórdia*. O pai alegremente o perdoou porque sentiu o coração arrependido de seu filho (v.22).
• *Celebração do arrependimento*. O pai planejou uma festa para celebrar o retorno de seu filho (vv.23,24).

O coração não perdoador. O filho mais velho, que representava os fariseus, demonstra a recusa em perdoar. Vejamos:

• *Dureza*. Indignado, não se dispôs a considerar a restauração de seu irmão mais novo e tolo (v.28).

• *Exigência de vingança*. Seu desejo era punir o irmão e não reconhecer as mudanças do coração (v.28).

• *Recusa arrogante em celebrar*. Ele estremeceu o relacionamento com o seu irmão e seu pai (v.28).

Somos capazes de perdoar somente quando aceitamos, nós mesmos, o perdão e o amor de Deus. Quando o fazemos Ele nos capacita, por meio do Seu Espírito, a oferecer graça e perdão aos outros. ❦

Adaptado do livreto da série *Descobrindo a Palavra, Quando o perdão parece impossível* por Tim Jackson © 2009 Publicações Pão Diário. Acesse: www.paodiario.org.

1.º DE JANEIRO

A BÍBLIA em UM ANO:
GÊNESIS 1-3; MATEUS 1

Gratidão

Querendo amadurecer na vida espiritual e tornar-se mais grata, Suzana iniciou o que chamou de *Pote de Gratidão*. Todas as noites, ela escrevia num papelzinho uma coisa pela qual agradecia a Deus e a colocava no pote. Alguns dias, ela tinha muitos agradecimentos; em dias difíceis, ela lutava para encontrar algum. No fim do ano, ela esvaziou o pote e leu todas as notas. Ela se viu agradecendo a Deus por tudo que Ele havia feito. Deus tinha lhe dado coisas simples como um belo pôr do sol ou uma noite fria para um passeio no parque; outras vezes, lhe concedera graça para lidar com uma situação difícil ou tinha respondido a uma oração.

> **LEITURA:**
> **Salmo 23**
>
> Bondade e misericórdia certamente me seguirão todos os dias da minha vida... v.6

A descoberta de Suzana me lembrou do que o salmista Davi diz ter experimentado (SALMO 23). Deus o revigorou com "...pastos verdejantes..." e "...águas de descanso" (vv.2,3). Deu-lhe orientação, proteção e conforto (vv.3,4). Davi concluiu: "Bondade e misericórdia certamente me seguirão todos os dias da minha vida..." (v.6).

Farei um "pote de gratidão" este ano. Talvez você também queira fazer um. Creio que teremos muitos motivos para agradecer a Deus — inclusive por nos dar amigos, familiares, e provisão para as nossas necessidades físicas, espirituais e emocionais. Veremos que a bondade e a misericórdia de Deus nos acompanham todos os dias de nossa vida. 🌱

AMC

Amado Senhor, tu me abençoas
de mais formas do que consigo contar. Agradeço-te
por Teu grande amor por mim.

*Quando você pensar em tudo que é bom,
dê graças a Deus.*

2 DE JANEIRO

A BÍBLIA em UM ANO:
GÊNESIS 4-6; MATEUS 2

Aprenda com o passado

Quantas vezes percebemos que entramos "numa furada" e nos prometemos que não repetiremos o mesmo erro para, pouco depois, fazermos tudo de novo? Quem nunca o fez? Isso acontece porque esquecemos das lições do passado.

Deus usou o profeta Zacarias para dizer aos israelitas que voltaram do cativeiro babilônico que aprendessem as lições de sua própria história. Eles achavam que sua missão era reconstruir o Templo destruído por Nabucodonosor, 70 anos antes. Mas vemos Deus lhes ensinando que a principal missão deles era voltar para Ele. "Lembrem-se! Não é o Templo, sou eu!", dizia o Senhor.

> **LEITURA:**
> **Zacarias 1:1-6**
>
> "...Tornai-vos para mim, diz o SENHOR dos Exércitos, e eu me tornarei para vós outros..." v.3

Deus enfatiza que Ele deseja que o nosso coração seja o templo onde Ele habita para sempre. Os antepassados dos israelitas possuíam o Templo, mas não tinham compromisso com o Senhor. E essa geração não possuía um Templo, mas se tivessem compromisso com Deus, a bênção estaria sobre eles. A mensagem central é: coloque Jesus como o primeiro, como o Senhor. Quando invertemos a meta de nossa vida, até as coisas boas podem, devagarinho, nos afastar de Deus. Podemos estar cheios de boas intenções, mas longe do propósito do Senhor para nós.

O Senhor tem mais para você do que os bens materiais, mas Ele lhe diz: "Volte para mim!". Quando nos voltamos para Deus, Ele se volta para nós em graça e misericórdia.

Você aprenderá com essa lição do passado? Senhor, revela a mim o Teu propósito para a minha vida. 🌿

PPJ

O SENHOR os ajuda e os livra; [...] porque nele buscam refúgio.
SALMO 37:40

3 DE JANEIRO

A BÍBLIA em UM ANO:
GÊNESIS 7-9; MATEUS 3

Não é o que parece

Duque é um cão da raça *border collie* que vive numa fazenda entre as montanhas. Certa manhã, ele e seu dono, Tomás, foram verificar as condições de alguns animais em um pequeno caminhão utilitário. Ao chegarem, Tomás saiu do veículo, mas se esqueceu de acionar o freio. Com Duque no assento do motorista, o veículo desceu uma colina e atravessou duas faixas de tráfego antes de parar com segurança. Para os motoristas que presenciaram a cena, parecia que o cão estava dando uma voltinha matinal. Na verdade, as coisas nem sempre são como parecem.

> **LEITURA:**
> **2 Reis 6:8-17**
>
> ...Não temas, porque mais são os que estão conosco do que os que estão com [o inimigo]. v.16

Parecia que Eliseu e seu servo estavam prestes a serem capturados e levados ao rei da Síria. As forças do rei haviam cercado a cidade onde Eliseu e seu servo estavam. O servo acreditava que eles estavam perdidos, mas Eliseu lhe disse: "...Não temas, porque mais são os que estão conosco do que os que estão com eles" (2 REIS 6:16). Quando Eliseu orou, o servo conseguiu ver a multidão de forças sobrenaturais que estavam ali para protegê-los.

As situações que parecem sem esperança nem sempre são da maneira como as percebemos. Quando nos sentimos sobrecarregados e em minoria, podemos nos lembrar de que Deus está ao nosso lado. O Senhor pode dar ordens aos Seus anjos para que nos guardem em todos os nossos caminhos (SALMO 91:11). 🌱

JBS

Deus, concede-me um vislumbre do Teu poder hoje.
Ajuda-me a crer que desejas e podes
ajudar-me em qualquer situação em que eu me encontrar.

Tudo é sempre melhor do que parece
quando nos lembramos de que Deus está ao nosso lado.

4 DE JANEIRO

A BÍBLIA em UM ANO:
GÊNESIS 10–12; MATEUS 4

Amor multiplicado

Quando uma mulher da igreja de Karen foi diagnosticada com ELA (esclerose lateral amiotrófica, também conhecida como doença de Lou Gehrig), o prognóstico parecia ruim. Esta doença é cruel e afeta os nervos e músculos,

Como enfermeira, Karen tinha conhecimentos para ajudar e começou a ir à casa da mulher para cuidar dela. Mas logo percebeu que não conseguiria cuidar de sua própria família e atender às necessidades de sua amiga; então, começou a ensinar outras pessoas da igreja para ajudarem. Enquanto a doença seguia seu curso ao longo dos 7 anos seguintes, Karen treinou trinta e um voluntários adicionais que cercaram aquela família com amor, oração e ajuda.

LEITURA:
1 João 4:20–5:5

...aquele que ama a Deus ame também a seu irmão. 4:21

O apóstolo João escreveu: "...aquele que ama a Deus ame também a seu irmão" (1 JOÃO 4:21). Karen nos dá um exemplo brilhante desse tipo de amor. Ela teve as habilidades, a compaixão e a visão para reunir a família da igreja em torno de uma amiga sofredora. O seu amor por uma pessoa necessitada foi multiplicado e exercido por muitos.

TLG

Como Deus poderia usar os seus talentos e capacidades para servir as pessoas necessitadas? Peça ao Senhor para lhe mostrar como Ele deseja usar os seus dons para o Seu reino.

Amarás o teu próximo como a ti mesmo.
JESUS

5 DE JANEIRO

A BÍBLIA em UM ANO:
GÊNESIS 13-15; MATEUS 5:1-26

Escutando Deus

Meu filho pequeno gosta muito de ouvir a minha voz, exceto quando chamo seu nome com voz alta e firme, em seguida perguntando: "Onde você está?" Quando faço isso, habitualmente estou chamando por ele porque, com certeza, fez alguma travessura e está tentando se esconder de mim. Quero que meu filho atente para a minha voz porque estou preocupada com o seu bem-estar e não quero que ele se machuque.

> **LEITURA:**
> **Gênesis 3:8-17**
>
> E chamou o SENHOR Deus ao homem e lhe perguntou: Onde estás? v.9

Adão e Eva estavam acostumados a ouvir a voz de Deus no jardim. Entretanto, após desobedecerem o Senhor comendo o fruto proibido, esconderam-se dele quando o ouviram chamar: "...Onde estás?" (GÊNESIS 3:9). Eles não queriam estar na presença de Deus porque sabiam que haviam errado e feito algo que o Senhor lhes havia dito para não fazerem (v.11).

Quando Deus chamou por Adão e Eva e os encontrou no jardim, Suas palavras incluíam correção e consequência (vv.13-19). Mas Deus também lhes demonstrou bondade e lhes deu esperança para toda a humanidade com a promessa do Salvador (v.15).

Deus não precisa procurar por nós. Ele sabe onde estamos e o que estamos tentando esconder. Mas como Pai amoroso, Ele quer falar ao nosso coração e nos trazer perdão e restauração. Ele anseia que ouçamos a Sua voz — e atentemos a ela.

KOH

Obrigado, Senhor, por Teu amor e cuidado.
Obrigado por enviar Teu Filho, nosso Salvador, para cumprir a Tua promessa de perdão e restauração.

Quando Deus nos chama,
precisamos responder-lhe.

6 DE JANEIRO

A BÍBLIA em UM ANO:
GÊNESIS 16-17; MATEUS 5:27-48

Alguém para comemorar

Muitos presépios retratam os sábios, ou magos, visitando Jesus em Belém ao mesmo tempo que os pastores. Mas, segundo o evangelho de Mateus, o único lugar das Escrituras onde a história deles está registrada, os magos chegaram mais tarde. Jesus não estava mais na manjedoura no estábulo da pousada, mas em uma casa. Lemos em Mateus 2:11: "Entrando na casa, viram o menino com Maria, sua mãe. Prostrando-se, o adoraram; e, abrindo os seus tesouros, entregaram-lhe suas ofertas: ouro, incenso e mirra."

> **LEITURA:**
> **Mateus 2:1-12**
>
> Vinde, adoremos e prostremo-nos; ajoelhemos diante do Senhor, que nos criou. Salmo 95:6

Perceber que a visita dos magos aconteceu mais tarde do que podemos pensar traz um lembrete útil ao começarmos um novo ano. Jesus é sempre digno de adoração. Quando as festas já se encerraram e voltamos às rotinas do dia a dia, ainda temos Alguém para celebrar.

Jesus Cristo é Emanuel, "...Deus conosco" (MATEUS 1:23), em todas as épocas do ano. Ele prometeu estar conosco "...todos os dias..." (28:20). Por Ele estar sempre conosco, podemos adorá-lo em nosso coração todos os dias e confiar que Ele se mostrará fiel nos anos vindouros. Assim como os magos o buscaram, que também possamos buscá-lo e adorá-lo onde quer que estivermos. ❂ JBB

> **Senhor Jesus,** assim como os magos te buscaram
> e se prostraram diante de ti como o Rei, ajuda-me a submeter
> a minha vontade a ti e a seguir a Tua direção.

Quando encontramos a Cristo,
oferecemos-lhe a nossa adoração.

7 DE JANEIRO

A BÍBLIA em UM ANO:
GÊNESIS 18-19; MATEUS 6:1-18

Nossa fonte de provisão

Em **agosto** de 2010, o mundo estava atento a uma mina perto de Copiapó, Chile, com 33 mineiros encolhidos no escuro, presos 700 metros abaixo da superfície. Eles não tinham ideia se a ajuda chegaria em algum momento. Após 17 dias, ouviram o som de perfuração. Os socorristas fizeram um pequeno buraco no teto do poço da mina; depois, mais três, criando uma via de entrega de água, alimentos e remédios. Os mineiros dependiam desses dutos até a superfície, onde as equipes de resgate tinham as provisões que eles necessitariam para sobreviver. No 69.º dia, o último mineiro foi tirado de lá em segurança.

> **LEITURA:**
> **Mateus 6:9-15**
>
> **Perto está o SENHOR de todos os que o invocam...** Salmo 145:18

Nenhum de nós sobrevive neste mundo sem provisões externas. Deus, o Criador do Universo, é o único que nos fornece tudo o que precisamos. Como os dutos para aqueles mineiros, a oração nos conecta com o Deus de todo o suprimento.

Jesus nos encorajou a orar: "o pão nosso de cada dia dá-nos hoje" (MATEUS 6:11). Em Sua época, o pão era o alimento básico da vida e satisfazia as necessidades diárias das pessoas. Jesus estava nos ensinando a orar não só por nossas necessidades físicas, mas também por tudo que precisamos — conforto, cura, coragem, sabedoria.

Por meio da oração temos acesso ao Senhor a qualquer momento, e Ele sabe o que precisamos antes mesmo de lhe pedirmos (v.8). Contra o que você está lutando hoje? "Perto está o SENHOR de todos os que o invocam..." (SALMO 145:18). WEC

Obrigado Senhor, porque podemos nos achegar a ti com
todas as nossas necessidades. Ensina-nos a orar e a confiar somente em ti.

*A oração é a voz da fé, por confiar
que Deus nos conhece e se importa.*

8 DE JANEIRO

A BÍBLIA em UM ANO:
GÊNESIS 20-22; MATEUS 6:19-34

Largue as suas cargas

Certo homem, dirigindo sua picape numa estrada rural, viu uma mulher levando uma carga pesada; então, parou e lhe ofereceu carona. A mulher agradeceu e subiu na carroceria da picape.

Um momento depois, o homem notou algo estranho: a mulher ainda estava segurando a carga pesada, apesar de sentada no veículo! Espantado, ele lhe disse: "Por favor, senhora, largue a sua carga e descanse. Minha picape consegue levar você e as suas coisas. Apenas relaxe."

LEITURA:
Mateus 11:25-30

Vinde a mim, todos os que estais cansados e sobrecarregados, e eu vos aliviarei. v.28

O que fazemos com a carga de medo, preocupação e ansiedade que frequentemente carregamos ao passar por muitos desafios da vida? Em vez de descansar no Senhor, às vezes me comporto como aquela mulher. Jesus disse: "Vinde a mim, todos os que estais cansados e sobrecarregados, e eu vos aliviarei" (MATEUS 11:28), mas já me peguei levando cargas que deveria ter repassado para Jesus Cristo.

Nós largamos as nossas cargas quando as levamos ao Senhor em oração. O apóstolo Pedro diz: "...lançando sobre [Jesus] toda a vossa ansiedade, porque ele tem cuidado de vós" (1 PEDRO 5:7). Por Ele cuidar de nós, podemos descansar ao aprendermos a confiar nele. Em vez de levar as cargas que nos pesam e fatigam, podemos dá-las ao Senhor e permitir que Ele as carregue. LD

Estou cansado, Senhor. Entrego a ti os meus fardos hoje.
Por favor, fique com eles e carregue-os para mim.

*A oração é o lugar
onde as cargas trocam de ombros.*

Pão Diário

9 DE JANEIRO

A BÍBLIA em UM ANO:
GÊNESIS 23-24; MATEUS 7

Velho, mas novo

Em 2014, um sumidouro se abriu sob um museu de carros antigos, engolindo oito carros esportivos Chevrolet Corvette, antigos e insubstituíveis. Os automóveis ficaram muito danificados — alguns, sem chance de conserto.

Um desses carros, em particular, recebeu atenção extra. O milionésimo Corvette, fabricado em 1992, era o mais valioso da coleção. O que aconteceu àquela preciosidade após ter sido retirada do sumidouro é fascinante. Especialistas restauraram o carro à condição de novo, utilizando e reparando principalmente as suas peças originais. Embora aquela belezinha estivesse em péssimo estado, agora se parece tão bem quanto no dia em que fora fabricado.

> **LEITURA:**
> **Apocalipse 21:1-5**
>
> E aquele que está assentado no trono disse: Eis que faço novas todas as coisas... v.5

O velho e danificado tornou-se novo.

Esse é um lembrete importante daquilo que Deus tem reservado aos que creem em Jesus. Em Apocalipse 21:1, João disse ter visto "...novo céu e nova terra...". Muitos estudiosos da Bíblia veem essa Terra "nova" como uma Terra renovada, pois o estudo da palavra *nova* neste contexto revela que o seu significado é "revigorada" ou "restaurada" após a ruína da velha ter sido eliminada. Deus renovará o que está corrompido neste mundo e proverá um lugar novo, mas familiar, onde os cristãos viverão com Ele.

Que incrível verdade para contemplar: uma Terra nova, revigorada, familiar e bela. Imagine a majestosa obra das mãos de Deus!

JDB

Senhor, agradecemos-te por este mundo em que vivemos, mas ao mesmo tempo, aguardamos pelo novo que reservas para nós.

Nosso Criador faz novas todas as coisas.

10 DE JANEIRO

A BÍBLIA em UM ANO:
GÊNESIS 25–26; MATEUS 8:1-17

Atos aleatórios de bondade

Alguns dizem que a escritora norte-americana Anne Herbert rabiscou a frase "Pratique atos aleatórios de bondade e atos insensatos de beleza" algo do tipo: "Pratique o bem sem olhar a quem" — numa toalha de mesa individual num restaurante em 1982. Desde então, esse sentimento foi popularizado pelo cinema e pela literatura, e incorporou-se à língua.

LEITURA:
Rute 2:8-13

...Como é que me favoreces e fazes caso de mim, sendo eu estrangeira? v.10

A pergunta é: "Por quê?" Por que devemos demonstrar bondade? Para aqueles que seguem Jesus, a resposta é clara: Para demonstrar a terna misericórdia e bondade de Deus.

No Antigo Testamento há um exemplo desse princípio na história de Rute, a emigrante de Moabe. Ela era estrangeira, vivendo em terra estranha cuja língua e cultura não entendia. Além disso, ela era desesperadamente pobre, totalmente dependente da caridade de pessoas que mal a percebiam.

No entanto, um israelita demonstrou graça a Rute e tocou-lhe o coração (RUTE 2:13). Ele lhe permitiu respigar em seus campos, porém, mais do que simples caridade, ele lhe demonstrou por meio de sua compaixão a terna misericórdia de Deus, Aquele sob cujas asas ela poderia se refugiar. Rute se tornou esposa de Boaz, parte da família de Deus e fez parte da linhagem de ancestrais que levou a Jesus, que trouxe salvação ao mundo (MATEUS 1:1-16).

Jamais imaginamos o alcance de algo feito em nome de Jesus. *DHR*

Senhor, o que queres que eu faça em favor de outra pessoa hoje?
Orienta-me, e que essa pessoa possa vislumbrar-te.

Nunca é cedo demais para ser bondoso.

Pão Diário

11 DE JANEIRO

A BÍBLIA em UM ANO:
GÊNESIS 27–28; MATEUS 8:18-34

Cooperar

Minha mulher faz um cozido de legumes e carne incrível para o jantar. Ela põe carne crua, batatas comuns e batatas-doces em fatias, aipo, cogumelos, cenouras e cebolas na panela elétrica *Slow Cooker* (cozimento lento). Seis ou sete horas depois, o aroma enche a casa e o sabor é delicioso. É sempre vantajoso esperar até que os ingredientes na panela cooperem para atingir algo que não conseguiriam individualmente.

> **LEITURA:**
> **Romanos 8:28-30**
>
> ...todas as coisas cooperam para o bem daqueles que amam a Deus, [...] que são chamados segundo o seu propósito. v.28

Quando Paulo usou a frase "cooperar" no contexto do sofrimento, ele usou a palavra da qual provém a nossa palavra *sinergia*. Ele escreveu: "Sabemos que todas as coisas cooperam para o bem daqueles que amam a Deus, daqueles que são chamados segundo o seu propósito" (ROMANOS 8:28). Ele queria que os romanos soubessem que Deus, que não causou o sofrimento deles, faria com que todas as circunstâncias cooperassem com o Seu plano divino — para o bem deles. O bem a que Paulo se referia não eram as bênçãos temporais de saúde, riqueza, admiração ou sucesso, mas "...para serem conformes à imagem de seu Filho [de Deus]" (v.29).

Que possamos esperar com paciência e confiança porque o nosso Pai celestial está permitindo que todo o sofrimento, toda a angústia e todo o mal, cooperem para a Sua glória e para o nosso bem espiritual. Ele deseja nos tornar semelhantes a Jesus. MLW

Leia 2 Coríntios 12:9, Filipenses 1:6 e 1 Pedro 5:10.
Que encorajamento você encontrou para os tempos difíceis?

***O crescimento que temos por esperar em Deus
é maior do que a resposta ou o resultado que desejamos.***

12 DE JANEIRO

A BÍBLIA em UM ANO:
GÊNESIS 29–30; MATEUS 9:1-17

Nada oculto

Em 2015, uma empresa de pesquisa internacional declarou haver 245 milhões de câmeras de vigilância instaladas no mundo, e esse número crescia 15% a cada ano. Além disso, milhões de pessoas com smartphones capturam imagens diárias que variam de festas de aniversário aos assaltos a bancos. Quer aplaudamos o aumento da segurança ou denunciemos a privacidade reduzida, vivemos numa sociedade global, com câmeras por todos os lugares.

LEITURA:
Hebreus 4:12-16

...não há criatura que não seja manifesta na sua presença [de Deus]... v.13

Na carta aos Hebreus, do Novo Testamento, o autor diz que, em nosso relacionamento com Deus, experimentamos um nível muito maior de exposição e responsabilidade do que qualquer coisa visível por câmeras de vigilância. Sua Palavra, como uma afiada espada de dois gumes, penetra até o nível mais profundo do nosso ser, onde "...[discerne] os pensamentos e propósitos do coração. E não há criatura que não seja manifesta na sua presença; pelo contrário, todas as coisas estão descobertas e patentes aos olhos daquele a quem temos de prestar contas" (HEBREUS 4:12,13).

Porque nosso Salvador Jesus experimentou nossas fraquezas e tentações, mas não pecou, podemos nos "[achegar] confiadamente, junto ao trono da graça, a fim de recebermos misericórdia e acharmos graça para socorro em ocasião oportuna" (v.16). Não precisamos temê-lo, mas podemos ter certeza de que encontraremos graça quando nos achegarmos a Ele. DCM

**Nada está oculto a Deus. Nada é maior do que o amor divino.
Nada é maior do que a misericórdia
e graça divina. Nada é tão difícil para o poder de Deus.**

*Nenhuma parte de nossa vida
está oculta da graça e do poder de Deus.*

13 DE JANEIRO

A BÍBLIA em UM ANO:
GÊNESIS 31-32; MATEUS 9:18-38

Lembre-se de quando

Nosso filho lutou com a dependência química durante 7 anos; e nesse tempo, minha mulher e eu vivenciamos muitos dias difíceis. Enquanto orávamos e esperávamos por sua recuperação, aprendemos a comemorar as pequenas vitórias. Se nada de ruim acontecesse em um período de 24 horas, dizíamos um ao outro: "Hoje foi um bom dia". Essa frase tão curta se tornou um lembrete para sermos gratos pela ajuda de Deus nas menores coisas.

LEITURA:
Salmo 126

...grandes coisas fez o SENHOR por nós; por isso, estamos alegres. v.3

Escondido no Salmo 126:3 há um lembrete ainda melhor das misericórdias de Deus e do que, em última análise, elas significam para nós: "...grandes coisas fez o SENHOR por nós; por isso, estamos alegres". Que ótimo versículo para considerar ao nos lembrarmos da compaixão de Jesus por nós na cruz! As dificuldades de qualquer dia não podem alterar a verdade de que, aconteça o que acontecer, nosso Senhor já nos demonstrou bondade insondável e que "...a sua misericórdia dura para sempre" (SALMO 136:1).

Quando passamos por uma circunstância difícil e descobrimos que Deus foi fiel, manter isso em mente nos ajudará muito na próxima vez em que as águas da vida ficarem turbulentas. Podemos não saber como Deus nos fará atravessar as nossas circunstâncias, mas Sua bondade para conosco no passado nos ajuda a confiar que Ele o fará. 🌱

JBB

Quão ternas e firmes até o fim são as Tuas misericórdias,
nosso Criador, Defensor, Redentor e Amigo.
—ROBERT GRANT

Quando não conseguimos ver a mão de Deus,
podemos confiar em Seu coração.

14 DE JANEIRO

A BÍBLIA em UM ANO:
GÊNESIS 33–35; MATEUS 10:1-20

Crescendo ao vento

Imagine o mundo sem o vento. Os lagos seriam calmos. As folhas não voariam pelas ruas. Mas com o ar parado, quem esperaria que as árvores caíssem de repente? Foi o que aconteceu em uma cúpula de vidro de 1,2 hectares construída no deserto do Arizona, EUA. Dentro de uma enorme bolha sem vento, chamada Biosfera 2, as árvores cresceram mais rapidamente do que o normal, até desabarem de repente. Os pesquisadores acabaram achando uma explicação. As árvores necessitavam do estresse do vento para crescerem fortes.

> **LEITURA:**
> **Marcos 4:36-41**
> ...Quem é este que até o vento e o mar lhe obedecem? v.41

Jesus permitiu que os Seus discípulos sofressem ventos fortes para fortalecerem sua fé (MARCOS 4:36-41). Durante uma travessia noturna por águas conhecidas, uma tempestade repentina foi excessiva até mesmo para aqueles pescadores experientes. O vento e as ondas inundavam o barco enquanto Jesus, exausto, dormia na popa. Em pânico, eles o acordaram. *Seu Mestre não se importava por estarem prestes a morrer? Em que Ele pensava?* Então, eles começaram a descobrir. Jesus disse ao vento e às ondas para se acalmarem — e lhes perguntou por que ainda não tinham fé nele.

Se o vento não houvesse soprado, os discípulos nunca teriam perguntado: "...Quem é este que até o vento e o mar lhe obedecem?" (MARCOS 4:41).

Hoje, viver numa bolha protetora pode parecer uma boa ideia. Mas quão forte seria a nossa fé se não pudéssemos descobrir por nós mesmos o Seu reconfortante "acalma-te" quando os ventos das circunstâncias uivam?

MRD

Pai celestial, em meio às turbulências,
ajuda-nos a confiar totalmente em ti.

Deus nunca dorme.

15 DE JANEIRO

A BÍBLIA em UM ANO:
GÊNESIS 36-38; MATEUS 10:21-42

Perdendo para encontrar

Quando casei com meu noivo inglês e me mudei para o Reino Unido, pensei que seria uma aventura de 5 anos em uma terra estrangeira. Nunca sonhei que ainda estaria vivendo aqui quase 20 anos depois ou que, às vezes, sentiria que estava perdendo minha vida ao dizer adeus à família, amigos, trabalho e tudo que me era familiar. Entretanto, ao perder meu antigo estilo de vida, encontrei um melhor.

> LEITURA:
> **Mateus 10:37-42**
> ...quem [...] perde a vida por minha causa achá-la-á. v.39

Jesus prometeu o dom contraditório aos Seus apóstolos: encontrar a vida quando a perdemos. Quando Ele enviou os doze discípulos para compartilharem as Suas boas-novas, Ele lhes pediu para que o amassem mais do que a suas mães ou pais, filhos ou filhas (MATEUS 10:37). Suas palavras chegaram a uma cultura em que as famílias eram a pedra angular da sociedade e altamente valorizadas. Mas Ele prometeu que, se eles se dispusessem a perder a vida por Sua causa, eles a encontrariam (v.39).

Não temos de nos mudar para o exterior para nos encontrarmos em Cristo. Por meio de serviço e comprometimento, como ocorreu com os discípulos que saíram para compartilhar as boas notícias do reino de Deus, encontramo-nos recebendo mais do que damos por meio do amor abundante que o Senhor derrama sobre nós. É claro que Ele nos ama independentemente do quanto o servimos, e encontramos contentamento, significado e satisfação quando nos dedicamos ao bem-estar dos outros. ABP

> **Quando me** coloco aos pés da cruz,
> todas as minhas perdas são ganhos.

Toda perda deixa um espaço que pode ser preenchido
com a presença de Deus.

16 DE JANEIRO

A BÍBLIA em UM ANO:
GÊNESIS 39-40; MATEUS 11

O vale da bênção

O artista francês Henri Matisse sentiu que o trabalho de seus últimos anos de vida o representava melhor. Naquele tempo, ele experimentou um novo estilo, criando imagens coloridas e grandes, com papel em vez de tinta. Ele decorou as paredes de seu quarto com essas imagens brilhantes. Para ele, isso foi importante, pois fora diagnosticado com câncer e, frequentemente, estava confinado à sua cama.

> **LEITURA:**
> **2 Crônicas 20:1,13-22**
>
> Se algum mal nos sobrevier, [...] clamaremos a ti na nossa angústia, e tu nos ouvirás... v.9

Adoecer, perder o emprego ou sofrer desgosto são exemplos do que alguns chamam "estar no vale", onde o temor ofusca todo o restante. O povo de Judá vivenciou isso ao saber que um exército invasor se aproximava (2 CRÔNICAS 20:2-3.). Seu rei orou: "Se algum mal nos sobrevier, [...] clamaremos a ti na nossa angústia, e tu nos ouvirás..." (v.9). Deus respondeu: "...amanhã, saí-lhes ao encontro, porque o SENHOR é convosco" (v.17).

Quando o exército de Judá chegou ao campo de batalha, seus inimigos já haviam destruído um ao outro. O povo de Deus passou três dias recolhendo os equipamentos, roupas e objetos de valor abandonados. Antes de saírem, eles se reuniram para louvar a Deus e chamaram ao lugar "vale de Beraca", que significa "bênção".

Deus caminha ao nosso lado quando atravessamos os vales mais profundos de nossa vida. E Ele pode nos fazer descobrir bênçãos nesses vales. *JBS*

Querido Deus, ajuda-me a não temer quando encontrar dificuldades, e a crer que a Tua bondade e amor me seguirão.

Deus é mestre em transformar fardos em bênçãos.

17 DE JANEIRO

A BÍBLIA em UM ANO:
GÊNESIS 41–42; MATEUS 12:1-23

Encontrando vida

As palavras do pai de Ravi o feriram profundamente. "Você é um fracasso total. É uma vergonha para a família." Diante de seus irmãos talentosos, Ravi era visto como uma desgraça. Ele tentou se destacar nos esportes, e o fez, mas ainda se sentia um fracassado. Ele se perguntou: *O que será de mim? Sou um fracasso total? Posso me livrar dessa vida sem sentir dor?* Esses pensamentos o perseguiam, mas ele não o revelava a ninguém. Isso simplesmente não era feito em sua cultura. Ele havia sido ensinado a "guardar para si o seu sofrimento pessoal; manter escorado o seu mundo que estava desmoronando".

LEITURA:
João 14:5-14

...porque eu vivo, vós também vivereis. v.19

Assim, Ravi lutou sozinho. E, no hospital, enquanto se recuperava, após uma fracassada tentativa de suicídio, um visitante lhe trouxe uma Bíblia e a abriu em João 14. Sua mãe leu estas palavras de Jesus: "...porque eu vivo, vós também vivereis" (v.19). *Essa pode ser a minha única esperança*, pensou ele. *Uma nova maneira de viver. A vida tal qual definida pelo Autor da vida.* Então, Ravi orou: "Jesus, se és aquele que dá a vida como ela deve ser, eu a quero."

A vida pode apresentar momentos desesperadores. Mas, como Ravi, podemos encontrar esperança em Jesus, que é "...o caminho, e a verdade, e a vida..." (v.6). Deus quer nos dar uma vida rica e gratificante.

PFC

Senhor, sou pecador e preciso do Teu perdão.
Transforma a minha vida, pois com ela quero honrar o Teu nome.

*Somente Jesus
pode nos dar nova vida.*

18 DE JANEIRO

A BÍBLIA em UM ANO:
GÊNESIS 43–45; MATEUS 12:24-50

Longas sombras

Vários anos atrás, minha mulher e eu ficamos em uma pousada rústica num local remoto na Inglaterra. Estávamos lá com quatro outros casais ingleses, que não conhecíamos anteriormente. Sentados na sala de estar para um cafezinho após o jantar, a conversa se voltou para ocupações, com a pergunta "O que você faz?". Na época, eu era o presidente do Instituto Bíblico Moody em Chicago, EUA. Presumi que ninguém ali sabia algo sobre esse Instituto ou seu fundador, D. L. Moody. Quando mencionei o nome da escola, a reação deles foi imediata e surpreendente. "De Moody e Sankey... esse Moody?" Outro hóspede acrescentou: "Temos um hinário Sankey e, frequentemente, nossa família se reúne em torno do piano para cantar canções dele." Fiquei surpreso! O evangelista Dwight Moody e seu músico Ira Sankey tinham feito reuniões nas Ilhas Britânicas há mais de 120 anos e ainda se podia sentir a influência deles ali.

> **LEITURA:**
> **Salmo 100**
>
> ...o SENHOR é bom, a sua misericórdia dura [...] de geração em geração... v.5

Naquela noite, saí da sala pensando nas maneiras como a nossa vida pode lançar longas sombras de influência para Deus — a influência de uma mãe que ora sobre os seus filhos, as palavras de incentivo de um colega de trabalho, o apoio e o desafio de um professor ou mentor, as palavras amorosas, mas corretivas, de um amigo. É um grande privilégio desempenhar um papel na maravilhosa promessa de que "...a sua misericórdia dura [...] de geração em geração..." (SALMO 100:5).

JMS

Senhor, orienta-me como devo investir
na vida de outras pessoas.

Somente o que é feito por Cristo permanece.

19 DE JANEIRO

A BÍBLIA em UM ANO:
GÊNESIS 46–48; MATEUS 13:1-30

Um tesouro a ser compartilhado

Em março de 1974, os agricultores chineses cavavam um poço quando descobriram algo surpreendente: Enterrado sob a terra seca da China central estava o Exército de Terracota — esculturas em terracota em tamanho real, que remontam ao século 3º a.C. Nesse achado extraordinário havia cerca de 8 mil soldados, 150 cavalos de batalha e 130 carruagens puxadas por 520 cavalos. Esse exército se tornou um dos locais turísticos mais populares da China e atrai mais de um milhão de visitantes por ano. Esse surpreendente tesouro ficou escondido durante séculos, mas agora está sendo compartilhado com o mundo.

> **LEITURA:**
> **2 Coríntios 4:1-7**
>
> **Temos [...] este tesouro em vasos de barro, para que a excelência do poder seja de Deus e não de nós.** v.7

O apóstolo Paulo escreveu que os seguidores de Cristo têm dentro de si um tesouro que deve ser compartilhado com o mundo: "Temos [...] este tesouro em vasos de barro, para que a excelência do poder seja de Deus e não de nós" (2 CORÍNTIOS 4:7). O tesouro em nós é a mensagem de Cristo e do Seu amor.

Esse tesouro não deve ser escondido, mas sim compartilhado para que, pelo amor e a graça de Deus, pessoas de todas as nações possam ser acolhidas em Sua família. Que possamos, por meio da atuação do Seu Espírito, compartilhar esse tesouro com alguém hoje.

WEC

*Pai, o evangelho de Jesus é maravilhoso
demais para eu guardá-lo somente para mim mesmo.
Que eu o viva e compartilhe ao longo
de toda a minha jornada contigo, Senhor.*

**Permita que os outros
vejam o seu testemunho, além de ouvi-lo.**

20 DE JANEIRO

A BÍBLIA em UM ANO:
GÊNESIS 49-50; MATEUS 13:31-58

Sopro de vida

Em uma manhã fria e gelada, enquanto minha filha e eu caminhávamos até a escola, nós nos divertíamos vendo a nossa respiração virar vapor. Ríamos com as diversas nuvens de vapor que cada uma conseguia produzir. Recebi aquele momento como um presente, deleitando-me em estar com ela e em estar viva.

A nossa respiração, que normalmente é invisível, era vista no ar frio e isso me fez pensar sobre a Fonte de nossa respiração e vida — o Senhor, nosso Criador. Aquele que formou Adão do pó da terra, dando-lhe o sopro da vida, também concede vida a nós e a toda criatura vivente (GÊNESIS 2:7). Todas as coisas vêm dele — até mesmo a nossa própria respiração, que inalamos sem sequer pensarmos nisso.

> **LEITURA:**
> **Gênesis 2:4-8**
>
> Então, formou o SENHOR Deus ao homem do pó da terra e lhe soprou nas narinas o fôlego de vida... v.7

Vivendo com as conveniências e a tecnologia de hoje, podemos ser tentados a esquecer nossas origens e que Deus é Aquele que nos dá vida. Mas, quando pausamos para recordar que Deus é o nosso Criador, podemos desenvolver uma atitude de gratidão em nossas rotinas diárias. Podemos pedir-lhe ajuda e reconhecer o dom da vida com coração humilde e grato. Que a nossa gratidão transborde e alcance os outros, para que eles também possam dar graças ao Senhor por Sua bondade e fidelidade. 🕊

ABP

Amado Pai celestial, que Deus tremendo e poderoso és!
Tu criaste a vida com o Teu próprio sopro. Nós te louvamos e engrandecemos com temor. Obrigado por Tua criação.

Dê graças a Deus, o nosso Criador,
que nos concede o fôlego de vida.

21 DE JANEIRO

A BÍBLIA em UM ANO:
ÊXODO 1-3; MATEUS 14:1-21

Abandone tudo

Quando jogava basquetebol no time da universidade, no início de cada temporada eu tomava a decisão consciente de entrar naquele ginásio e me dedicar totalmente ao meu treinador — fazer tudo o que ele me pedisse para fazer.

Meu time não seria beneficiado se eu anunciasse: "Ei, treinador! Estou aqui. Quero fazer cestas e driblar, mas não me peça para correr para lá e para cá, jogar na defesa e ficar todo suado!".

Todo atleta bem-sucedido deve confiar no treinador o suficiente para fazer o que este lhe pede a fim de que toda a equipe seja bem-sucedida.

> **LEITURA:**
> **Romanos 12:1-8**
>
> Rogo-vos, pois, irmãos, pelas misericórdias de Deus, que apresenteis o vosso corpo por sacrifício vivo... v.1

Em Cristo, devemos nos tornar "...sacrifício vivo..." de Deus (ROMANOS 12:1). Dizemos ao nosso Salvador e Senhor: "Confio em ti. Estou disposto a fazer o que quiseres que eu faça." E então, Ele nos "transforma" pela renovação da nossa mente para nos focarmos naquilo que lhe agrada.

É importante saber que Deus nunca nos pedirá para fazermos algo para o qual Ele já não nos tenha equipado. Como Paulo nos relembra, temos "...diferentes dons segundo a graça que nos foi dada..." (v.6).

Sabendo que podemos confiar em Deus com a nossa vida, podemos nos entregar totalmente a Ele, fortalecidos pelo conhecimento de que Ele nos criou e está nos ajudando a fazer esse esforço nele.

JDB

Pai celestial, ninguém merece mais o nosso sacrifício
e dedicação do que o Senhor. Ajuda-nos a perceber a alegria
que vem de nos entregarmos completamente a ti.

*Não há risco algum
em nos abandonarmos a Deus.*

22 DE JANEIRO

A BÍBLIA em UM ANO:
ÊXODO 4–6; MATEUS 14:22-36

A face de Deus

Grande parte da minha carreira de escritor tem girado em torno do problema da dor. Sempre volto às mesmas perguntas, como se estivesse cutucando uma velha ferida que nunca sara. Os leitores de meus livros me escrevem e suas histórias angustiantes dão faces humanas às minhas dúvidas. Lembro-me de um pastor de jovens me telefonando após descobrir que sua esposa e filha estavam morrendo de AIDS devido a uma transfusão de sangue contaminado. Ele perguntou: "Como posso falar ao meu grupo de jovens sobre um Deus amoroso?"

> LEITURA:
> **2 Coríntios 4:4-15**
>
> **Porque Deus [...] resplandeceu em nosso coração, para iluminação do conhecimento da glória de Deus...** v.6

Aprendi a nem tentar responder a esses "por quês". Por que a esposa do pastor de jovens recebeu o frasco de sangue contaminado? Por que um tornado atingiu uma cidade e não a outra? Por que as orações por cura física não são respondidas?

Uma pergunta, porém, já não me atormenta como antes: "Deus se importa?" Só conheço uma maneira de responder a essa pergunta, e a resposta é Jesus. Em Jesus, Deus nos deu uma face. Se você quiser saber como Deus se sente quanto ao sofrimento neste planeta que geme, olhe para aquela face.

"Deus se importa?" A morte de Seu Filho por nós, que acabará por eventualmente destruir toda dor, tristeza, sofrimento e morte eternamente, responde a essa pergunta. — PDY

> **"Porque Deus,** que disse: Das trevas resplandecerá a luz, ele mesmo resplandeceu em nosso coração, para iluminação do conhecimento da glória de Deus, na face de Cristo"
> (2 Coríntios 4:6).

O amor de Deus por nós é tão abrangente quanto os braços abertos de Cristo na cruz.

23 DE JANEIRO

A BÍBLIA em UM ANO:
ÊXODO 7–8; MATEUS 15:1-20

Nada falta

magine fazer uma viagem sem bagagem. Sem necessidades básicas. Sem trocas de roupa. Sem dinheiro ou cartões de crédito. Soa insensato e aterrorizante, não?

Mas foi exatamente isso o que Jesus disse aos Seus doze discípulos para fazerem quando os enviou em sua primeira missão de pregar e curar. "Ordenou-lhes que nada levassem para o caminho, exceto um bordão; nem pão, nem alforje, nem dinheiro; que fossem calçados de sandálias e não usassem duas túnicas" (MARCOS 6:8,9).

> **LEITURA:**
> **Marcos 6:7-12**
>
> **Deus pode fazer-vos abundar [...] a fim de que [...] superabundeis em toda boa obra.**
> 2 Coríntios 9:8

Contudo, mais adiante, quando os estava preparando para o seu trabalho após Ele partir, Jesus disse aos Seus discípulos: "...Quem tem bolsa, tome-a, como também o alforje; e o que não tem espada, venda a sua capa e compre uma" (LUCAS 22:36). Então, qual é a questão aqui? Trata-se de confiar em que Deus proverá.

Referindo-se à primeira viagem, Jesus perguntou aos discípulos: "...Quando vos mandei sem bolsa, sem alforje e sem sandálias, faltou-vos, porventura, alguma coisa?...". E eles responderam: "...Nada..." (v.35). Os discípulos tiveram tudo o que precisaram para realizar o que Deus os havia chamado a fazer. Ele foi capaz de supri-los com o poder de fazer a Sua obra (MARCOS 6:7).

Será que nós confiamos que Deus suprirá as nossas necessidades? Estamos também assumindo responsabilidade pessoal e planejamento? Tenhamos fé de que Ele nos dará o que precisarmos para realizar a Sua obra. ❦

PFC

Senhor, ajuda-nos em nosso esforço
para orar, planejar e confiar em ti.

A vontade de Deus feita ao Seu modo nunca deixará de receber a Sua provisão. HUDSON TAYLOR, FUNDADOR DA MISSÃO DO INTERIOR DA CHINA

24 DE JANEIRO

A BÍBLIA em UM ANO:
ÊXODO 9-11; MATEUS 15:21-39

Nada em vão

Um consultor financeiro que conheço descreve o que acontece com os investimentos financeiros, dizendo: "Espere o melhor e esteja preparado para o pior". Em quase todas as decisões que tomamos na vida há incertezas acerca do resultado. Contudo, há um percurso que podemos seguir, no qual, independentemente do que venha acontecer, sabemos que, no fim, não será um esforço desperdiçado.

> **LEITURA:**
> **1 Coríntios 15:50-58**
>
> ...sede firmes, inabaláveis e sempre abundantes na obra do Senhor, [...] no Senhor, o vosso trabalho não é vão. v.58

O apóstolo Paulo passou um ano com os seguidores de Jesus em Corinto, uma cidade conhecida por sua corrupção moral. Após a sua partida, ele lhes escreveu em seguida, exortando-os a não ficarem desanimados ou sentirem que o seu testemunho por Cristo não tivesse valor. Ele lhes assegurou que chegará o dia em que o Senhor voltará e até mesmo a morte será tragada pela vitória (1 CORÍNTIOS 15:52-55).

Permanecer fiel a Jesus pode ser difícil, desanimador e até mesmo perigoso, mas nunca será insensato nem desperdício de tempo. À medida que andamos com o Senhor e testemunhamos de Sua presença e poder, a nossa vida não é em vão! Podemos ter certeza disso. DCM

Senhor, nestes dias de incertezas, firmamo-nos em Tua promessa de que o nosso trabalho por ti cumprirá o Teu propósito e será de grande valor aos Teus olhos.

A nossa vida e o nosso testemunho por Jesus Cristo não é em vão.

25 DE JANEIRO

A BÍBLIA em UM ANO:
ÊXODO 12-13; MATEUS 16

Trovão e raio

Muitos anos atrás, um amigo e eu estávamos pescando num local onde havia diques feitos por castores, que são roedores mamíferos semiaquáticos, quando começou a chover. Nós nos abrigamos sob um bosque de plátanos, ou faias-pretas nas proximidades, mas a chuva continuou a cair. Então, decidimos encerrar o dia e correr para a picape. Eu havia acabado de abrir a porta quando um raio atingiu o bosque de faias com uma estrondosa bola de fogo que arrancou folhas e casca das árvores, deixando alguns galhos fumegantes. E, então, houve silêncio.

> **LEITURA:**
> **Salmo 29**
>
> **A voz do SENHOR despede chamas de fogo.** v.7

Ficamos abalados e cheios de temor.

Os raios e trovões são comuns nesse vale. Eu amo isso — apesar de ter escapado por um triz. Amo essa energia bruta. Voltagem! Percussão! Choque e temor! A Terra e tudo o que há nela treme e se agita. E, depois, há paz.

Gosto muito dos raios e trovões primariamente porque eles são símbolos da voz de Deus (JÓ 37:4), falando com poder estupendo e irresistível por meio da Sua Palavra. "A voz do SENHOR despede chamas de fogo [...]. O SENHOR dá força ao seu povo, o SENHOR abençoa com paz ao seu povo" (SALMO 29:7,11). Ele lhes dá força para suportar, para ser paciente, para ser gentil, para sentar-se quieto, para levantar-se e ir, e para aquietar-se.

Que o Deus da paz esteja com você. 🌿

DHR

Acalma o meu espírito nas tempestades, Senhor.
Concede-me a Tua paz e a força para atravessar este dia.

A fé conecta a nossa fraqueza à força de Deus.

26 DE JANEIRO

A BÍBLIA em UM ANO:
ÊXODO 14-15; MATEUS 17

Humano demais

O escritor britânico Evelyn Waugh usava as palavras de maneira que acentuava as suas falhas de caráter. Finalmente, ele se converteu ao cristianismo, mas ainda lutava. Certo dia, uma mulher lhe perguntou: "Sr. Waugh, como pode o senhor se comportar assim e ainda se dizer cristão?" Ele respondeu: "Senhora, eu posso ser tão ruim quanto diz. Mas, creia-me, se não fosse por minha religião, eu mal seria um ser humano."

> **LEITURA:**
> **Romanos 7:14-25**
>
> ...eu, todavia, sou carnal, vendido à escravidão do pecado. v.14

Waugh estava travando a batalha interior descrita pelo apóstolo Paulo: "...o querer o bem está em mim; não, porém, o efetuá-lo" (ROMANOS 7:18). Ele também diz: "...bem sabemos que a lei é espiritual; eu, todavia, sou carnal, vendido à escravidão do pecado" (v.14). Ele explica ainda: "...no tocante ao homem interior, tenho prazer na lei de Deus; mas vejo, nos meus membros, outra lei [...]. Quem me livrará do corpo desta morte?" (vv.22-24). Em seguida, a resposta exultante: "Graças a Deus por Jesus Cristo, nosso Senhor..." (v.25).

Quando passamos a crer em Cristo, admitindo nossas transgressões e nossa necessidade de um Salvador, tornamo-nos imediatamente uma nova criação. Porém, nossa formação espiritual continua sendo uma jornada por toda a vida. Como observou o discípulo João: "...agora, somos filhos de Deus, e ainda não se manifestou o que haveremos de ser. [...] quando ele se manifestar, seremos semelhantes a ele, porque haveremos de vê-lo como ele é" (1 JOÃO 3:2).

TLG

Pai, trazemos nossas lutas a ti, pois tu as conheces,
e ainda assim nos ama. Ensina-nos a confiar em Teu Espírito
e torna-nos mais semelhante a Cristo.

*C. S. Lewis nos diz que: Ser cristão é perdoar o imperdoável,
porque Deus perdoou o imperdoável em nós.*

27 DE JANEIRO

A BÍBLIA em UM ANO:
ÊXODO 16-18; MATEUS 18:1-20

Heróis invisíveis

Há histórias da Bíblia que conseguem nos fazer parar e imaginar. Por exemplo, quando Moisés conduzia o povo de Deus à Terra Prometida e os amalequitas os atacaram, como ele sabia que devia ir ao topo da colina e manter levantado o bordão de Deus (ÊXODO 17:8-15)? Não nos é dito, mas aprendemos que, quando Moisés erguia as mãos, os israelitas venciam a batalha, e quando ele as abaixava, os amalequitas venciam. Quando Moisés se cansava, seu irmão Arão e outro homem, Hur, erguiam os braços de Moisés para que os israelitas pudessem triunfar.

> **LEITURA:**
> **Êxodo 17:8-15**
>
> ...Arão e Hur sustentavam-lhe as mãos [...] assim lhe ficaram as mãos firmes até ao pôr do sol. v.12

Sabemos pouco sobre Hur, mas ele teve um papel crucial nesse momento da história de Israel. Isto nos lembra de que os heróis invisíveis importam, que os apoiadores e os encorajadores dos líderes desempenham um papel essencial e, frequentemente, omitido. Os líderes podem ser mencionados nos livros de história ou louvados na mídia social, mas a testemunha fiel e silenciosa daqueles que servem de outras maneiras não é negligenciada pelo Senhor. Ele vê a pessoa que intercede diariamente em oração por amigos e familiares. Ele vê a mulher que, todos os domingos, recolhe as cadeiras da igreja. Ele vê o próximo que vem a nós com uma palavra de encorajamento.

Deus está nos usando, mesmo que a nossa tarefa pareça ser insignificante. Que possamos perceber e agradecer a qualquer herói invisível que nos ajude. 🌿

ABP

Ajuda-me a servir a ti e aos outros fielmente e a apreciar a ajuda daqueles que o Senhor enviou para o meu amparo.

Deus sempre vê os heróis invisíveis.

28 DE JANEIRO

A BÍBLIA em UM ANO:
ÊXODO 19-20; MATEUS 18:21-35

Sempre amado e valorizado

Servimos ao Deus que nos ama mais do que ama o nosso trabalho.

Sim, é verdade que Deus quer que trabalhemos para alimentar nossas famílias e que cuidemos, responsavelmente, do mundo que Ele criou. E Ele espera que sirvamos aos fracos, famintos, nus, sedentos e alquebrados em torno de nós, ao mesmo tempo em que nos mantemos alertas aos que ainda não responderam ao mover do Espírito Santo na vida deles.

Ainda assim, servimos ao Deus que nos ama mais do que ama o nosso trabalho.

> **LEITURA:**
> **Romanos 8:31-39**
>
> **Quem nos separará do amor de Cristo? Será tribulação, ou angústia, ou perseguição, ou fome...** v.35

Jamais devemos nos esquecer disso, porque poderá chegar um momento em que a nossa capacidade de "fazer para Deus" seja arrancada de nós por saúde, fracasso ou catástrofe imprevista. É nessas horas que Deus deseja que nos lembremos de que Ele nos ama não pelo que fazemos para Ele, mas por quem somos, Seus filhos! Uma vez que invocamos o nome de Cristo para a salvação, nada — "...tribulação, ou angústia, ou perseguição, ou fome, ou nudez, ou perigo, ou espada" — jamais nos separará "...do amor de Deus, que está em Cristo Jesus, nosso Senhor" (ROMANOS 8:35,39).

Quando tudo que podemos fazer ou tudo que temos é tirado de nós, tudo que o Senhor quer é que descansemos na certeza de que somos filhos de Deus.

RKK

Pai, ajuda-nos a nunca perder de vista o amor incondicional
que tens por nós, e permite que nos firmemos nessa esperança
quando o nosso trabalho — e seus frutos — se forem.

A razão de existirmos
é estarmos em comunhão com Deus.

31 DE JANEIRO

A BÍBLIA em UM ANO:
ÊXODO 25-26; MATEUS 20:17-34

A árvore falante

Um dos primeiros poemas cristãos da literatura inglesa é *The Dream of the Rood* [O sonho do poste]. A palavra *rood* se origina da palavra *rod*, poste em inglês arcaico, e se refere à cruz em que Cristo foi crucificado. Nesse antigo poema do século 7, a história da crucificação é recontada a partir da perspectiva da cruz. Quando o madeiro descobre que será usado para matar o Filho de Deus, ele rejeita a ideia de ser usado dessa maneira. Mas, nesse poema, Cristo pede a ajuda da árvore para proporcionar a redenção a todos os que crerão nele.

> **LEITURA:**
> **Colossenses 1:15-20**
>
> ...carregando ele mesmo em seu corpo, sobre o madeiro, os nossos pecados... 1 Pedro 2:24

No jardim do Éden, uma árvore foi a origem do fruto proibido que nossos pais espirituais provaram, permitindo que o pecado entrasse na raça humana. E, quando o Filho de Deus derramou o Seu sangue como sacrifício definitivo pelo pecado de toda a humanidade, Ele foi pregado sobre o madeiro por nós. Cristo "...[carregou] ele mesmo em seu corpo, sobre o madeiro, os nossos pecados..." (1 PEDRO 2:24).

A cruz é o *ponto de conversão* para todos os que confiam em Cristo para a salvação. E, desde a crucificação, ela se tornou o símbolo, que representa a morte sacrificial do Filho de Deus para a nossa libertação do pecado e da morte. A cruz é, indescritivelmente, a maravilhosa evidência do amor de Deus por nós. 🌿

HDF

> **Senhor, que** o meu coração sempre te louve
> ao lembrar-me que morreste na cruz em amor por mim.

*Cristo entregou a Sua vida pregado numa cruz
para a nossa salvação eterna.*

1.º DE FEVEREIRO

A BÍBLIA em UM ANO:
ÊXODO 27-28; MATEUS 21:1-22

Sempre sob os Seus cuidados

No dia em que nossa filha mais nova estava voando de Munique a Barcelona, visitei o meu site favorito de rastreamento de voo para seguir o seu percurso. Depois que coloquei o número do voo, o computador mostrou que já tinha atravessado a Áustria e contornava a parte norte da Itália. De lá, o avião voaria sobre o Mediterrâneo, ao sul da Riviera francesa em direção à Espanha, e estava programado para aterrissar no horário previsto. Parecia que a única coisa que eu não podia descobrir era o que os comissários de bordo estavam servindo para o almoço!

LEITURA:
Salmo 32:1-11

Instruir-te-ei e te ensinarei o caminho que deves seguir; e, sob as minhas vistas, te darei conselho. v.8

Por que eu me importo sobre a localização e as circunstâncias que a envolvem? Porque eu a amo, e me importo com quem ela é, o que está fazendo, e o rumo que está tomando em sua vida.

No Salmo 32, Davi celebrou a maravilha do perdão, orientação e preocupação de Deus conosco. Ao contrário de um pai humano, Deus conhece cada detalhe de nossa vida e as necessidades mais profundas do nosso coração. A promessa do Senhor para nós é: "Instruir-te-ei e te ensinarei o caminho que deves seguir; e, sob as minhas vistas, te darei conselho" (v.8).

Seja qual for a nossa situação hoje, podemos contar com a presença e cuidado de Deus, porque o "...o que confia no SENHOR, a misericórdia o assistirá" (v.10).

DCM

Querido Pai que estás nos céus, obrigado por cuidares de mim com o Teu amor e guiar-me ao longo deste dia.

*Estamos sempre sob a visão
e o cuidado amoroso de Deus.*

2 DE FEVEREIRO

A BÍBLIA em UM ANO:
ÊXODO 29–30; MATEUS 21:23-46

Qual é a ocasião?

Arthur, 4 anos, espiou para fora do capuz do seu moletom favorito deixando à vista o seu alegre rostinho. O capuz imitava uma cabeça de jacaré com mandíbulas de pelúcia que pareciam engolir a cabeça dele! Sua mamãe não aprovou o moletom escolhido. Ela queria causar uma boa impressão na visita que fariam a uma família que não viam há tempos.

> **LEITURA:**
> **Eclesiastes 3:9-17**
>
> **Sei que tudo quanto Deus faz durará eternamente...** v.14

Então ela lhe disse: "Esse moletom não é apropriado para a ocasião de hoje."

"É sim!", Arthur protestou prontamente.

"Sim, e que ocasião você acha que é?", perguntou ela. Arthur respondeu: "Você sabe, mãe. Vida!" O garoto convenceu a sua mãe a deixar ele vestir o moletom que preferia!

Arthur já aprendeu o que lemos em Eclesiastes 3:12: "...nada há melhor para o homem do que regozijar-se e levar vida regalada". Esse livro pode parecer deprimente e muitas vezes é incompreendido porque foi escrito a partir de uma perspectiva humana, não divina. O escritor, o rei Salomão, perguntou: "Que proveito tem o trabalhador naquilo com que se afadiga" (v.9)? No entanto, nele vislumbramos a esperança, pois ele também escreveu: "...é dom de Deus que possa o homem comer, beber e desfrutar o bem de todo o seu trabalho" (v.13).

Nós servimos a um Deus que nos dá boas coisas para desfrutar. Tudo o que Ele faz "durará eternamente" (v.14). À medida que o reconhecemos e seguimos os Seus ensinos de amor, Ele incute e inspira em nós o Seu propósito, significado e alegria de viver. 🌱 *TLG*

> **Senhor, restaura** em nós a alegria infantil
> que valoriza as Tuas boas dádivas para nós.

O Senhor, que o criou,
quer ser o centro de sua vida.

3 DE FEVEREIRO

A BÍBLIA em UM ANO:
ÊXODO 31–33; MATEUS 22:1-22

Eu te vejo

"**Eu vejo** você", disse uma amiga num grupo on-line de escritores, no qual nos apoiamos e encorajamos uns aos outros. Como tinha me sentido estressada e ansiosa, experimentei uma sensação de paz e bem-estar com as suas palavras. Ela "viu" minhas esperanças, medos, lutas e sonhos e demonstrou amor.

LEITURA:
Gênesis 16:1-13

Tu és Deus que vê... v.13

Quando ouvi o incentivo simples, mas poderoso dessa amiga, pensei em Agar, uma escrava na casa de Abrão. Depois de muitos anos de Sarai e Abrão ansiarem por um herdeiro, Sarai seguiu um costume de sua cultura e disse ao marido para conceber utilizando-se da escrava Agar. Mas quando Agar engravidou, ela tratou Sarai com desprezo. Quando Sarai revidou tal afronta, Agar fugiu para longe, para o deserto.

O Senhor viu Agar em sua dor e confusão, e abençoou-a com a promessa de que ela seria a mãe de muitos descendentes. Depois desse encontro com o Anjo do Senhor, Agar chamou o Senhor "El Roi", que significa "o Deus que vê" (v.13), pois ela sabia que não estava sozinha ou abandonada.

Como Agar foi vista e amada, nós também somos. Podemos nos sentir ignoradas ou rejeitadas por amigos ou familiares, no entanto, sabemos que nosso Pai não vê apenas o rosto que apresentamos ao mundo, mas todos os nossos sentimentos e medos secretos. Ele fala as palavras que nos trazem vida. ABP

Deus Pai, assim como viste Agar em sua angústia,
vês aqueles que estão feridos, fugindo da opressão e medo.
Por favor, envia-lhes ajuda e encorajamento.

Saber que Deus nos vê
nos traz conforto e nos dá confiança.

4 DE FEVEREIRO

A BÍBLIA em UM ANO:
ÊXODO 34-35; MATEUS 22:23-46

Em todas as circunstâncias

Em nosso bairro, reclamamos muito sobre as constantes quedas de energia. Elas podem ocorrer até três vezes numa semana e duram até 24 horas, mergulhando o bairro na escuridão. É difícil suportar esse inconveniente quando não podemos usar os aparelhos domésticos básicos.

Nossa vizinha, que é cristã, muitas vezes pergunta: "Isso é algo pelo qual devemos agradecer a Deus?" Ela está se referindo a 1 Tessalonicenses 5:18: "Em tudo, dai graças, porque esta é a vontade de Deus em Cristo Jesus para convosco." Nós sempre dizemos: "Sim, claro, damos graças a Deus em todas as coisas." Mas essa maneira tímida de dizermos é negada pela nossa reclamação cada vez que a energia é interrompida.

> **LEITURA:**
> **1 Ts 5:16-18**
>
> **Em tudo, dai graças, porque esta é a vontade de Deus em Cristo Jesus para convosco.** v.18

Certo dia, porém, a nossa crença de que devemos agradecer a Deus em todas as circunstâncias assumiu um novo significado. Voltei do trabalho para encontrar nossa vizinha visivelmente abalada, dizendo: "Graças a Deus que faltou energia. Minha casa teria queimado e minha família e eu teríamos perecido!"

Um caminhão de coleta de lixo tinha atingido o poste de eletricidade na frente de sua casa e derrubado os cabos de alta-tensão sobre várias casas. Se os cabos estivessem energizados, as mortes teriam sido inevitáveis.

As circunstâncias difíceis que enfrentamos podem dificultar a nossa gratidão. Podemos ser gratos ao nosso Deus, que vê em cada situação uma oportunidade para que confiemos nele — quer vejamos ou não os Seus propósitos. 🌱

LD

Pai, ajuda-nos a reconhecer a Tua atuação em todas as circunstâncias.

Pela graça de Deus
podemos ser gratos em todas as coisas.

5 DE FEVEREIRO

A BÍBLIA em UM ANO:
ÊXODO 36-38; MATEUS 23:1-22

Comece onde você está

Hoje, deparei-me com uma flor solitária que cresce nas campinas, uma pequena flor roxa "desperdiçando a sua doçura no ar do deserto", tomei emprestado a linda linha de um verso do poeta inglês, Thomas Gray. Tenho certeza de que ninguém tinha visto esta flor anteriormente, e talvez ninguém a verá novamente. E pensei: *Por que esta beleza neste lugar?*

A natureza nunca é desperdiçada. Ela exibe diariamente a verdade, bondade e beleza daquele que a trouxe à existência. Cada dia a natureza oferece uma nova declaração da glória de Deus. Será que vejo Deus em meio a essa beleza, ou apenas lanço um olhar à natureza e demonstro indiferença?

LEITURA:
Salmo 136:1-9

Os céus proclamam a glória de Deus, e o firmamento anuncia as obras das suas mãos. v.1

Toda a natureza declara a beleza daquele que a criou. Nossa resposta pode ser louvor, adoração e gratidão, pelo brilho de uma flor *centaurea* (escovinha, marianinha), pelo esplendor de um nascer do sol, pela simetria de uma árvore em particular.

O escritor C. S. Lewis descreve uma caminhada na floresta num dia de verão. Ele perguntou ao seu amigo sobre a melhor forma de cultivar um coração agradecido a Deus. Seu companheiro de caminhada virou-se para um riacho nas proximidades, lavou o rosto e as mãos em uma pequena cascata, e perguntou: "Por que não começar com isto?" Lewis disse que aprendeu um grande princípio naquele momento: "Comece onde você está."

Uma cachoeira, o vento nos salgueiros, um pássaro, uma minúscula flor. Que tal agradecer agora mesmo?

DHR

Pai, sabemos que a beleza ao nosso redor
reflete o Teu caráter.

Deus é a beleza por trás de toda a beleza.

STEVE DEWITT

6 DE FEVEREIRO

A BÍBLIA em UM ANO:
ÊXODO 39-40; MATEUS 23:23-39

Provado e purificado

Durante uma entrevista, a cantora e compositora Meredith Andrews falou sobre sentir-se oprimida, enquanto tentava equilibrar o evangelismo, trabalho criativo, casamento e maternidade. Refletindo sobre suas angústias, disse: "Senti-me como se Deus estivesse me depurando, algo semelhante ao processo de esmagamento."

Jó sentiu-se subjugado após perder o seu sustento, saúde e família. Pior ainda, embora ele adorasse a Deus diariamente, sentiu que o Senhor ignorava os seus pedidos de ajuda. Deus parecia ausente do cenário de sua vida. Jó alegou que não podia ver Deus mesmo que olhasse para o norte, sul, leste ou oeste (vv.2-9).

LEITURA:
Jó 23:1-12

...se ele me provasse, sairia eu como o ouro. v.10

Em meio ao desespero, Jó teve um momento de clareza. Sua fé ressurgiu como uma vela a iluminar um quarto escuro, e disse: "...ele sabe o meu caminho; se ele me provasse, sairia eu como o ouro" (v.10). Os cristãos são provados e purificados quando Deus usa as dificuldades para destruir a nossa autoconfiança, orgulho e sabedoria terrena. Parece como se Deus estivesse em silêncio durante este processo e não respondendo aos nossos pedidos de ajuda. No entanto, Ele pode estar nos dando uma oportunidade para fortalecer a nossa fé.

A dor e os problemas podem produzir o caráter sólido como a rocha, que é a consequência de confiar em Deus quando a vida é difícil.

JBS

Senhor, ajuda-me a crer que estás comigo, mesmo quando não posso ver-te agindo em minha vida. Entrego-me aos Teus propósitos por qualquer sofrimento que eu precise suportar.

Quando a nossa fé é testada,
esse pode ser o momento para fortalecê-la.

7 DE FEVEREIRO

A BÍBLIA em UM ANO:
LEVÍTICO 1-3; MATEUS 24:1-28

Isto me traz alegria?

Marie Kondo, jovem japonesa, escreveu o livro *A mágica da alegria* (Ed. Sextante, 2015), sobre o descarte e a organização e já vendeu dois milhões de cópias em todo o mundo. O objetivo é ajudar as pessoas a livrarem-se de coisas desnecessárias em suas casas e armários, coisas que lhes pesam. Ela sugere que seguremos cada item e nos perguntemos: Isso me traz alegria? Se a resposta for sim, devemos mantê-lo. Se for não, descartá-lo.

> **LEITURA:**
> **Filipenses 4:4-9**
>
> ...tudo o que é verdadeiro, [...] se algum louvor existe, seja isso o que ocupe o vosso pensamento. v.8

Paulo exortou os cristãos de Filipos a buscarem a alegria em seu relacionamento com Cristo. "Alegrai-vos sempre no Senhor; outra vez vos digo: alegrai-vos" (FILIPENSES 4:4). Em vez de uma vida cheia de ansiedade, ele exortou-os a orar por tudo e permitir que a paz de Deus guarde os seus corações e mentes em Cristo (vv.6,7).

Olhando para as nossas tarefas e responsabilidades diárias, vemos que nem todas são agradáveis. Mas podemos questionar: "De que maneira esta tarefa pode agradar a Deus e a mim também?" Uma mudança no objetivo do que fazemos pode transformar a maneira como nos sentimos a respeito dessas tarefas e responsabilidades.

"Finalmente, irmãos, tudo o que é verdadeiro, tudo o que é respeitável, tudo o que é justo, tudo o que é puro, tudo o que é amável, tudo o que é de boa fama, se alguma virtude há e se algum louvor existe, seja isso o que ocupe o vosso pensamento" (v.8).

As palavras de despedida de Paulo são alimento para a mente e uma receita para a alegria. ❧

DCM

Senhor, desperta a alegria em mim.

Envolver-se completamente com o Senhor
é o princípio da alegria.

8 DE FEVEREIRO

A BÍBLIA em UM ANO:
LEVÍTICO 4–5; MATEUS 24:29-51

O bom, o mau e o ruim

Uma querida amiga me enviou uma mensagem de texto que dizia: "Estou tão feliz por podermos dizer uma a outra o que é bom, mau e ruim!" Já somos amigas por muitos anos, e aprendemos a partilhar as nossas alegrias e falhas. Reconhecemos que estamos longe de ser perfeitas, por isso, compartilhamos as nossas lutas, mas também nos alegramos com os sucessos uma da outra.

Davi e Jônatas também tiveram uma amizade bastante sólida, que começou nos *bons* dias da vitória de Davi sobre Golias (1 SAMUEL 18 1-4). Eles compartilharam seus medos durante os dias *ruins* devido ao ciúme do pai de Jônatas (18:6-11; 20:1,2). Finalmente, sofreram juntos durante os dias *maus* com os planos de Saul de matar Davi (20:42).

> **LEITURA:**
> **1 Samuel 20:35-42**
>
> **De maneira alguma te deixarei, nunca jamais te abandonarei.**
> Hebreus 13:5

Os bons amigos não nos abandonam quando as circunstâncias externas mudam. Eles permanecem conosco nos dias bons e ruins, e podem nos mostrar o caminho para Deus, quando nos sentimos propensos a nos afastarmos dele.

As verdadeiras amizades são um presente de Deus, porque elas exemplificam o Amigo perfeito, que permanece fiel nos dias bons, maus e ruins. Como o Senhor nos lembra: "De maneira alguma te deixarei, nunca jamais te abandonarei" (v.5). KOH

Senhor, agradeço-te pelos bons amigos
que colocaste em minha vida, mas acima de tudo,
agradeço-te por seres meu Amigo.

*Um amigo é a primeira pessoa que aparece,
quando o mundo inteiro se afasta.*

9 DE FEVEREIRO

A BÍBLIA em UM ANO:
LEVÍTICO 6–7; MATEUS 25:1-30

O Advogado

De uma cela de prisão na Flórida em junho de 1962, Clarence Earl Gideon pediu ao Supremo Tribunal dos Estados Unidos para rever a sua condenação por um crime que ele afirmava não ter cometido, acrescentando que não tinha os recursos para contratar um advogado.

Um ano mais tarde, no caso histórico de *Gideon x Wainright*, a Suprema Corte decidiu que as pessoas que não podem pagar o custo da sua própria defesa têm direito a um defensor público, isto é; um advogado fornecido pelo Estado. Com esta decisão, e com a ajuda de um advogado nomeado pelo tribunal, Gideon teve a pena revista e ele foi absolvido.

> **LEITURA:**
> **1 João 1:8–2:2**
>
> ...Se, todavia, alguém pecar, temos Advogado junto ao Pai, Jesus Cristo, o Justo. v.1

Mas e se não formos inocentes? De acordo com o apóstolo Paulo, todos nós somos culpados. Contudo, o tribunal do céu fornece um Advogado que, à custa de Deus, oferece-se para defender e cuidar de nossa alma (1 JOÃO 2:2). Em nome do Pai, Jesus vem a nós oferecendo a liberdade que mesmo os presos a descrevem como sendo melhor do que qualquer coisa que já experimentaram fora da prisão. É a liberdade no coração e na mente.

Todos nós já sofremos por erros que cometemos ou erros feitos contra nós e podemos ser representados por Jesus. Como a maior das autoridades, Ele responde a cada pedido de misericórdia, perdão e conforto. Jesus, nosso Advogado, pode transformar a esperança perdida, o medo ou o arrependimento, de uma prisão num lugar em que Ele habita. 🕊

MRD

Pai, por favor, ajuda-nos a compreender o que significa ter a liberdade do Teu amor e presença. Que possamos experimentar essa liberdade, mesmo em lugares que temos visto apenas como o nosso local de confinamento!

Aquele que morreu como nosso substituto
agora vive como nosso Advogado.

10 DE FEVEREIRO

A BÍBLIA em UM ANO:
LEVÍTICO 8-10; MATEUS 25:31-46

Firmando-se em Jesus

Às vezes, ao colocar a cabeça no travesseiro à noite, oro e imagino que estou me apoiando em Jesus. Sempre que faço isso, lembro-me do que a Palavra de Deus nos diz sobre o apóstolo João. O próprio João descreve como ele estava sentado ao lado de Jesus na Última Ceia: "...estava conchegado a Jesus um dos seus discípulos, aquele a quem ele amava" (v.23).

LEITURA:
João 13:12-26

Ora, ali estava conchegado a Jesus um dos seus discípulos, aquele a quem ele amava. v.23

João usou o termo "a quem ele amava" como uma maneira de referir-se a si mesmo, sem mencionar seu próprio nome. Ele também está representando o cenário de um típico banquete em Israel do primeiro século, quando se usava uma mesa mais baixa do que as de hoje, à altura do joelho. Sentar-se reclinado, sem cadeiras numa esteira ou almofadas era a posição natural ao redor da mesa. João estava sentado tão perto do Senhor que, ao virar-se para lhe fazer uma pergunta, abaixou a cabeça "reclinando-se sobre o peito de Jesus" (v.25).

A proximidade de João em relação a Jesus, naquele momento, traz uma ilustração útil para o nosso relacionamento com o Senhor hoje. Podemos não ser capazes de tocar Jesus fisicamente, mas podemos confiar-lhe as mais pesadas circunstâncias de nossa vida. Ele disse: "Vinde a mim, todos os que estais cansados e sobrecarregados, e eu vos aliviarei" (MATEUS 11:28). Como somos abençoados por ter um Salvador em cuja fidelidade podemos confiar em todas as circunstâncias de nossa vida! Você está "achegando-se" a Jesus hoje?

JBB

Jesus, ajuda-me a firmar-me e confiar em ti como fonte de força e esperança. Lanço todos os meus cuidados sobre ti e te louvo porque és fiel.

*Somente Jesus nos concede
o descanso que precisamos.*

11 DE FEVEREIRO

A BÍBLIA em UM ANO:
LEVÍTICO 11-12; MATEUS 26:1-25

Eu sei tudo

Nosso filho e nora tiveram uma emergência. Nosso neto estava com pneumonia e bronquite e precisou ser levado ao hospital. Meu filho perguntou se poderíamos buscar seu filho de 5 anos na escola e levá-lo à nossa casa. Minha esposa e eu ficamos contentes por ajudá-los.

Quando meu neto entrou no carro, a vovó perguntou-lhe: "Você está surpreso que nós viemos buscá-lo hoje?" Ele respondeu: "Não!" Quando perguntamos o porquê, ele nos respondeu: "Porque eu sei tudo!"

LEITURA:
Salmo 139:1-18

Esquadrinhas o meu andar e o meu deitar e conheces todos os meus caminhos. v.3

Uma criança de 5 anos pode pensar que sabe tudo, mas nós que somos um pouco mais velhos entendemos melhor. Muitas vezes temos mais perguntas do que respostas. Gostaríamos de saber sempre sobre 'os porquês, os quando e os como' da vida, com frequência esquecendo-nos que embora não saibamos tudo, conhecemos o Deus que sabe.

O Salmo 139:1,3 fala do nosso Deus onisciente e do Seu conhecimento que é abrangente, Ele nos conhece intimamente. Davi diz: "Senhor, tu me sondas e me conheces. [...] Esquadrinhas o meu andar e o meu deitar e conheces todos os meus caminhos." Como é consolador saber que Deus nos ama perfeitamente, e tem plena consciência do que vamos enfrentar hoje, e Ele sabe a melhor forma de nos ajudar em todas as circunstâncias da vida.

O nosso conhecimento será sempre limitado, mas conhecer a Deus é o que mais importa. Podemos confiar nele. — WEC

Obrigado, Senhor, porque conheces tudo sobre mim
e quais são as minhas necessidades.

*Conhecer a Deus
é o que mais importa.*

12 DE FEVEREIRO

A BÍBLIA em UM ANO:
LEVÍTICO 13; MATEUS 26:26-50

Veja o que Jesus fez

O menino tinha apenas 8 anos quando anunciou para Wally, um amigo de seus pais: "Eu amo Jesus e quero servir a Deus no exterior algum dia." Durante os dez anos seguintes ou mais, Wally orou por ele, enquanto o observava crescer. Mais tarde, quando este jovem se inscreveu para servir com uma agência missionária no Mali, Wally lhe disse: "Já estava na hora! Quando ouvi o que você queria fazer, investi algum dinheiro e fui guardando para você, esperando por esta notícia emocionante." Wally deseja ajudar o próximo e contribuir para levar-lhes as boas-novas de Deus.

> **LEITURA:**
> **Lucas 8:1-8**
>
> ...E nesse novo serviço de amor queremos também que façam mais do que os outros.
>
> 2 Coríntios 8:7 (NTLH)

Jesus e Seus discípulos precisavam de apoio financeiro enquanto viajavam de cidade em cidade, contando a boa notícia do Seu reino (LUCAS 8: 1-3). Um grupo de mulheres que haviam sido curadas de espíritos malignos e doenças ajudou a apoiá-los prestando "...assistência com os seus bens" (v.3). Uma delas foi Maria Madalena, que tinha sido liberta de sete demônios. Outra era Joana, mulher de um funcionário na corte de Herodes. Nada se sabe sobre Suzana e "muitas outras" (v.3), mas sabemos que Jesus tinha atendido as necessidades espirituais delas. Agora elas estavam ajudando Jesus e Seus discípulos compartilhando com eles os seus recursos financeiros.

Quando consideramos o que Jesus fez por nós, o desejo de Ele ajudar os outros, passa a ser nosso também. Vamos perguntar a Deus como Ele quer nos usar. ❧

AMC

Seja parte das boas-novas da salvação.
Conte aos outros o que Jesus fez por você. Ore.

Jesus deu tudo o que tinha;
Ele merece tudo o que somos.

13 DE FEVEREIRO

A BÍBLIA em UM ANO:
LEVÍTICO 14; MATEUS 26:51-75

A morte da dúvida

Nós o conhecemos como Tomé, o incrédulo (JOÃO 20:24-29), mas o rótulo não é inteiramente justo. Afinal de contas, quantos de nós teríamos acreditado se o nosso líder executado tivesse ressuscitado? Na verdade, poderíamos muito bem chamá-lo de "Tomé, o corajoso". Afinal, Tomé mostrou coragem impressionante à medida que Jesus submeteu-se, propositadamente, aos acontecimentos que levaram à Sua morte.

LEITURA:
João 11:1-16

...Se eu não vir nas suas mãos o sinal dos cravos, e ali não puser o dedo, [...] de modo algum acreditarei. 20:25

Por ocasião da morte de Lázaro, Jesus tinha dito: "Vamos outra vez para a Judeia" (JOÃO 11:7), levando a um protesto dos discípulos. "Rabi", disseram, "...ainda agora os judeus procuravam apedrejar-te, e voltas para lá?" (v.8). Foi Tomé quem disse: "Vamos também nós para morrermos com ele" (v.16).

As intenções de Tomé provaram ser mais nobres do que as suas ações. Após a prisão de Jesus, Tomé fugiu com o restante para o pátio do sumo sacerdote, deixando Pedro e João para acompanhar Cristo. Apenas João seguiu Jesus todo o caminho até a cruz (MATEUS 26:56).

Apesar de ter testemunhado a ressurreição de Lázaro (JOÃO 11:38-44), o cético Tomé ainda não conseguia crer que o Senhor crucificado havia vencido a morte. Isto é, até tê-lo visto ressuscitado e exclamar: "Senhor meu e Deus meu!" (JOÃO 20:28). A resposta de Jesus deu a garantia ao cético e conforto incomensurável para nós: "...Porque me viste, creste? Bem-aventurados os que não viram e creram" (v.29).

TLG

Pai, ensina-nos a agir baseados no que sabemos sobre ti e Tua bondade, e confiar em ti para o que não sabemos.

A verdadeira dúvida busca pela luz;
a incredulidade se contenta com a escuridão.

14 DE FEVEREIRO

A BÍBLIA em UM ANO:
LEVÍTICO 15-16; MATEUS 27:1-26

O amor revelado

Quando uma série de placas escritas "eu te amo" apareceram misteriosamente na cidade, uma repórter do jornal local decidiu investigar. Sua sondagem deu em nada. Semanas mais tarde, novos sinais apareceram com o nome de um parque local, uma data e hora.

Acompanhada por uma multidão de pessoas curiosas daquela cidade, a repórter foi ao parque no tempo determinado. Lá, ela viu um homem vestindo um terno escondendo o seu rosto habilmente. Imagine a surpresa dela quando ele lhe entregou um buquê e a pediu em casamento! O homem misterioso era o namorado dela. Ela alegremente disse sim.

> **LEITURA:**
> **1 João 4:9-16**
>
> **Nisto se manifestou o amor de Deus em nós: em haver Deus enviado o seu Filho unigênito ao mundo, para vivermos por meio dele.** v.9

A maneira de expressar o amor à sua noiva pode ter parecido um pouco exagerada, mas a expressão de amor de Deus por nós é no mínimo extravagante! "Nisto se manifestou o amor de Deus em nós: em haver Deus enviado o seu Filho unigênito ao mundo, para vivermos por meio dele" (1 JOÃO 4:9).

Jesus não é apenas um símbolo de amor, como uma rosa entregue de uma pessoa à outra. Ele é o ser humano-divino que, voluntariamente, entregou Sua vida para que quem crer nele para a salvação tenha um relacionamento de aliança eterna com Deus. Nada pode separar um cristão "...do amor de Deus, que está em Cristo Jesus, nosso Senhor" (ROMANOS 8:39). 🍃

JBS

Deus, obrigado por me mostrares,
da melhor maneira possível, que me amas. Ajuda-me
a demonstrar o meu amor por ti com a minha vida.

*Reconhecemos o quanto Deus nos ama
porque Ele enviou o Seu Filho para nos salvar.*

15 DE FEVEREIRO

A BÍBLIA em UM ANO:
LEVÍTICO 17-18; MATEUS 27:27-50

Pequenas mentiras e gatinhos

A mãe de Elias, 4 anos, notou quando ele se afastou correndo dos gatinhos recém-nascidos. Ela tinha lhe dito para não tocá-los. "Você tocou nos gatinhos, Elias?", perguntou ela.

"Não!", Ele disse seriamente. Então, a mãe fez-lhe outra pergunta: "Eles eram macios?"

"Sim, e o pretinho miou", ele respondeu.

> **LEITURA:**
> **Romanos 5:12-21**
>
> ...como o pecado reinou pela morte, assim também reinasse a graça pela justiça para a vida eterna... v.21

Com uma criança pequena, nós sorrimos com essa atitude. Mas a desobediência de Elias ressalta a nossa condição humana. Ninguém precisa ensinar uma criança de 4 anos a mentir. "Eu nasci na iniquidade", escreveu Davi em sua clássica confissão, "e em pecado me concebeu minha mãe" (SALMO 51:5). O apóstolo Paulo disse: "Portanto, assim como por um só homem entrou o pecado no mundo, e pelo pecado, a morte, assim também a morte passou a todos os homens, porque todos pecaram" (ROMANOS 5:12). Essa notícia deprimente se aplica igualmente a reis, crianças de 4 anos, a você e a mim.

Mas há muita esperança! "A lei veio para aumentar o mal", escreveu Paulo. "Mas, onde aumentou o pecado, a graça de Deus aumentou muito mais ainda" (ROMANOS 5:20 NTLH).

Deus não está esperando que pequemos apenas para que Ele possa nos punir. Ele é o Senhor da graça, do perdão e da restauração. Precisamos apenas reconhecer que o nosso pecado não é bonito, nem desculpável e irmos a Ele com fé e arrependimento. TLG

*Pai, compadece-te de mim,
pois sou pecador.*

***Agora, pois, já nenhuma condenação há
para os que estão em Cristo Jesus.* ROMANOS 8:1**

16 DE FEVEREIRO

A BÍBLIA em UM ANO:
LEVÍTICO 19–20; MATEUS 27:51-66

O gênio do ferro-velho

Noah Purifoy começou o seu trabalho como artista "montador" com 3 toneladas de escombros recuperados a partir dos motins de 1965 na área de Watts, em Los Angeles, EUA. De rodas de bicicletas quebradas e bolas de boliche para pneus descartados e TV danificadas a produtos já inutilizáveis, ele e um colega criaram esculturas que transmitiam poderosa mensagem sobre pessoas sendo tratadas como "descartáveis" na sociedade moderna. Um jornalista referiu-se a ele como "o gênio do ferro-velho".

> **LEITURA:**
> **João 9:1-11**
>
> Ele retrucou: Se é pecador, não sei; uma coisa sei: eu era cego e agora vejo. v.25

No tempo de Jesus, muitas pessoas com doenças e problemas físicos eram consideradas como pecadores que estavam sendo punidos por Deus. Essas pessoas eram evitadas e ignoradas. Mas quando Jesus e Seus discípulos encontraram um homem cego de nascença, o Senhor disse que a condição física dele não era resultado do pecado, mas sim, uma ocasião para revelar o poder de Deus. "Enquanto estou no mundo, sou a luz do mundo" (JOÃO 9:5). Quando o cego seguiu as instruções de Jesus, ele pôde ver.

Quando as autoridades religiosas questionaram esse homem cego, ele respondeu simplesmente: "…uma coisa sei: eu era cego, mas agora vejo" (v.25).

Jesus ainda é o maior "gênio do ferro-velho" em nosso mundo. Estamos todos danificados pelo pecado, mas Ele toma a nossa vida despedaçada e molda-a em Suas mãos. DCM

Senhor, agradeço-te hoje
por Tua maravilhosa graça!

*Jesus é o restaurador
de nossa vida.*

17 DE FEVEREIRO

A BÍBLIA em UM ANO:
LEVÍTICO 21-22; MATEUS 28

Vendo o amanhã

Gosto de olhar para um céu azul sem nuvens. O céu é uma bela parte da obra-prima do nosso grande Criador, que Ele nos deu para desfrutarmos. Imagine o quanto os pilotos devem amar esta vista. Eles usam vários termos aeronáuticos para descrever um céu perfeito para voar, mas o meu favorito é: "Você pode ver o amanhã!"

"Ver o amanhã" está além do nosso alcance. Às vezes, lutamos até para ver ou entender o que a vida está colocando à nossa frente hoje. A Bíblia nos diz: "Vós não sabeis o que sucederá amanhã. Que é a vossa vida? Sois, apenas, como neblina que aparece por instante e logo se dissipa" (TIAGO 4:14).

> **LEITURA:**
> **2 Coríntios 5:1-9**
>
> ...visto que andamos por fé e não pelo que vemos. v.7

Mas a nossa visibilidade limitada não é motivo para desespero. Exatamente o oposto. Confiamos no Deus que vê todos os nossos amanhãs perfeitamente e que sabe o que precisamos para enfrentar os desafios futuros. O apóstolo Paulo sabia disto. É por isso que Paulo nos encoraja com palavras de esperança: "...visto que andamos por fé e não pelo que vemos" (2 CORÍNTIOS 5:7).

Quando confiamos os nossos dias e amanhãs desconhecidos a Deus, não precisamos nos preocupar com qualquer coisa que a vida arremesse em nossa direção. Caminharemos com Ele e o Senhor sabe o que está à frente; Ele é suficientemente forte e sábio para lidar com isso. WEC

Senhor, sei que posso confiar em ti hoje e amanhã,
porque és gentil, bondoso, amoroso, sábio e poderoso.
Ensina-me a não me preocupar.

Deus vê desde o início até o fim.

18 DE FEVEREIRO

A BÍBLIA em UM ANO:
LEVÍTICO 23–24; MARCOS 1:1-22

O farol

O ministério chamado de "Farol" em Ruanda, por sua própria existência simboliza a redenção. Foi erigido num local onde, durante o genocídio em 1994, o presidente do país era dono de uma enorme casa. Esta nova estrutura, no entanto, foi erguida pelos cristãos como um farol de luz e esperança. Ali foi instalado um instituto bíblico para levantar uma nova geração de líderes cristãos, um hotel, restaurante e outros serviços para a comunidade. Das cinzas renasceu a nova vida. Aqueles que construíram o farol olham para Jesus como sua fonte de esperança e redenção.

LEITURA:
Isaías 61:1-6

[O Senhor lhes concede] uma coroa [...] em vez de cinzas, óleo de alegria em vez de pranto... v.3

Quando Jesus foi para a sinagoga de Nazaré no sábado, Ele leu o livro de Isaías e anunciou que Ele era o Ungido para proclamar a graça do Senhor (LUCAS 4:14-21). O Senhor veio para curar os quebrantados de coração e oferecer a redenção e o perdão. Em Jesus vemos a beleza surgindo das cinzas (ISAÍAS 61:3).

Achamos incompreensível e angustiante a atrocidade do genocídio de Ruanda, quando os combates intertribais custaram mais de meio milhão de vidas, e quase não temos palavras para nos expressar sobre esse fato. No entanto, sabemos que o Senhor pode redimir essas atrocidades, aqui na terra ou no céu. Aquele que dá o óleo da alegria em vez de pranto nos dá esperança, mesmo em meio à mais escura das situações. 🕮

AMP

Senhor Jesus Cristo, nosso coração dói
ao ouvirmos falar sobre a dor e o sofrimento que alguns
suportam. Tem misericórdia deles, oramos.

Jesus veio para nos trazer esperança
em meio a mais escura das circunstâncias.

19 DE FEVEREIRO

A BÍBLIA em UM ANO:
LEVÍTICO 25; MARCOS 1:23-45

Melhor do que uma Piñata

Não pode haver uma festa mexicana sem uma *piñata*, ou seja, um recipiente ou caixa de papelão ou argila com doces e guloseimas. As crianças a golpeiam com um bastão e tentam arrebentá-la, na esperança de desfrutar de seu conteúdo.

Os monges usavam as *piñatas* no século 16 para ensinar lições aos povos indígenas do México. As piñatas eram feitas como estrelas com sete pontos que representavam os sete pecados capitais. Bater na *piñata* mostrava a luta contra o mal, e uma vez que as guloseimas caíssem no chão, as pessoas poderiam levá-los para casa para lembrar-se das recompensas por manter a fé.

LEITURA:
Efésios 2:1-10

...pela graça sois salvos. v.5

Mas não podemos lutar contra o mal com nossa própria força. Deus não está à espera de nossos esforços para que Ele possa mostrar a Sua misericórdia. Efésios ensina que "pela graça sois salvos, mediante a fé [...] isso é dom de Deus" (2:8). Nós não vencemos o pecado; Cristo o venceu por nós.

As crianças lutam pelos doces na *piñata*, mas os dons de Deus nos são dados quando cremos em Jesus. Deus "nos tem abençoado [...] com toda sorte de bênção espiritual" (EFÉSIOS 1:3). Temos o perdão dos pecados, redenção, adoção, uma nova vida, alegria, amor e muito mais. Não temos essas bênçãos espirituais porque temos mantido a fé e somos fortes; nós as obtemos porque cremos em Jesus. As bênçãos espirituais vêm apenas pela graça — imerecida graça!

KOH

Obrigado por Tua misericórdia, Senhor,
que é grande e gratuita!

*Fomos salvos pela graça. Vamos desfrutar
das muitas bênçãos que vêm por meio dela.*

56 Pão Diário

20 DE FEVEREIRO

A BÍBLIA em UM ANO:
LEVÍTICO 26-27; MARCOS 2

Árvore do rio

E**sta árvore** era digna de inveja. Crescendo na propriedade ribeirinha, não precisava se preocupar com boletins meteorológicos, temperaturas devastadoras, ou um futuro incerto. Nutrida e resfriada pelo rio, passou os seus dias levantando seus ramos para o sol, sedimentando a terra com as suas raízes, limpando o ar com suas folhas e oferecendo sombra a todos os que precisavam refugiar-se do sol.

LEITURA:
Jeremias 17:5-10

Porque ele é como a árvore plantada junto às águas... v.8

Em contraste a isso, o profeta Jeremias apontou para um arbusto (17:6). Quando as chuvas pararam e o sol do verão transformou o chão em poeira, o mato murchou, não oferecendo sombra ou fruta para ninguém.

Por que o profeta compararia uma frondosa árvore a um arbusto murcho? Ele queria que o seu povo se lembrasse do que tinha acontecido desde o seu resgate milagroso dos campos de escravidão do Egito. Por 40 anos no deserto, eles viveram como a árvore plantada junto a um rio (2:4-6). No entanto, na prosperidade de sua Terra Prometida eles esqueceram a sua própria história; confiaram em si mesmos e em deuses que eles mesmo criaram (v.8), até ao ponto de voltar ao Egito em busca de ajuda (42:14).

Assim Deus, por intermédio de Jeremias, exortou, amorosamente, os filhos esquecidos de Israel para esperar e confiar no Senhor e ser como a árvore e não como o arbusto. 🌿

MRD

Pai, de tantas maneiras o Senhor nos ensinou
que só podemos confiar em ti, mesmo quando parece que
estás longe de nossa vista. Por favor, ajuda-nos a
recordar hoje o que tens nos mostrado ao longo do caminho.

Vamos lembrar em tempos bons
o que aprendemos em dias de angústia.

21 DE FEVEREIRO

A BÍBLIA em UM ANO:
NÚMEROS 1–3; MARCOS 3

O evangelho viral

O projeto *Textos virais* na Universidade Northeastern, em Boston, EUA, está estudando como o conteúdo impresso em 1800 se espalhou pelos jornais, a rede de mídia social daquela época. Se um artigo foi reimpresso 50 vezes ou mais, eles o consideram "viral" para a era industrial. Escrevendo na revista *Smithsonian*, Britt Peterson observou que um artigo de notícias do século 19 descreve que os cristãos foram executados por sua fé, e que isso apareceu em pelo menos 110 publicações diferentes.

LEITURA:
1 Ts 1:1-10

...de vós repercutiu a palavra do Senhor [...] por toda parte se divulgou a vossa fé para com Deus... v.8

Quando o apóstolo Paulo escreveu aos cristãos de Tessalônica, ele os elogiou por seu testemunho ousado e corajoso para Jesus: "...repercutiu a palavra do Senhor não só na Macedônia e Acaia, mas também por toda parte se divulgou a vossa fé para com Deus..." (v.8). A mensagem do evangelho se tornou viral através dessas pessoas cujas vidas foram transformadas por Jesus Cristo. Apesar das dificuldades e perseguições, elas não poderiam permanecer em silêncio.

Transmitimos a história de perdão e vida eterna em Cristo por meio da bondade em nosso coração, mãos prontas para ajudar e palavras honestas de todos nós que conhecemos o Senhor. O evangelho transforma a nossa vida e a vida daqueles que encontramos.

Que transmitamos as boas-novas para que todos as ouçam hoje!

DCM

Senhor Jesus, ajuda-nos a viver com coragem
e a anunciar o Teu nome aos outros.

Não há notícia melhor do que o evangelho.
Divulgue essa palavra!

22 DE FEVEREIRO

A BÍBLIA em UM ANO:
NÚMEROS 4-6; MARCOS 4:1-20

Graça perfeita

O ensinamento de Jesus sobre os ideais absolutos e a graça absoluta parece contraditório.

Jesus nunca baixou o ideal perfeito de Deus. No sermão do Monte Ele disse: "Portanto, sede vós perfeitos como perfeito é o vosso Pai celeste" (MATEUS 5:48). Ao perito na lei que perguntou sobre o maior mandamento, disse: "Amarás o Senhor, teu Deus, de todo o teu coração, de toda a tua alma e de todo o teu entendimento" (22:37). Ninguém jamais cumpriu completamente esses mandamentos.

No entanto, o mesmo Jesus ofereceu ternamente a graça absoluta. Ele perdoou uma adúltera, um ladrão na cruz, um discípulo que negou que o conhecia, e um homem chamado Saulo, que tinha deixado sua marca na perseguição aos cristãos. A graça é absoluta e abrangente, estendendo-se até mesmo aos que pregaram Jesus na cruz: "Pai, perdoa-lhes, porque não sabem o que fazem" estavam entre as últimas palavras que Ele falou sobre a Terra (LUCAS 23:34).

Durante anos eu me senti tão indigno ao considerar os ideais absolutos de Jesus que perdi toda a noção de Sua graça. Quando entendi esta dupla mensagem, no entanto, voltei atrás e descobri que a mensagem da graça perpassa a vida e os ensinamentos de Jesus.

A graça é para o desesperado, necessitado, despedaçado, aos que não podem fazê-lo por conta própria. A graça é para todos nós.

PDY

> **LEITURA:**
> **Mt 5:43-48; Jo 8:9-11**
>
> ...Então, lhe disse Jesus: Nem eu tampouco te condeno; vai e não peques mais. **João 8:11**

Pai, a Tua graça abrangente nos purifica e nos surpreende.
Que possamos viver hoje como pessoas que apreciam
o Teu completo perdão e um relacionamento restaurado contigo.

Jesus cumpriu os requisitos perfeitos da lei
para que possamos desfrutar da paz perfeita em Sua graça.

23 DE FEVEREIRO

A BÍBLIA em UM ANO:
NÚMEROS 7-8; MARCOS 4:21-41

Prossiga para o alvo

Um dos meus programas favoritos de TV chama-se *The Amazing Race*. Neste *reality show*, dez casais são enviados para um país estrangeiro onde eles devem se mover: correndo, usando trens, ônibus, táxis ou bicicletas, de um ponto a outro para obter as instruções para o próximo desafio. O objetivo é alcançar primeiro um designado ponto de chegada e o prêmio é um milhão de dólares para o casal vencedor.

> **LEITURA:**
> **Filipenses 3:12-21**
>
> ...prossigo para o alvo, para o prêmio da soberana vocação de Deus em Cristo Jesus. v.14

O apóstolo Paulo comparou a vida cristã a uma corrida e admitiu que ele ainda não tinha alcançado a linha de chegada. "Irmãos, quanto a mim, não julgo havê-lo alcançado; mas uma coisa faço: esquecendo-me das coisas que para trás ficam e avançando para as que diante de mim estão, prossigo para o alvo, para o prêmio da soberana vocação de Deus em Cristo Jesus" (vv.13,14). Paulo não olhou para trás nem permitiu que os seus fracassos passados o subjugassem com culpa, muito menos que os sucessos daquele momento o tornassem complacente. Ele esforçou-se com o objetivo de tornar-se cada vez mais semelhante a Jesus.

Estamos nesta mesma corrida. Apesar de nossas falhas ou sucessos passados, vamos continuar prosseguindo em direção ao objetivo final de se tornar mais semelhante a Jesus. Não estamos competindo por um prêmio terreno, mas pela recompensa final de desfrutar da presença dele para sempre. *MLW*

> Leia Filipenses 4:11-13. Somos capazes de prosseguir para a nossa esperança futura? Leia Hebreus 12:1,2. O que devemos fazer para continuar a nos esforçarmos e a perseverar?

Nunca desista de buscar a presença de Jesus.

24 DE FEVEREIRO

A BÍBLIA em UM ANO:
NÚMEROS 9-11; MARCOS 5:1-20

Suposições

Mesmo após todos esses anos, depois de perder Melissa, aos 17 anos, num acidente de carro em 2002, às vezes, me vejo entrando no mundo das suposições. É fácil, no luto, repensar sobre os acontecimentos daquela trágica noite e pensar em fatores que, se reorganizados a teriam trazido em segurança para casa.

Na realidade, porém, as suposições são um terreno inseguro para qualquer um de nós. É um lugar de arrependimento, especulação e desesperança. A vida será melhor e Deus será honrado se habitarmos no mundo "real", enquanto a dor estiver presente e a tristeza perdurar.

> **LEITURA:**
> **Salmo 46:1-7**
>
> ...não [...] sejam ignorantes [...] para que você não se aflija como o resto da humanidade...
> 1 Tessalonicenses 4:13

Nesse mundo real, podemos encontrar esperança, encorajamento e conforto. Temos a garantia da esperança (4:13), porque Melissa amava a Jesus e ela está em um lugar que é "incomparavelmente melhor" (FILIPENSES 1:23). Temos a presença do Deus "de toda consolação" (2 CORÍNTIOS 1:3). Temos o socorro divino "bem presente nas tribulações" (SALMO. 46:1). E muitas vezes temos o encorajamento de outros cristãos.

Todos nós desejamos evitar as tragédias. Mas quando enfrentamos tempos difíceis, a nossa maior ajuda advém de confiar em Deus, a nossa esperança neste mundo. JDB

Pai, tu conheces o meu coração partido e a dor da perda, porque também sofreste com a morte de Teu Filho. Em meio à tristeza, ajuda-me a habitar no conforto da Tua esperança, encorajamento e consolo.

A nossa maior esperança advém do fato de confiarmos em Deus.

25 DE FEVEREIRO

A BÍBLIA em UM ANO:
NÚMEROS 12-14; MARCOS 5:21-43

Todo o coração!

Calebe era uma pessoa "dedicada". Ele e Josué fizeram parte da equipe de reconhecimento de 12 homens que foi espiar a Terra Prometida e trouxeram o relatório a Moisés e ao povo. Calebe disse: "...Subamos e possuamos a terra, porque, certamente, prevaleceremos contra ela" (13:30). Mas dez espias duvidaram de que seriam bem-sucedidos. Apesar das promessas de Deus, eles viram apenas os obstáculos (vv.31-33).

> **LEITURA:**
> **Nm 13:26-32; 14:20-24**
>
> ...nele houve outro espírito, e perseverou em seguir-me, eu o farei entrar a terra que espiou... 14:24

Esses dez espias desanimaram as pessoas e murmuraram contra Deus, o que lhes causou 40 anos de peregrinação no deserto. Mas Calebe nunca desistiu. O Senhor disse: "Porém o meu servo Calebe, visto que nele houve outro espírito, e perseverou em seguir-me, eu o farei entrar a terra que espiou, e a sua descendência a possuirá" (14:24). Quarenta e cinco anos mais tarde Deus honrou Sua promessa quando Calebe, com 85 anos, recebeu a cidade de Hebron "...visto que perseverara em seguir o Senhor, Deus de Israel" (JOSUÉ 14:14).

Séculos mais tarde, um perito na lei perguntou a Jesus: "...qual é o grande mandamento na Lei?" Jesus respondeu: "Amarás o Senhor, teu Deus, de todo o teu coração, de toda a tua alma e de todo o teu entendimento. Este é o grande e primeiro mandamento" (MATEUS 22:35-38).

Calebe ainda nos inspira com a sua confiança em Deus, o qual merece o nosso sincero amor, confiança e compromisso. DCM

Senhor, que possamos amar-te de todo o coração e seguir-te em todos os dias de nossa jornada neste mundo.

*O compromisso com Cristo
é um chamado que se renova diariamente.*

26 DE FEVEREIRO

A BÍBLIA em UM ANO:
NÚMEROS 15–16; MARCOS 6:1-29

Acesso completo

Alguns anos atrás, um amigo me convidou para irmos juntos assistir um torneio de golfe profissional. Sendo um marinheiro de primeira viagem, eu não tinha ideia do que esperar. Quando chegamos, fiquei surpreso ao receber presentes, informações e mapas do campo de golfe. Mas o melhor foi que circulamos pela ala VIP, onde tínhamos acesso às comidas e a um assento. Eu não poderia ter ganho essa entrada por mim mesmo. O privilégio era do meu amigo; e foi só através dele que tive essas mordomias.

> **LEITURA:**
> **Efésios 3:7-13**
>
> ...pelo qual temos ousadia e acesso com confiança, mediante a fé nele. v.12

Sozinhos, estaríamos todos irremediavelmente separados de Deus. Mas Jesus, que pagou a nossa penalidade, nos oferece Sua vida como acesso a Deus. O apóstolo Paulo escreveu: "para que, pela igreja, a multiforme sabedoria de Deus se torne conhecida..." (EFÉSIOS 3:10). Esta sabedoria trouxe os judeus e gentios juntos em Cristo, o que abriu um caminho: "pelo qual temos ousadia e acesso com confiança, mediante a fé nele" para chegarmos ao Deus Pai (v.12).

Quando colocamos a nossa confiança em Jesus, recebemos o maior acesso de todos os acessos ao Deus que nos ama e deseja relacionar-se, individualmente, conosco. 🌿

WEC

> **Pai! Poder** chamar-te de Pai é um presente incrível.
> Obrigado por Teu Filho, Jesus, que tornou
> possível entrarmos em Tua presença, para conhecer-te
> pessoalmente, e, assim, te chamar de meu Pai.

Por causa da cruz de Cristo,
podemos nos tornar amigos de Deus.

27 DE FEVEREIRO

A BÍBLIA em UM ANO:
NÚMEROS 17–19; MARCOS 6:30-56

Anel da invisibilidade

O filósofo grego Platão (427–348 a.C.) encontrou uma forma imaginativa para fazer a luz brilhar no lado obscuro do coração humano. Ele contou a história de um pastor que inocentemente descobriu um anel de ouro que tinha sido escondido no fundo da Terra. Certo dia, um grande terremoto abriu uma antiga fenda na montanha, revelando o anel para o pastor. Por acaso, ele também descobriu que o anel tinha a capacidade mágica de permitir ao seu usuário tornar-se invisível quando quisesse. Pensando sobre invisibilidade, Platão fez esta pergunta: Se as pessoas não tivessem que se preocupar em serem pegos e punidos, eles resistiriam a fazer algo errado?

> **LEITURA:**
> **João 3:16-21**
>
> **Pois todo aquele que pratica o mal aborrece a luz...** v.20

No evangelho de João, encontramos Jesus, levando essa ideia em outra direção. Jesus, o Bom Pastor, fala dos corações que se abrigam na escuridão para esconder o que estão fazendo (JOÃO 3:19,20). Ele não está chamando a atenção para o nosso desejo de encobrir para nos condenar, mas para nos oferecer a salvação por meio dele (v.17). Sendo o pastor do nosso coração, Ele traz o pior de nossa natureza humana à luz para nos mostrar o quanto Deus nos ama (v.16).

Deus em Sua misericórdia nos convida a nos afastarmos da escuridão e a segui-lo à luz. MRD

> **Querido Pai** Celestial, obrigado pela luz
> da Tua presença em minha vida. Posso andar obedientemente
> à luz da Tua verdade em tudo o que fizer hoje.

*Quando a luz de Cristo é revelada,
a escuridão do pecado recua.*

28 DE FEVEREIRO

A BÍBLIA em UM ANO:
NÚMEROS 20–22; MARCOS 7:1-13

A risada na escuridão

Um renomado jornal estrangeiro estampou um artigo intitulado: "O mais recente projeto dos Titãs da tecnologia: desafiar a morte." Ele descrevia os esforços de Peter Thiele e outros magnatas da tecnologia para prolongar a vida humana indefinidamente. E estão dispostos e preparados para gastar bilhões nesse projeto.

Eles chegaram um pouco tarde. A morte já foi derrotada! Jesus disse: "...Eu sou a ressurreição e a vida. Quem crê em mim, ainda que morra, viverá; e todo o que vive e crê em mim não morrerá, eternamente..." (JOÃO 11:25,26). Jesus nos garante que aqueles que colocam a sua confiança nele nunca, nunca, sob nenhuma circunstância, qualquer que seja, morrerão.

> **LEITURA:**
> **João 11:17-27**
>
> ...Deus amou o mundo [...] que deu o seu Filho [...] para que todo aquele que nele crê [...] tenha a vida eterna. 3:16

Para ser claro, o nosso corpo vai perecer e não há nada que alguém possa fazer para mudar esse fato. Mas a parte de nós que pensa, raciocina, lembra, ama, se aventura e que chamamos de: mim, meu, eu mesmo nunca, jamais morrerá.

E aqui está a melhor parte: Isto é um presente! Tudo que você tem a fazer é receber a salvação que Jesus oferece. C. S. Lewis, ao meditar sobre isso, descreve-o como sendo algo igual a "uma risada na escuridão", — como a percepção de que a resposta é algo tão simples.

Alguns diriam: "Mas é muito simples." Bem, eu lhes digo, se Deus o amou antes mesmo de você nascer e quer que você viva com Ele para sempre, que motivo Ele teria para dificultar? DHR

Jesus, creio que morreste por meus pecados e ressuscitaste.
Por favor, perdoa meus pecados e ajuda-me, a partir deste momento,
a viver de maneira que te agrade.

Cristo substituiu a porta escura da morte
pelo brilhante portão da vida.

1.º DE MARÇO

A BÍBLIA em UM ANO:
NÚMEROS 23–25; MARCOS 7:14-37

Permanecer ou morrer na praia?

Havia uma propaganda que dizia: "O homem é eterno quando sua obra permanece". Foi esse pensamento que motivou muitos no passado a fazer belas construções e obras de arte. Mas, na realidade nossas obras também passam. Até as pirâmides do Egito estão se desfazendo! Falando nisso: quem as construiu mesmo?

A Bíblia afirma que nós permanecemos quando damos fruto e esse fruto permanece. A diferença entre obra e fruto é que o segundo não é resultado de esforço. É consequência natural da seiva que percorre a árvore. E o fruto permanece porque tem em si a semente que produzirá mais frutos.

LEITURA:
João 15:1-18

...eu vos escolhi a vós outros e vos designei para que vades e deis fruto, e o vosso fruto permaneça... v.16

O permanecer que Jesus enfatiza aqui é o permanecer orgânico: ficar dentro, habitar, continuar. A ideia de fugir permeia nossa literatura e música. Desde quem quer ir para Pasárgada (*Vou-me embora para Pasárgada*, Manuel Bandeira) até os que desejam sumir. E o que Jesus fala? "Permaneçam em mim, como eu permaneço no Pai". Permanecer mesmo no momento da poda, sabendo que o objetivo é que frutifiquemos mais. Que busquemos a seiva do amor com mais afinco!

Jesus afirmou que permanece nele quem ama ao próximo, como Ele nos amou (v.12). Isso é o que marca a diferença entre a vida produtiva e a estéril. Meu avô, em seu leito de morte, me ensinou uma grande lição: sob a perspectiva da morte iminente o que se leva dessa vida é o amor com que se ama. O que permanece é o fruto resultante do amor. O restante passa. 🌿

DCG

---

*O fruto que permanece é aquele que é produzido
pela seiva do amor de Deus.*

2 DE MARÇO

A BÍBLIA em UM ANO:
NÚMEROS 26–27; MARCOS 8:1-21

Um de nós

No culto memorial para Charles Schulz (1922–2000), criador da tira cômica *Peanuts*, sua amiga, a cartunista Cathy Guisewite, falou sobre a sua humanidade e compaixão. "Ele deu a todos nós os personagens que sabiam exatamente como todos nós nos sentimos, que nos fizeram sentir que nunca estávamos sozinhos. Em seguida, ele se entregou a nós e nos fez sentir que nós nunca estávamos sozinhos. Ele nos encorajou. Ele tinha empatia e nos fez sentir que era exatamente como nós."

Quando sentimos que ninguém nos entende ou pode nos ajudar, somos lembrados de que Jesus deu-se a si mesmo por nós, e Ele sabe exatamente quem somos e o que estamos enfrentando hoje.

> **LEITURA:**
> **Hebreus 2:9-18**
>
> ...naquilo que ele mesmo sofreu, tendo sido tentado, é poderoso para socorrer os que são tentados. v.18

Hebreus 2:9-18 apresenta a incrível verdade que Jesus compartilhou igualmente a nossa humanidade durante a Sua vida na Terra (v.14). Ele provou a morte por todos (v.9), destruiu o poder de Satanás (v.14), e livrou todos "que, pelo pavor da morte, estavam sujeitos à escravidão por toda a vida" (v.15). Jesus foi como nós, "...semelhante aos irmãos, para ser misericordioso e fiel sumo sacerdote nas coisas referentes a Deus" (v.17). *Obrigado, Senhor, por compartilhar nossa humanidade, para que pudéssemos conhecer a Tua ajuda hoje e viver em Tua presença para sempre.*

DCM

Quais os seus medos e preocupações? O que fazer com eles?
(1 PEDRO 5:6,7).
O que o Senhor promete fazer por você?
(HEBREUS 13:5).

Ninguém nos entende como Jesus.

3 DE MARÇO

A BÍBLIA em UM ANO:
NÚMEROS 28-30; MARCOS 8:22-38

Dois retratos

A orgulhosa avó mostrou os dois retratos emoldurados aos amigos no hall da igreja. A primeira foto era de sua filha em sua terra natal na República do Burundi. O segundo era de seu neto, nascido recentemente daquela filha. Mas ela não o segurava nos braços, pois tinha morrido ao lhe dar à luz.

Uma amiga se aproximou e acariciou o rosto daquela querida avó. Ela conseguia dizer em meio as suas próprias lágrimas: "Eu sei. Eu sei." E sabia. Pouco antes, ela havia enterrado um filho.

> **LEITURA:**
> **João 16:19-24**
>
> Assim também agora vós tendes tristeza; mas outra vez vos verei; o vosso coração se alegrará... v.22

Há algo especial no conforto dos que experimentaram a mesma dor. Eles *sabem*. Pouco antes da prisão de Jesus, Ele alertou os Seus discípulos: "...chorareis e vos lamentareis, e o mundo se alegrará...". Mas no momento seguinte, Ele os consolou: "...mas a vossa tristeza se converterá em alegria" (v.20). Em poucas horas, os discípulos estariam devastados pela prisão e morte de Jesus. Mas a profunda dor que sentiram logo se transformou em alegria que não poderiam ter imaginado quando o viram vivo novamente.

Isaías profetizou a respeito do Messias: "Certamente, ele tomou sobre si as nossas enfermidades e as nossas dores levou sobre si" (ISAÍAS 53:4). Temos um Salvador que não se limita a saber *sobre* a nossa dor; Ele a viveu. Ele sabe. Ele se importa. Um dia a nossa tristeza se converterá em alegria. 🌿

TLG

Senhor, estamos ansiosos para o dia em que as nossas dores serão transformadas em alegria e nos veremos face a face.

*Quando colocamos nossas preocupações em Suas mãos,
Ele coloca a Sua paz em nosso coração.*

4 DE MARÇO

A BÍBLIA em UM ANO:
NÚMEROS 31–33; MARCOS 9:1-29

Familiaridade com Deus

Às vezes, minha esposa e eu terminamos a frase um do outro. Em mais de trinta anos de casamento nos tornamos cada vez mais familiarizados com a forma como o outro pensa e fala. Não precisamos nem mesmo completar a sentença, apenas uma palavra ou um olhar são o suficiente para expressar um pensamento.

Há algum conforto nisso, como o que sentimos ao calçar um velho par de sapatos que é muito confortável. Às vezes, carinhosamente nos tratamos como "meu sapato confortável", um elogio que pode ser difícil de entender para quem não nos conhece bem! Através dos anos, o nosso relacionamento desenvolveu uma linguagem própria, com expressões que são o resultado de décadas de amor e confiança.

> **LEITURA:**
> **Salmo 139:1-12**
>
> **Ainda a palavra me não chegou à língua, e tu, Senhor, já a conheces toda.** v.4

É reconfortante saber que Deus nos ama com profunda familiaridade. Davi escreveu: "Ainda a palavra me não chegou à língua, e tu, Senhor, já a conheces toda" (v.4). Imagine-se conversando tranquilamente com Jesus e contando-lhe os assuntos mais profundos do seu coração. E ao lutar para encontrar as palavras, Ele lhe dá um sorriso e lhe diz exatamente o que você não conseguia expressar. Como é bom saber que não precisamos ter as palavras exatas para falar com Deus! Ele nos ama e nos conhece bem o suficiente para nos entender.

JBB

Senhor, sabes tudo sobre mim e me amas.
Obrigado por me entenderes completamente!
Por favor, ajuda-me a amar e seguir-te hoje.

Deus olha além de nossas palavras.
Ele vê o nosso coração.

5 DE MARÇO

A BÍBLIA em UM ANO:
NÚMEROS 34-36; MARCOS 9:30-50

O dom da hospitalidade

O **jantar que** oferecemos às cinco famílias de nações diferentes continua a ser uma memória maravilhosa. De alguma forma, a conversa não ficou restrita a cada casal, mas todos nós conversamos sobre a vida em Londres sob pontos de vista de partes diferentes do mundo. No final da noite, meu marido e eu concluímos que tínhamos recebido mais do que tínhamos oferecido, inclusive o calor humano que compartilhamos ao nos empenhar em fazer novas amizades e conhecer culturas diferentes.

> **LEITURA:**
> **Hebreus 13:1,2**
>
> Não negligencieis a hospitalidade, pois alguns, praticando-a, sem o saber acolheram anjos. v.2

O autor da carta aos Hebreus conclui os seus pensamentos com exortações para a vida da comunidade, relembrando aos seus leitores que deveriam continuar a receber bem os estrangeiros. Pois fazendo isso, algumas pessoas "acolheram anjos sem o saber" (13:2). Ele podia estar se referindo a Abraão e Sara, que, como vemos em Gênesis 18:1-12, acolheram três desconhecidos com generosidade e os receberam com festa, como era o costume nos tempos bíblicos. Eles não sabiam que estavam acolhendo anjos que lhes trouxeram uma mensagem de bênção.

Nós não convidamos as pessoas para nossas casas, com o intuito de tirar vantagens disso, mas, com frequência, recebemos mais do que damos. Que o Senhor espalhe o Seu amor através de nós à medida que alcançamos outros com o dom da hospitalidade. ABP

Deus, tu és a fonte de tudo o que temos.
Que possamos compartilhar o que recebemos, para a Tua glória.

Quando praticamos a hospitalidade,
compartilhamos da bondade e das dádivas divinas.

6 DE MARÇO

A BÍBLIA em UM ANO:
DEUTERONÔMIO 1–2; MARCOS 10:1-31

Amar com perfeição

Sua voz tremeu ao compartilhar os problemas que enfrentava com a sua filha. Preocupada com os amigos questionáveis de sua filha adolescente, esta mãe confiscou-lhe o celular e a acompanhou por toda a parte. O relacionamento delas parecia apenas ir de mal a pior.

Quando falei com a filha, descobri que ela ama profundamente a mãe, mas sente-se sufocada por esse amor. Ela quer libertar-se.

Como seres imperfeitos, todos nós sofremos em nossos relacionamentos. Quer sejamos pais ou filhos, solteiros ou casados, temos dificuldades em expressar o amor da maneira certa, de dizer e fazer a coisa certa no momento certo. Crescemos no conhecimento e prática do amor durante toda a nossa vida.

> **LEITURA:**
> **1 Coríntios 13:4-8**
>
> ...tudo sofre, tudo crê, tudo espera, tudo suporta. O amor jamais acaba... vv.7,8

Em 1 Coríntios 13, o apóstolo Paulo descreve o amor perfeito. Seu modelo de amor é maravilhoso, mas colocar esse amor em prática pode ser absolutamente assustador. Felizmente, temos Jesus como nosso exemplo. À medida que Ele interagiu com pessoas com necessidades e problemas diferentes, Jesus nos mostrou o amor perfeito na prática. Ao caminharmos com Ele, mantendo-nos em Seu amor e alimentando a nossa mente com a Sua Palavra, vamos refletir cada vez a Sua semelhança. Ainda cometeremos erros, mas Deus é capaz de redimi-los e permitir que concorram para o nosso bem, porque o amor de Deus é sempre protetor e nunca falha (vv.7,8).

PFC

Senhor, obrigado por ser o nosso modelo
e nos mostrar como viver e amar.

Para demonstrar o Seu amor, Jesus morreu por nós;
para demonstrar o nosso amor, vivemos para Ele.

A BÍBLIA em UM ANO:
DEUTERONÔMIO 3-4; MARCOS 10:32-52

O rei das ondas

O **rei Canuto** foi um dos homens mais poderosos da Terra no século 11. Numa famosa lenda diz-se que ele ordenou que a sua cadeira fosse colocada à beira-mar quando a maré estava subindo. "Você está sujeito a mim", disse ele para o mar. "Eu ordeno, portanto, que não se levante sobre a minha terra, nem para molhar a roupa ou os membros inferiores do seu mestre." Mas a maré continuou a subir, encharcando os pés do rei.

> **LEITURA:**
> **Jó 38:1-18**
>
> [O Senhor] disse: até aqui virás e não mais adiante, e aqui se quebrará o orgulho das tuas ondas? v.11

Muitas vezes, conta-se esta história para chamar a atenção para o orgulho de Canuto. Na verdade, é uma história sobre a humildade. "Permita que o mundo todo saiba que o poder dos reis é vazio." Em seguida, Canuto diz: "salve Aquele a quem o céu, a terra e o mar obedecem." A história de Canuto destaca: *Deus* é o único Todo-Poderoso.

Jó descobriu o mesmo. Comparado Àquele que colocou as fundações da Terra (38:4-7), que ordena que a manhã apareça e que termine a noite (vv.12,13), que estoca os depósitos com a neve e dirige as estrelas (vv.22,31-33), somos pequenos. Há apenas um Rei das ondas, e nenhum de nós o é (v.11; MATEUS 8:23-27).

É bom relembrar a história de Canuto quando começamos a nos sentir muito inteligentes ou orgulhosos de nós mesmos. Caminhe até à beira-mar e tente ordenar às ondas que parem e que o sol se ponha. Iremos, rapidamente, lembrar quem realmente é o Único e lhe agradeceremos por reinar em nossa vida. 🌱 SMV

Senhor, Todo-poderoso, Supremo e Rei acima de todos os reis.
Eu me rendo a ti como meu Soberano Senhor.

Deus é grande, somos pequenos, e isso é bom.

8 DE MARÇO

A BÍBLIA em UM ANO:
DEUTERONÔMIO 5-7; MARCOS 11:1-18

Pintando um retrato

A **Galeria Nacional** em Londres, Inglaterra, abriga pinturas de séculos, que incluem 166 imagens de Winston Churchill, 94 de William Shakespeare, e 20 de George Washington. Vendo as pinturas mais antigas, podemos nos questionar: Essas pessoas realmente eram assim?

Por exemplo, há 8 pinturas do patriota escocês William Wallace (1270–1305), mas não temos as fotografias para poder compará-las. Como ter a certeza de que os artistas representaram Wallace com precisão?

> **LEITURA:**
> **Filipenses 2:1-11**
>
> **Tende em vós o mesmo sentimento que houve também em Cristo Jesus...** v.5

Algo semelhante pode estar acontecendo com a semelhança de Jesus. Sem perceber, aqueles que creem nele estão deixando uma impressão da pessoa dele sobre os outros. Não com pincéis e óleos, mas com atitudes, ações e relacionamentos.

Será que estamos pintando um retrato que representa a essência de Jesus? Esta foi a preocupação do apóstolo Paulo ao escrever: "Tende em vós o mesmo sentimento que houve também em Cristo Jesus" (v.5). Com o desejo de representar fielmente o Senhor, Paulo conclamou os seus seguidores a refletir a humildade, o autossacrifício e a compaixão de Jesus pelos outros.

"Somos o único 'Jesus' que algumas pessoas poderão ver." À medida que, com humildade, consideramos os outros superiores a nós (v.3), vamos mostrar ao mundo a essência e a atitude do próprio Jesus. 🌿

WEC

Pai de amor, constrói em nós a essência e a mente de Cristo,
para que os que nos rodeiam o vejam com clareza
e desejem conhecê-lo também.

*O sacrifício de Cristo por nós
nos motiva a nos sacrificarmos pelos outros.*

A BÍBLIA em UM ANO:
DEUTERONÔMIO 8-10; MARCOS 11:19-33

Os erros cometidos

Ao discutir sobre a atividade ilegal que envolvia a sua empresa, um CEO disse: "Os erros foram cometidos". Ele parecia arrependido, no entanto, não assumia a culpa e não admitia que tivesse, pessoalmente, feito nada de errado.

Alguns "erros" *são* apenas erros: dirigir na direção contrária, esquecer-se de definir a hora no temporizador e queimar o jantar, calcular o seu saldo na conta bancária. Mas há os atos deliberados que vão muito além e que Deus os chama de *pecado*. Quando Deus questionou Adão e Eva sobre o porquê de eles o terem desobedecido, o casal rapidamente tentou transferir a culpa entre si (GÊNESIS 3:8-13). Arão não se responsabilizou quando o povo construiu um bezerro de ouro para adorar no deserto. Ele explicou a Moisés: "Deram-mo; e eu o lancei no fogo, e saiu este bezerro" (v.24).

> **LEITURA:**
> **Êxodo 32: 1-5,19-26**
>
> Então, eu lhes disse: quem tem ouro, tire-o. Deram-mo; e eu o lancei no fogo, e saiu este bezerro. v.24

Ele poderia muito bem ter murmurado: "Os erros foram cometidos."

Às vezes, nos parece mais fácil culpar alguém, em vez de admitir nossas próprias falhas. Igualmente perigoso é tentar minimizar o nosso pecado, chamando-o de "apenas um erro" em vez de reconhecer a sua verdadeira natureza.

Mas quando assumimos a responsabilidade, reconhecendo e confessando o nosso pecado, Aquele que "...é fiel e justo para nos perdoar os pecados e nos purificar de toda injustiça" o fará (1 JOÃO 1:9).

CHK

O nosso Deus oferece
o perdão e a restauração aos Seus filhos.

Admitir que precisamos do perdão de Deus
é o primeiro passo para recebê-lo.

10 DE MARÇO — **A BÍBLIA em UM ANO:** DEUTERONÔMIO 11–13; MARCOS 12:1-27

Lar

Estêvão, um jovem africano refugiado não tem país, é apátrida. Talvez tenha nascido em Moçambique ou no Zimbábue, mas não conheceu seu pai e já perdeu a mãe. Ela fugiu da guerra civil, viajando pelo mundo como vendedora de rua. Sem documento de identidade e incapaz de provar onde nasceu, Estêvão entrou numa delegacia de polícia, pedindo para ser preso. Para ele, a prisão parecia algo melhor do que tentar viver nas ruas sem os direitos e benefícios da cidadania.

Esse mesmo sofrimento estava na mente de Paulo quando ele escreveu aos efésios. Os seus leitores não-judeus sabiam o que significava viver como estrangeiros e forasteiros (v.12). Somente depois de encontrar a vida e a esperança em Cristo (1:13) eles descobriram o que significava pertencer ao reino dos céus (MATEUS 5:3). Em Jesus, eles aprenderam o que significa ser conhecido e bem cuidado pelo Pai que Ele veio para revelar (MATEUS 6:31-33).

> **LEITURA:**
> **Efésios 2:11-22**
>
> **Assim, já não sois estrangeiros e peregrinos, mas concidadãos dos santos, e sois da família de Deus.** v.19

Paulo percebeu, porém, que à medida que o passado se afasta, nossa curta memória pode nos levar a esquecer que, enquanto a esperança é a nova forma de viver, o desespero já ficou no passado.

Que o nosso Deus nos ajude a viver em segurança, reconhecendo cada dia que o sentimento de pertença que temos como membros de Sua família vem pela fé em Jesus Cristo e a compreender os direitos e benefícios que temos por habitarmos nele. 🌱 *MRD*

Senhor, ajuda-nos a lembrar
dos que ainda estão em situação de rua.

*A esperança tem um significado especialíssimo
para os que já viveram sem ela.*

11 DE MARÇO

A BÍBLIA em UM ANO:
DEUTERONÔMIO 14-16; MARCOS 12:28-44

SOS! Socorro! Mayday!

O sinal de socorro internacional "Mayday" é repetido sempre três vezes em seguida "Mayday, Mayday, Mayday" e assim, entende-se que a situação envolve risco de morte. Essa palavra data de 1923 por Frederick Stanley Mockford, oficial de rádio num aeroporto da Inglaterra. Esse local recebia muitos voos de Paris. Essa palavra ou expressão foi cunhada da palavra francesa *m'aidez* que significa "me ajude".

LEITURA:
Salmo 86:1-13

No dia da minha angústia, clamo a ti, porque me respondes. v.7

Ao longo da vida do rei Davi, ele enfrentou situações de risco para o qual não parecia haver qualquer escape. No entanto, lemos no Salmo 86 que, durante suas horas mais sombrias, a confiança de Davi estava no Senhor. "Escuta, Senhor, a minha oração e atende à voz das minhas súplicas. No dia da minha angústia, clamo a ti, porque me respondes" (vv.6,7).

Davi também viu além do perigo imediato, pedindo a Deus para orientar os seus passos. "Ensina-me, Senhor, o teu caminho, e andarei na tua verdade; dispõe-me o coração para só temer o teu nome" (v.11). Quando a crise tinha passado, ele queria continuar caminhando com Deus.

As situações mais difíceis que enfrentamos podem tornar-se portas para aprofundarmos o relacionamento com o Senhor. Isso começa quando o invocamos para ajudar-nos em nosso problema, e também para orientar-nos a cada dia em Seu caminho. DCM

Senhor, ajuda-nos a continuar
caminhando em Tua presença quando essa crise acabar.

*Deus ouve os nossos clamores de ajuda
e nos guia à Sua maneira.*

12 DE MARÇO

A BÍBLIA em UM ANO:
DEUTERONÔMIO 17-19; MARCOS 13:1-20

Não sou eu

Nas férias, deixei de lado o aparelho de barbear. As reações dos amigos e colegas em sua maioria foram elogiosas. Um dia, porém, frente ao espelho, decidi: "Esse, não sou eu." E apelei para o barbeador.

E pensei sobre quem somos e por que uma coisa ou outra não se encaixa em nossa personalidade. Sei que Deus nos agraciou com diferenças e preferências individuais. Não tem problemas se não gostamos dos mesmos hobbies ou alimentos ou se cultuamos a Deus na mesma igreja. Somos únicos e maravilhosos (SL 139:14). Pedro ressaltou que somos dotados singularmente, para servirmos uns aos outros (1 PEDRO 4:10,11).

> **LEITURA:**
> **1 Pedro 4:7-11**
>
> **Servi uns aos outros, cada um conforme o dom que recebeu, como bons despenseiros da [...] graça de Deus.** v.10

Os discípulos não abandonaram as suas singularidades antes de iniciar seu ministério ao lado de Cristo. Pedro foi tão impulsivo a ponto de cortar a orelha de um servo na noite em que Jesus foi preso. Tomé exigiu evidências físicas antes de crer na ressurreição de Cristo. O Senhor não os rejeitou por falta de amadurecimento. Ele os moldou e os preparou para o Seu serviço.

Ao decidirmos sobre como servir melhor ao Senhor, é prudente considerar nossos talentos e características individuais. Talvez, seja necessário dizer: "Não sou eu". Deus pode nos tirar de nossa zona de conforto para desenvolver os nossos dons e personalidades únicas para servir os Seus bons propósitos. Nós o honramos quando lhe permitimos que nos use como somos. *JDB*

Obrigado, Pai, pela
individualidade que nos deste.

Não existem pessoas comuns,
fomos todos criados para sermos únicos.

13 DE MARÇO

A BÍBLIA em UM ANO:
DEUTERONÔMIO 20-22; MARCOS 13:21-37

Entrevista surpresa

Certa manhã, no trem lotado em Londres, um dos passageiros empurrou e insultou outro viajante que ficou em seu caminho. Foi o tipo de situação infeliz e sem sentido que normalmente fica sem solução. Mas, naquele mesmo dia, aconteceu o inesperado. Um gerente de negócios enviou uma mensagem aos seus amigos das redes sociais: "Adivinhem quem acabou de aparecer para uma entrevista de emprego?" Quando a sua explicação apareceu na internet, as pessoas ao redor do mundo riram com vontade. Imagine ir a uma entrevista de emprego apenas para descobrir que a pessoa que o recebe é a que você empurrou e xingou mais cedo naquele dia.

> **LEITURA:**
> **Atos 26:9-15**
>
> O Rei [...] dirá: [...] sempre que o fizestes a um destes meus pequeninos irmãos, a mim o fizestes. Mt 25:40

Saulo também se encontrou com alguém que não esperava. Enquanto ameaçava um grupo chamado "Caminho" (ATOS 9: 1,2), ele foi parado na estrada por uma luz ofuscante. E uma voz lhe disse: "Saulo, Saulo, por que me persegues?" (v.4). Saulo perguntou: "Quem és tu, Senhor?" E Aquele que lhe falava, respondeu: "Eu sou Jesus, a quem tu persegues" (26:15).

Anos antes, Jesus tinha dito que a forma como tratamos os famintos, os sedentos, o estranho e o prisioneiro reflete o nosso relacionamento com Ele (MATEUS 25:35,36). Quem imaginaria que, quando alguém nos insulta, ou quando ajudamos ou prejudicamos alguém, Jesus sente e se identifica conosco?

MRD

Pai, perdoa-nos por agirmos como se não estivesses presente em nossos momentos de necessidade, mágoa ou compaixão.

Quando ajudamos ou ferimos uns aos outros,
o fazemos ao próprio Jesus.

14 DE MARÇO

A BÍBLIA em UM ANO:
DEUTERONÔMIO 23–25; MARCOS 14:1-26

Braços abertos

O **dia em** que meu marido e eu começamos a jornada de cuidados com os nossos pais idosos, nós nos abraçamos e sentimos como se estivéssemos caindo do alto do penhasco. Inicialmente, não sabíamos que ao cuidar deles a tarefa mais difícil que teríamos de enfrentar seria permitir que os nossos corações fossem vasculhados e moldados e que permitiríamos que Deus usasse esse momento especial para, de tantas maneiras, nos tornar semelhantes a Ele.

> LEITURA:
> **Salmo 139:17-24**
>
> Sonda-me, ó Deus, e conhece o meu coração; prova-me e conhece os meus pensamentos... v.23

Quando senti que mergulhava em queda livre rumo ao mais profundo vale, Deus me mostrou minhas prioridades, reservas, medos, orgulho e egoísmo. Ele usou minhas partes despedaçadas para mostrar-me o Seu amor e perdão.

Meu pastor disse: "O melhor dia é quando você vê a si mesmo por quem você é, desesperado e sem Cristo. Daí você consegue se ver como Ele o vê — completo nele". "Foi esta benção que recebi ao ser cuidadora de meus pais. Ao ver como Deus havia me criado para ser, voltei-me a Ele e atirei-me em Seus braços e clamei como o salmista: "Sonda-me, ó Deus, e conhece o meu coração..." (v.23).

Esta é a minha oração por vocês, que à medida que você se vê em meio às circunstâncias, você correrá aos braços abertos, amorosos e perdoadores de Deus. 🌿

SJB

Pai, reconheço que necessito do Teu amor, sabedoria e graça.
Sonda-me e me conhece. Derrama a Tua graça
e misericórdia para trazer a cura ao meu coração.

Quando surge a preocupação, a força se esgota.
Mas retorna quando nos voltamos a Deus.

15 DE MARÇO

A BÍBLIA em UM ANO:
DEUTERONÔMIO 26-27; MARCOS 14:27-53

Uma boa herança

Meus avós não tinham muito dinheiro, mas conseguiram tornar cada Natal memorável para os meus primos e eu. Havia sempre boa comida, diversão e amor em abundância. Desde cedo, compreendemos que Cristo era o motivo de toda a celebração.

**LEITURA:
2 Timóteo 1:1-5**

...pela recordação que guardo de tua fé sem fingimento... v.5

Queremos deixar esse tipo de herança aos nossos filhos. Quando nos reunimos para compartilhar o Natal em família, reconhecemos que esta tradição maravilhosa começou com os nossos avós. Eles não puderam nos deixar uma herança material, mas tiveram o cuidado de plantar sementes de amor, respeito e fé para que nós, filhos de seus filhos, pudéssemos imitar o seu exemplo.

Na Bíblia, temos o exemplo de Loide e Eunice, avó e mãe de Timóteo, respectivamente, que compartilharam a fé genuína com ele (2 TIMÓTEO 1:5). A influência de ambas preparou este jovem para compartilhar o evangelho com muitos.

Ao vivermos em comunhão íntima com Deus, preparamos uma herança espiritual para aqueles cujas vidas influenciamos. Ao lhes oferecermos a nossa atenção, demonstrarmos interesse no que pensam e fazem e compartilharmos a vida com eles, demonstramos de forma prática o Seu amor. Deixamos um legado duradouro para os outros, quando refletimos a presença do amor de Deus em nós.

KOH

Pai, que possamos deixar uma boa herança espiritual
para a nossa família, à medida que nos usas
para demonstrar o Teu amor eterno.

*Se alguém lhe deixou uma herança divina,
invista-a na vida de outros.*

16 DE MARÇO

A BÍBLIA em UM ANO:
DEUTERONÔMIO 28-29; MARCOS 14:54-72

Entre os dedos

Depois que derrubei desajeitadamente meu copo no balcão do restaurante, a bebida derramada caiu feito cascata da borda ao chão. Por pura vergonha, tentei segurar aquela cachoeira com as mãos fechadas feito concha. Meus esforços foram quase inúteis; a maior parte da bebida escorreu entre os meus dedos. Por fim, as palmas das mãos viradas para cima continham pouco mais do que uma colher de sopa daquele líquido, e meus pés estavam em meio àquela poça.

Isso se assemelha a minha vida em muitos dias. Luto para resolver problemas, supervisionar detalhes e controlar circunstâncias. Mas não importa o quanto tente, minhas mãos fracas são incapazes de controlar todas as partes. Algo invariavelmente desliza por entre meus dedos e cai aos meus pés, deixando-me sobrecarregada. Nenhum contorcer das mãos ou apertar dos dedos com mais força me torna capaz de lidar com todos os detalhes da situação.

Mas para Deus é possível. Isaías nos diz que Deus pode medir as águas de todos os oceanos e rios do globo e também da chuva na concha das Suas mãos (40:12). Somente as mãos dele são grandes o suficiente para isso. Não precisamos tentar segurar mais do que Ele projetou para as nossas mãos poderem sustentar. Quando nos sentimos sobrecarregados, podemos confiar os nossos cuidados e preocupações em Suas habilidosas mãos.

KHH

> **LEITURA:**
> **Isaías 40:9-17**
>
> **Quem na concha de sua mão mediu as águas e tomou a medida dos céus a palmos?...** v.12

Ajuda-me, Senhor, a não manter tudo em minhas mãos
e a confiar em Teu perfeito cuidado.

*Podemos confiar em Deus para lidar
com as circunstâncias que nos oprimem.*

17 DE MARÇO

A BÍBLIA em UM ANO:
DEUTERONÔMIO 30-31; MARCOS 15:1-25

Depois de você

Em algumas culturas espera-se que o mais jovem permita que o mais idoso entre primeiro num recinto. Em outras, a pessoa mais importante ou de hierarquia maior. Não importam quais sejam as tradições, há momentos em que temos dificuldade para permitir que alguém escolha primeiro em questões importantes, especialmente, quando o privilégio, legitimamente, nos pertence.

> **LEITURA:**
> **Gênesis 13:1-18**
>
> Acaso, não está diante de ti toda a terra? Peço-te que te apartes de mim... v.9

Abrão (mais tarde Abraão) e seu sobrinho Ló tinham tanto rebanho e tendas que a terra não podia sustentar ambos num mesmo local. Para evitar conflitos, Abrão sugeriu que eles se separassem e deu a Ló, a chance de escolher o terreno primeiro. Ló escolheu o vale fértil do Jordão, deixando a terra menos desejável para o tio.

Abrão, já idoso, não insistiu em seus direitos, mas confiou o seu futuro a Deus e disse ao sobrinho: "...Não haja contenda entre mim e ti [...] porque somos parentes chegados. [...] Peço-te que te apartes de mim; se fores para a esquerda, irei para a direita; se fores para a direita, irei para a esquerda." (vv.8,9). A escolha de Ló acabou levando a consequências desastrosas para toda a sua família (GÊNESIS 19).

Hoje, à medida que enfrentamos escolhas, podemos confiar em nosso Pai para nos guiar em Seu caminho. Ele prometeu cuidar de nós e sempre nos dará o que precisamos. ❦

DCM

Pai, o Teu amor infalível e a Tua fidelidade nos guiam em cada escolha que fazemos. Que o nosso viver te respeite e honre.

Deus sempre dá o Seu melhor para aqueles que deixam a escolha com Ele. JIM ELLIOT

18 DE MARÇO

A BÍBLIA em UM ANO:
DEUTERONÔMIO 32–34; MARCOS 15:26-47

Algo está errado

Após o nosso filho ter nascido, o médico disse: "Algo está errado." O nosso filho, tão perfeito no exterior, tinha um defeito de nascença com risco de morte e seria necessário levá-lo a um hospital distante para imediata cirurgia.

Quando o médico lhe diz que algo está errado com o seu filho, a sua vida muda. O medo do que está por vir pode esmagar o seu espírito e você tropeçar, desesperada por um Deus que o fortaleça para poder apoiar o seu filho.

E você se questiona; *Será que um Deus amoroso permitiria isso? Ele se preocupa com o meu filho? Onde está Deus?* Estes pensamentos sacudiram a minha fé naquela manhã.

> **LEITURA:**
> **Salmo 34:11-18**
>
> **Perto está o Senhor dos que têm o coração quebrantado e salva os de espírito oprimido.** v.18

Em seguida, meu marido, Hiram, recebeu a mesma notícia, e oramos: "Obrigado, Pai, por nos dar o nosso filho. Ele te pertence. O Senhor o amava antes mesmo de nós o conhecermos, e ele pertence a ti. Fica com ele quando não pudermos. Amém."

Hiram sempre foi um homem de poucas palavras. Ele se esforça para expressar seus pensamentos e muitas vezes nem tenta fazê-lo, sabendo que tenho palavras suficientes para preencher qualquer silêncio. Mas neste dia, com meu coração partido, meu espírito esmagado e pequena fé, Deus deu a Hiram força para falar as palavras que eu não poderia dizer. E segurando as mãos dele, em profundo silêncio e em meio a muitas lágrimas, senti que Deus estava muito próximo.

JP

De que maneira Deus tem usado as pessoas
para fortalecê-lo quando o seu espírito é esmagado?

*O melhor amigo
é aquele que ora por você.*

19 DE MARÇO

A BÍBLIA em UM ANO:
JOSUÉ 1-3; MARCOS 16

Um pequeno incêndio

Foi numa noite em que a maioria das pessoas estava dormindo, que começou um pequeno incêndio numa padaria. As chamas se espalharam de casa em casa e Londres foi engolida pelo Grande Incêndio de 1666. Mais de 70 mil pessoas ficaram desabrigadas pelo incêndio que destruiu quatro quintos da cidade. Tanta destruição originada por um pequeno incêndio!

A Bíblia nos adverte sobre outro fogo pequeno, mas destrutivo. Tiago se preocupava com vidas e relacionamentos, e não edifícios, quando escreveu: "Assim, também a língua, pequeno órgão, se gaba de grandes coisas. Vede como uma fagulha põe em brasas tão grande selva!" (v.5).

> **LEITURA:**
> **Tiago 3:3-12**
>
> Assim, também a língua, pequeno órgão, se gaba de grandes coisas. Vede como uma fagulha põe em brasas tão grande selva! v.5

Mas nossas palavras também podem ser *construtivas*. Provérbios 16:24 nos lembra, "Palavras agradáveis são como favo de mel: doces para a alma e medicina para o corpo." O apóstolo Paulo diz: "A vossa palavra seja sempre agradável, temperada com sal, para saberdes como deveis responder a cada um" (CL 4:6). Como sal dá sabor ao alimento, a graça dá sabor às nossas palavras para a edificação de outros.

Com a ajuda do Espírito Santo, nossas palavras podem incentivar os que estão sofrendo, que querem crescer na fé, ou que precisam vir para o Salvador. Nossas palavras podem apagar incêndios em vez de iniciá-los. *WEC*

Senhor, ajuda-nos a falar palavras de esperança
e encorajamento para edificar os outros.

Como serão as nossas palavras hoje?

20 DE MARÇO

A BÍBLIA em UM ANO:
JOSUÉ 4-6; LUCAS 1:1-20

Correr e descansar

O título me chamou a atenção: "Os dias de descanso são importantes para os corredores." O artigo de um ex-corredor de montanha enfatizou um princípio que os atletas dedicados, por vezes, ignoram: — o corpo precisa de tempo e descanso para se reconstruir após o exercício. "Fisiologicamente, as adaptações que ocorrem como resultado do treinamento só acontecem durante o repouso, o que significa que o descanso é tão importante quanto os treinos."

LEITURA:
Marcos 6:30-46

E ele lhes disse: Vinde repousar um pouco, à parte, num lugar deserto... v.31

O mesmo se aplica em nossa caminhada de fé e obras. O repouso é essencial para evitar o cansaço e desânimo. Jesus procurou o equilíbrio espiritual durante Sua vida entre nós, mesmo enfrentando enormes demandas. Quando os Seus discípulos retornaram exaustos por ensinar e curar os outros, Ele lhes disse: "...Vinde repousar um pouco, à parte, num lugar deserto..." (v.31). Mas uma grande multidão os seguiu, de modo que Jesus ensinou-lhes e os sustentou com apenas cinco pães e dois peixes (vv.32-44). Quando todo mundo tinha ido embora, Jesus "subiu ao monte para orar" (v.46).

Se a nossa vida é definida pelo trabalho, então o que fazemos se torna cada vez menos eficaz. Jesus nos convida a segui-lo, regularmente, a um lugar tranquilo para orar e descansar um pouco.

DCM

Senhor Jesus, obrigado por Teu exemplo de oração a sós com o Pai.
Dá-nos sabedoria e determinação
para dar prioridade ao descanso quando te seguimos.

Em nossa vida de fé e serviço,
o descanso é tão importante quanto o trabalho.

21 DE MARÇO

A BÍBLIA em UM ANO: JOSUÉ 7-9; LUCAS 1:21-38

Chuvas de primavera

Precisando de uma pausa, fui caminhar num parque das proximidades. Enquanto caminhava, uma explosão de verde me chamou a atenção. Fora da lama surgiam rebentos de vida que em poucas semanas seriam narcisos alegres, anunciando a primavera e o calor que se aproximava. Tínhamos sobrevivido a mais um inverno!

Quando lemos o livro de Oseias, podemos nos sentir, em parte, como num inverno implacável. O Senhor deu a este profeta a pouco invejável tarefa de se casar com uma mulher infiel para demonstrar o amor do Criador por Seu povo Israel (1:2,3). A esposa de Oseias, Gomer, quebrou seus votos de casamento, mas Oseias a aceitou novamente, desejando que ela o amasse com dedicação (3:1-3). Assim também o Senhor deseja que o amemos com a força e empenho que não se evaporarão como a névoa da manhã.

LEITURA:
Oseias 6:1-4

...como a alva a sua vinda é certa; e ele descerá sobre nós como a chuva, [...] que rega a terra. v.3

Como nos relacionamos com Deus? Será que o buscamos, principalmente em momentos de dificuldade, procurando respostas ao nosso sofrimento, mas ignorando-o em nossas celebrações? Somos como os israelitas, facilmente seduzidos pelos ídolos do nosso tempo, tais como: ocupação, sucesso e influência?

Hoje, podemos novamente nos comprometer com o Senhor, que nos ama, tão certo como os botões em flores na primavera. ABP

Senhor Jesus, tu te entregaste para que pudéssemos ser livres.
Ajuda-nos a te amar de todo o coração.

Embora possamos ser infiéis a Deus,
Ele nunca vai virar Suas costas a nós.

22 DE MARÇO

A BÍBLIA em UM ANO:
JOSUÉ 10-12; LUCAS 1:39-56

Como você é conhecido?

Há uma pedra memorial num antigo campo de prisioneiros japonês na China, onde um homem morreu em 1945. Está escrito: "Eric Liddell, nasceu em Tianjin de pais escoceses, em 1902. Sua carreira atingiu o seu auge com sua vitória e a medalha de ouro na corrida de 400 metros nos Jogos Olímpicos de 1924. Ele voltou para a China para trabalhar em Tianjin como professor. [...] Em toda a sua vida incentivou os jovens a fazerem suas melhores contribuições para o aperfeiçoamento da humanidade."

> **LEITURA:**
> **Hebreus 11:23-28**
>
> ...considerou o opróbrio de Cristo por maiores riquezas [...], porque contemplava o galardão. v.26

Aos olhos de muitos, a maior conquista de Liddell estava nos esportes. Mas ele também é lembrado por sua contribuição para a juventude de Tianjin, na China, o país onde nasceu e que ele amava. Ele viveu e serviu pela fé.

Como seremos lembrados? Poderemos ser reconhecidos por nossas conquistas acadêmicas, cargo, ou o sucesso financeiro. Mas é o trabalho silencioso que fazemos na vida das pessoas que permanecerão por muito mais tempo depois de termos partido.

Moisés é lembrado no capítulo dos heróis da fé, Hebreus 11, como alguém que escolheu alinhar-se ao povo de Deus em vez de apreciar os tesouros do Egito (v.26). Ele liderou e serviu o povo de Deus pela fé.

CPH

Peça a Deus para lhe mostrar como você pode fazer a diferença na vida de outros. Como você gostaria de ser lembrado?

*A fidelidade a Deus
é a verdadeira medida do sucesso.*

23 DE MARÇO

A BÍBLIA em UM ANO:
JOSUÉ 13-15; LUCAS 1:57-80

Embalada em consolo

Minha amiga me deu o privilégio de segurar a sua preciosa filha de apenas quatro dias. Logo depois que a tomei nos braços, ela começou a se mexer. Eu a abracei mais forte, meu rosto pressionado contra a sua cabeça, e comecei a embalar num ritmo suave para acalmá-la. Apesar destas tentativas e minha experiência de uma década, não consegui acalmá-la. Ela ficou cada vez mais agitada até que a coloquei novamente nos braços ansiosos de sua mamãe. A paz caiu sobre ela quase instantaneamente; seus gritos diminuíram e seu corpo recém-nascido relaxou na segurança que já conhecia. Minha amiga sabia exatamente como devia segurar e embalar sua filha para aliviar sua angústia.

> LEITURA:
> **Isaías 66:12-16**
>
> **Como alguém a quem sua mãe consola, assim eu vos consolarei; e [...] sereis consolados.** v.13

Deus estende o Seu conforto aos Seus filhos como uma mãe: com carinho, confiança e paciência em seus esforços para acalmar seu filho. Quando estamos cansados ou chateados, Ele nos leva carinhosamente em Seus braços. Como nosso Pai e Criador, Ele nos conhece intimamente. "Tu, Senhor, conservarás em perfeita paz aquele cujo propósito é firme; porque ele confia em ti" (ISAÍAS 26:3).

Quando os problemas deste mundo pesam sobre o nosso coração, podemos encontrar conforto no conhecimento de que Ele nos protege e luta por nós, Seus filhos, como um dedicado pai o faria.

KHH

Senhor, ajuda-me a olhar para ti
à procura do conforto em tempos de aflição.
Leia o Salmo 23 também.

*O consolo de Deus
nos acalma perfeitamente.*

24 DE MARÇO

A BÍBLIA em UM ANO:
JOSUÉ 16–18; LUCAS 2:1-24

Seu maravilhoso olhar

Meu filho de 4 anos, está cheio de perguntas, e conversa muito. Gosto muito de conversar com ele, mas ele desenvolveu o hábito impróprio de falar comigo, mesmo quando ele está de costas. Muitas vezes, lhe digo: "Eu não posso te ouvir, por favor olhe para mim quando estiver falando."

Às vezes, penso que Deus quer dizer a mesma coisa para nós, não porque Ele não pode nos ouvir, mas talvez porque falhamos com Ele, sem realmente "olhar" para o Senhor. Oramos, mas permanecemos presos às nossas próprias perguntas e concentrados em nós mesmos, esquecendo da pessoa a quem estamos orando. Tal como o meu filho, fazemos perguntas sem prestar atenção à pessoa com quem falamos.

> **LEITURA:**
> **1 Crônicas 16:8-27**
>
> **Buscai o SENHOR e o seu poder, buscai perpetuamente a sua presença.** v.11

Muitas das nossas preocupações serão resolvidas se nos lembrarmos de quem Deus é o que Ele tem feito. Pelo simples fato de nos voltarmos a Ele, encontramos conforto naquilo que já conhecemos de Seu caráter: que Ele é amoroso, perdoador, soberano, e cheio de misericórdia.

O salmista acreditava que devemos buscar a face de Deus continuamente (SALMO 105:4). Quando Davi nomeou os líderes de adoração e oração, ele incentivou o povo a louvar o caráter de Deus e contar histórias de Sua fidelidade no passado (1 CRÔNICAS 16:8-27).

Quando voltamos os nossos olhos para a bela face de Deus, podemos encontrar a força e o conforto que nos sustentam, mesmo em meio a perguntas sem resposta. 🌱

ALP

Senhor, permita que
a luz da Tua presença brilhe sobre nós.

*Buscar a face de Deus
pode fortalecer a nossa fé.*

25 DE MARÇO

A BÍBLIA em UM ANO:
JOSUÉ 19-21; LUCAS 2:25-52

Não é esse

Davi elaborou os planos, projetou o mobiliário, recolheu os materiais e fez todos os arranjos (1 CRÔNICAS 28:11-19). Mas o primeiro templo construído em Jerusalém é conhecido como o Templo de Salomão, não de Davi.

Porque Deus tinha dito: Não é você o escolhido (v.4). Deus tinha escolhido Salomão, o filho de Davi, para construir o Templo. A resposta de Davi para esta negação foi exemplar. Ele se concentrou naquilo que Deus faria, em vez de naquilo que ele próprio não poderia fazer (vv.16-25). Manteve um espírito de gratidão. Fez tudo o que podia e reuniu homens capazes para ajudar Salomão na construção do Templo (1CRÔNICAS 22).

> **LEITURA:**
> **1 Cr 17:1-4,16-25**
>
> Estabeleça-se, e seja para sempre engrandecido o teu nome [...] O SENHOR dos Exércitos é o Deus de Israel... v.24

J. G. McConville, comentarista da Bíblia escreveu: "Muitas vezes, podemos ter que aceitar que o trabalho que gostaríamos muito de realizar em termos de serviço cristão, não é aquele para o qual estamos mais bem equipados, e nem aquele para o qual Deus, de fato, nos chamou. Pode ser, como o de Davi, um trabalho preparatório, que leva a algo obviamente maior."

Davi procurou a glória de Deus, não a sua própria. Ele fielmente fez tudo que podia para o Templo do Senhor, estabeleceu uma base sólida para quem viria depois dele para completar o trabalho. Que nós, da mesma forma, aceitemos as tarefas que Deus nos confiou e o sirvamos com o coração agradecido! Nosso amoroso Deus está fazendo algo "obviamente maior." PFC

Pai, queremos que os nossos sonhos, esperanças
e o nosso coração se alinhem com o Teu. Ensina-nos a louvar-te
quando somos tentados a duvidar de Tua bondade.

*Deus pode ocultar o propósito de Seus caminhos,
mas Seus caminhos têm propósitos.*

26 DE MARÇO

A BÍBLIA em UM ANO:
JOSUÉ 22–24; LUCAS 3

Oriente e Ocidente

Quando os alunos do sudeste da Ásia tiveram aulas com um professor visitante, este aprendeu uma lição. Depois de dar aos alunos um teste de múltipla escolha, surpreendeu-se ao descobrir muitas perguntas sem resposta. Enquanto devolvia os testes corrigidos, ele sugeriu que, da próxima vez, em vez de deixar respostas em branco eles deveriam dar um palpite. Surpreso, um dos estudantes levantou a mão e perguntou: "E se eu acidentalmente acertar a resposta? Estaria dando a entender que sabia a resposta." O aluno e professor tinham perspectivas e práticas diferentes.

LEITURA:
Romanos 14:1-12

Quem és tu que julgas o servo alheio?... v.4

Nos dias do Novo Testamento, os convertidos judeus e gentios vinham para Cristo com perspectivas tão diferentes quanto o Oriente dista do Ocidente. Em pouco tempo, eles estavam em desacordo sobre assuntos tão diversos como dias de culto e o que um seguidor de Cristo seria livre para comer ou beber. O apóstolo Paulo exortou-os a lembrar um fato importante: Nenhum de nós está em posição de saber ou julgar o coração do outro.

Por uma questão de harmonia com outros cristãos, Deus nos exorta a percebermos que todos nós somos responsáveis diante de nosso Senhor, por agir de acordo com a Sua Palavra e nossa consciência. No entanto, somente Ele está em posição de julgar as atitudes do nosso coração (ROMANOS 14:4-7). MRD

Pai celeste, por favor, tem misericórdia de nós
pela pretensão de julgarmos
quem vê tantas coisas de forma diferente de nós.

Seja lento para julgar os outros,
mas rápido para julgar-se a si mesmo.

Pão Diário

27 DE MARÇO

A BÍBLIA em UM ANO:
JUÍZES 1-3; LUCAS 4:1-30

Gestão de imagem

Para comemorar o aniversário de 80 anos de Winston Churchill, o parlamento britânico pediu que Graham Sutherland pintasse um retrato dele. "Como você vai me pintar", Churchill teria perguntado ao artista: "Como anjo ou cão feroz?" Churchill gostava destas duas percepções que causava. Sutherland disse-lhe que o retrataria da maneira que o via.

> **LEITURA:**
> **Isaías 43:1-9**
>
> Visto que foste precioso aos meus olhos, digno de honra, e eu te amei, darei homens por ti... v.4

Churchill não gostou do resultado. Foi retratado largado numa cadeira com a carranca mal-humorada, fiel à realidade. Após a sua apresentação oficial, Churchill escondeu-a em sua adega, e mais tarde, o retrato foi destruído secretamente.

A maioria de nós tem sua autoimagem e quer que outros concordem: seja de sucesso, santidade, beleza ou força. Podemos ir longe para esconder os lados "ocultos". Talvez, no fundo, temamos que não seremos amados se o lado "bem pessoal" for conhecido.

Quando os israelitas foram levados cativos, eles foram vistos em seu pior momento. Por causa de pecados, Deus permitiu que os inimigos os conquistassem. Mas lhes disse para não temerem, pois os conhecia pelo nome, e estaria com eles em cada situação humilhante (ISAÍAS 43:1,2). Eles estavam seguros em Suas mãos (v.13) e eram "preciosos" (v.4). Apesar de sua "feiura", Deus os amava.

Deus nos conhece verdadeiramente e mesmo assim nos ama com intensidade (EFÉSIOS 3:18).

SMV

Querido Pai, por amor a ti,
desisto da necessidade de aparentar perfeição para os outros.

O profundo amor de Deus significa que podemos realmente ser quem somos diante de todos.

28 DE MARÇO

A BÍBLIA em **UM ANO:**
JUÍZES 4-6; LUCAS 4:31-44

Tendo bons frutos

A **vista da** minha janela do avião era marcante: uma fita estreita de campos de trigo maduros e pomares entre duas montanhas áridas. Um rio atravessava o vale. Água gerando vida, sem a qual não haveria qualquer fruto.

Assim como uma colheita abundante depende de uma fonte de água limpa, a qualidade do "fruto" em minha vida, as minhas palavras, ações e atitudes dependem do meu alimento espiritual. O salmista descreve isso no Salmo 1: A pessoa "...cujo prazer está na lei do SENHOR [...]. É como a árvore plantada junto a corrente de águas, que no devido tempo, dá o seu fruto..." (vv.1-3). E Paulo escreve em Gálatas 5 que aqueles que andam em sintonia com o Espírito são marcados por "amor, alegria, paz, longanimidade, benignidade, bondade, fidelidade, mansidão, domínio próprio..." (vv.22,23).

> **LEITURA:**
> **Salmo 1:1-3**
>
> Ele é como árvore plantada junto a corrente de águas, que, no devido tempo, dá o seu fruto... v.3

Às vezes, a minha perspectiva sobre as minhas circunstâncias azeda, ou minhas ações e palavras tornam-se persistentemente indelicadas. Não há bons frutos, e percebo que não investi tempo em quietude diante da Palavra de Deus. Mas quando o ritmo dos meus dias está enraizado na confiança em Deus, produzo bons frutos. A paciência e a gentileza caracterizam as minhas interações com os outros; e é mais fácil escolher a gratidão do que murmurar.

O Deus que se revelou a nós é a nossa fonte de força, sabedoria, alegria, compreensão e paz (SALMO 119:28,98,111,144,165). Ao fortalecermos a nossa alma nas palavras que nos levam a Ele, a obra do Espírito de Deus se tornará clara em nossa vida. PC

Pai, ajuda-nos a ser firmemente
enraizados em Tua Palavra.

O Espírito de Deus habita em Seu povo,
a fim de trabalhar por meio deles.

29 DE MARÇO

A BÍBLIA em UM ANO:
JUÍZES 7-8; LUCAS 5:1-16

Julgamento por fogo

No inverno passado ao visitar um museu de história natural, aprendi alguns fatos interessantes sobre uma árvore chamada Aspen. Um bosque de álamos, de troncos delgados e brancos podem crescer a partir de uma única semente e compartilhar o mesmo sistema radicular. Estes sistemas radiculares podem existir por milhares de anos, mesmo sem produzir árvores. Eles dormem no subsolo, à espera de incêndio, inundação ou avalanche para limpar-lhes um espaço nas sombras da floresta. Após um desastre natural limpar a terra, as raízes dessa árvore podem finalmente sentir o sol. As raízes, então, produzem mudas, que se tornam árvores.

> **LEITURA:**
> **Tiago 1:1-12**
>
> Bem-aventurado o homem que suporta, com perseverança, a provação; porque, [...] receberá a coroa da vida... v.12

Para estes álamos, a devastação causada pela natureza lhes possibilita o crescimento. Tiago escreve que o nosso crescimento na fé, se torna possível pelas dificuldades: "...tende por motivo de toda alegria o passardes por várias provações, sabendo que a provação da vossa fé, uma vez confirmada, produz perseverança. Ora, a perseverança deve ter ação completa, para que sejais perfeitos e íntegros, em nada deficientes." (TIAGO 1:2-4).

É difícil ser alegre nas provações, mas podemos ter a esperança de que Deus usará as circunstâncias difíceis para nos ajudar a atingir a maturidade. Como árvores de álamo, a fé pode crescer em tempos de provação quando a dificuldade liberar espaço em nosso coração para a luz de Deus habitar em nós. ALP

Obrigado, Deus, por estar conosco em nossas provações,
e por nos ajudar a crescermos em meio às circunstâncias difíceis.

Nossas experiências e provações
podem nos aproximar de Cristo.

30 DE MARÇO

A BÍBLIA em UM ANO:
JUÍZES 9–10; LUCAS 5:17-39

Vida e morte

Jamais esquecerei de estar sentado ao lado da cama do irmão do meu amigo quando ele morreu; era a cena de algo comum visitado pelo extraordinário. Estávamos em três conversando baixinho, quando percebemos que a respiração do Richard estava se tornando mais difícil. Reunimo-nos ao redor dele, observando, esperando e orando. Quando ele deu o seu último suspiro, pareceu-nos um momento sagrado; a presença de Deus nos envolveu em meio às lágrimas por um homem maravilhoso morrendo perto dos seus 40 anos.

> **LEITURA:**
> **Gênesis 50:22-26**
>
> [Disse José] Eu morro; porém Deus certamente vos visitará... v.24

Muitos dos heróis de nossa fé experimentaram a fidelidade de Deus quando morreram. Por exemplo, Jacó anunciou que em breve estaria reunido com os seus (GN 49:29-33). O seu filho José também anunciou a sua morte iminente: "Estou prestes a morrer", disse ele aos seus irmãos, enquanto os instruía a manterem-se firmes em sua fé. Ele parecia estar em paz, porém ansioso de que os seus irmãos confiassem no Senhor (50:24).

Nenhum de nós sabe quando ou como vamos dar nosso último suspiro, mas podemos pedir a Deus que nos ajude a confiar que Ele estará conosco. Podemos crer na promessa de que Jesus irá preparar um lugar para nós na casa de Seu Pai (JOÃO 14:2,3). ABP

> **Senhor Deus,** Tua morada será com o Teu povo,
> e serás o nosso Deus, enxugando as nossas lágrimas
> e banindo a morte. Que assim seja!

*O Senhor nunca nos abandonará,
especialmente na hora de nossa morte.*

31 DE MARÇO

A BÍBLIA em UM ANO:
JUÍZES 11–12; LUCAS 6:1-26

O maior dos convites

Recentemente, recebi vários convites via e-mail. Alguns convidando-me a participar de seminários "grátis" sobre a aposentadoria, imóveis e seguros de vida que foram imediatamente descartados. Mas o convite para uma reunião em homenagem a um amigo de longa data me fez responder imediatamente: "Sim! Aceito. Convite + Desejo = Aceitação".

> **LEITURA:**
> **Isaías 55:1-7**
>
> Ah! [...] os que tendes sede, vinde às águas; e vós, os que não tendes dinheiro, vinde, comprai e comei... v.1

Isaías 55:1 traz um dos maiores convites da Bíblia. O Senhor disse ao Seu povo que estava em circunstâncias difíceis, "Vinde, vós todos os que têm sede, vinde às águas; e os que não tendes dinheiro, vinde, comprai e comei! Vinde, comprai vinho e leite sem dinheiro e sem custo." Esta é a extraordinária oferta de Deus para a nutrição interior, profunda satisfação espiritual, e vida eterna (vv.2,3).

O convite de Jesus é repetido no último capítulo da Bíblia: "O Espírito e a noiva dizem: Vem! Aquele que ouve, diga: Vem! Aquele que tem sede venha, e quem quiser receba de graça a água da vida" (APOCALIPSE 22:17).

Muitas vezes pensamos em vida eterna como um início depois de morrermos. Na verdade, ela começa quando recebemos Jesus Cristo como nosso Salvador e Senhor.

O convite de Deus para termos a vida eterna nele é o maior convite de todos! Convite + Desejo = Aceitação. DCM

Senhor Jesus, obrigado por Tua promessa de misericórdia, perdão e vida eterna. Reconheço os meus pecados e falhas, e recebo Jesus como meu Salvador hoje.

Quando aceitamos o convite de Jesus para segui-lo, toda a nossa vida muda de direção.

1.º DE ABRIL

A BÍBLIA em UM ANO:
JUÍZES 13–15; LUCAS 6:27-49

Quando o *sim* significa *não*

Sou grata pelo privilégio de ter cuidado da minha mãe durante sua batalha contra a leucemia. Os medicamentos a prejudicaram e ela parou com o tratamento, dizendo: "Não quero sofrer mais, quero aproveitar meus últimos dias com a família. Deus sabe que estou pronta para ir ao lar eterno."

Clamei ao amoroso Pai celestial, confiante em Seu poder. Mas para dizer "sim" para as orações dela, Ele teria de dizer "não" à minha. Soluçando, me rendi: "Faça a Sua vontade, Senhor."

LEITURA:
Romanos 8:22-28

Na minha angústia, clamo ao SENHOR, e ele me ouve.
Salmo 120:1

Logo depois, Jesus a recolheu para uma eternidade sem dor.

Neste mundo decaído, experimentaremos o sofrimento até a volta de Jesus. Nossa natureza pecaminosa, visão limitada e medo da dor pode distorcer a nossa capacidade de orar. Felizmente, "…aquele que sonda os corações sabe qual é a mente do Espírito, porque segundo a vontade de Deus é que ele intercede pelos santos" (v.27). Ele nos lembra que todas as coisas cooperam para o bem daqueles que o amam (v.28), mesmo quando o Seu "sim" para outra pessoa significa um doloroso "não" para nós.

Ao aceitarmos nossa parte em Seu propósito maior, podemos repercutir o lema de minha mãe: "Deus é bom, e isso é o que importa. Seja o que for que Ele decidir, estou em paz." Confiamos na bondade do Senhor que responde a todas as orações de acordo com a Sua vontade e para a Sua glória.

XED

Senhor, obrigado por podermos
confiar totalmente em ti.

*As respostas de Deus são mais sábias
do que as nossas orações.*

2 DE ABRIL

A BÍBLIA em UM ANO:
JUÍZES 16-18; LUCAS 7:1-30

Nos bastidores

Minha filha enviou uma mensagem a um amigo, esperando receber logo a resposta. O telefone mostrava que a mensagem fora lida, e ela esperou ansiosa. Momentos depois, frustrada, gemeu de irritação pela demora. A irritação virou preocupação, e ela se questionou se isso significava que havia um problema entre ambos. A resposta veio e ela se sentiu aliviada ao ver que tudo estava bem. O amigo simplesmente levara algum tempo verificando os detalhes necessários.

LEITURA:
Daniel 10:1-14

...foram ouvidas as tuas palavras; e, por causa das tuas palavras, é que eu vim. v.12

O profeta Daniel também aguardou ansiosamente por uma resposta. Após receber a visão assustadora de grande guerra, Daniel jejuou e buscou a Deus em humilde oração (10:3,12). Durante três semanas, ficou sem resposta (vv.2,13). Finalmente, um anjo assegurou a Daniel de que suas preces tinham sido ouvidas "desde o primeiro dia". Nesse meio tempo, o anjo estava lutando em defesa dessas orações. Embora Daniel não soubesse no início, Deus estava agindo durante cada um dos 21 dias que decorreram entre a primeira oração e a vinda do anjo.

Confiar que Deus ouve as nossas orações (SALMO 40:1) pode nos tornar ansiosos quando a resposta divina não vem quando a desejamos. Tendemos a questionar se o Senhor se importa. No entanto, a experiência de Daniel nos lembra de que Deus está agindo em favor dos que ama, mesmo se isso não nos parecer óbvio. 🌿

KHH

Senhor, ajuda-me a confiar em Teus cuidados,
mesmo quando não posso ver-te.

*Deus está sempre pronto a agir
em favor do Seu povo.*

3 DE ABRIL

A BÍBLIA em UM ANO:
JUÍZES 19-21; LUCAS 7:31-50

Coração compassivo

Fomos em 7 pessoas assistir a um show musical num parque lotado. Para sentarmos juntos, tentamos nos espremer numa fila de cadeiras. Mas, enquanto nos acomodávamos, uma mulher se esgueirou entre nós. Sue, minha esposa lhe disse que queríamos sentar juntos, mas ela lhe respondeu: "Que pena", e sentou-se junto aos seus dois companheiros.

**LEITURA:
Colossenses 3:12-17**

Revesti-vos [...] de misericórdia, de bondade, de humildade, de mansidão, de longanimidade. v.12

Três de nós nos sentamos numa fila atrás da outra de quatro, e Sue notou que um adulto que parecia ter necessidades especiais acompanhava a intrusa. Ela queria manter seu pequeno grupo juntos para cuidar deles. Nisso, a nossa irritação se desfez. Sue disse: "Imagine como deve ser difícil num lugar lotado como este." Sim, talvez a mulher tivesse sido rude, mas nós podíamos sentir compaixão em vez de raiva.

Sempre encontraremos pessoas que precisam de compaixão. Talvez as palavras de Paulo nos ajudem a ver as pessoas ao nosso redor de modo diferente. Como pessoas que precisam do toque suave de graça, e "...como eleitos de Deus, santos e amados", nos revestirmos de "ternos afetos de misericórdia, de bondade, de humildade, de mansidão, de longanimidade" (v.12). Paulo nos diz: "Suportai-vos uns aos outros, perdoai-vos mutuamente..." (v.13).

Ao demonstrarmos compaixão, indicaremos aos outros quem é Aquele que derramou o Seu coração de graça e compaixão sobre nós.

JDB

Pai, que possamos refletir o Teu amor
demonstrando compaixão aos outros.

Compaixão é entender os problemas dos outros.

4 DE ABRIL

A BÍBLIA em UM ANO:
RUTE 1-4; LUCAS 8:1-25

Sua Palavra é a última

Dawson Trotman foi um líder cristão dinâmico e fundador da missão *Os Navegadores*. Ele sempre enfatizou a importância da Bíblia na vida de cada cristão. Trotman terminou cada dia com uma prática que chamou de "Sua Palavra, a última palavra". Antes de dormir, ele meditava sobre um versículo ou passagem, e, em seguida, orava sobre a influência da Palavra de Deus em sua vida. Ele queria que as últimas palavras de cada dia viessem da Palavra de Deus.

LEITURA:
Salmo 63:1-11

...no meu leito, quando de ti me recordo em ti medito, durante a vigília da noite... v.6

O salmista Davi escreveu: "...no meu leito, quando de ti me recordo em ti medito, durante a vigília da noite. Porque tu me tens sido auxílio; à sombra das tuas asas, eu canto jubiloso" (SALMO 63:6,7). Se estamos em grande dificuldade ou desfrutamos de um tempo de paz, o nosso último pensamento à noite pode aliviar nossa mente com o descanso e conforto que Deus concede. E também pode definir o nosso primeiro pensamento na manhã seguinte.

Um de meus amigos e sua esposa finalizam cada dia lendo em voz alta uma passagem bíblica e um devocional com seus quatro filhos. Conversam sobre o que significa seguir a Jesus em casa e na escola. Eles chamam esse momento de sua versão de "Sua Palavra é a última" para cada dia.

Há maneira melhor de terminar o nosso dia?

DCM

Obrigado Pai, por Tua Palavra em nosso coração e mente,
nosso último pensamento à noite
ao descansarmos com segurança em Tuas mãos.

O Espírito de Deus renova a nossa mente
quando meditamos sobre a Palavra de Deus.

5 DE ABRIL

A BÍBLIA em UM ANO:
1 SAMUEL 1-3; LUCAS 8:26-56

A coragem de Kossi

Enquanto aguardava por seu batismo no rio, Kossi inclinou-se para pegar uma velha escultura de madeira. Sua família tinha adorado esse objeto por gerações, e, agora o viam jogá-la no fogo preparado para a ocasião. Não mais escolheriam suas melhores galinhas para o sacrifício a esse deus.

No Ocidente, a maioria dos cristãos pensa em ídolos como metáforas para o que colocam no lugar de Deus. No Togo, África Ocidental, os ídolos representam, literalmente, os deuses que devem ser apaziguados com sacrifícios. A queima do ídolo e o batismo representam uma declaração corajosa sobre a fidelidade do novo cristão ao único Deus verdadeiro.

> **LEITURA:**
> **2 Reis 23:12-14,21-25**
>
> Não terás outros deuses diante de mim. [...]. Não as adorarás, nem lhes darás culto...
> Êxodo 20:3,5

Aos 8 anos, o rei Josias chegou ao poder em meio à cultura de adoração aos ídolos e obcecada por sexo. Seu pai e o avô tinham sido dois dos piores reis em toda a história sórdida de Judá. Nesse contexto, o sumo sacerdote descobriu o Livro da Lei, e quando o jovem rei ouviu suas palavras, guardou-as no coração (22:8-13). Josias destruiu os altares, queimou os itens dedicados à deusa Astarote e aboliu a prostituição ritual (CAP.23). Em vez disso, celebrou a Páscoa (23:21-23).

Ao procurarmos respostas que não vêm de Deus, consciente ou inconscientemente, perseguimos um falso deus. Quais os ídolos, literais ou em sentido figurado, que precisamos jogar no fogo? *TLG*

> **Pai, mostra-nos** o que temos de substituir
> pela presença de Teu Espírito Santo.

Filhinhos, guardai-vos dos ídolos.
1 JOÃO 5:21

A BÍBLIA em UM ANO:
1 SAMUEL 4-6; LUCAS 9:1-17

O que dura para sempre?

Meu amigo ao passar dificuldades escreveu: "Ao refletir sobre os últimos semestres da vida estudantil, muitas coisas mudaram. É assustador. Nada dura para sempre."

Na verdade, muitas coisas podem acontecer em dois anos: mudança de carreira, novas amizades, doença, morte. Boas ou más, as mudanças podem estar à espreita ao virar da esquina, esperando para atacar! Simplesmente não sabemos. Que conforto é saber que o nosso amoroso Pai celestial não muda.

> **LEITURA:**
> **Salmo 102:25-28**
>
> Tu, porém, és sempre o mesmo, e os teus anos jamais terão fim. v.27

O salmista diz: "Tu, porém, és sempre o mesmo, e os teus anos jamais terão fim" (SALMO 102:27.). É imensa a implicação desta verdade. Significa que Deus é para *sempre* amoroso, justo e sábio. Como o professor de Bíblia, Arthur W. Pink, afirma maravilhosamente: "Sejam quais tenham sido os atributos de Deus antes da criação do Universo, são exatamente os mesmos agora, e permanecerão para sempre."

No Novo Testamento, Tiago escreve: "Toda boa dádiva e todo dom perfeito são lá do alto, descendo do Pai das luzes, em quem não pode existir variação ou sombra de mudança" (1:17). Em nossas circunstâncias de mudança, podemos sempre ter a certeza de que nosso bom Deus é sempre consistente com o Seu caráter. Ele é a fonte de tudo que é bom, e tudo que Ele faz é bom.

Pode parecer que nada durará para sempre, mas Deus permanecerá consistentemente bom para os que são Seus. PFC

Senhor, acalma o nosso coração
com a Tua graça e paz.

Aquele que sustém o Universo
jamais desiste de você.

7 DE ABRIL

A BÍBLIA em UM ANO:
1 SAMUEL 7–9; LUCAS 9:18-36

Rua Godliman, Londres

Minha esposa, Carolyn, e eu estávamos andando em Londres e chegamos numa rua chamada Godliman (*Godly man* = homem de Deus). Fomos informados de que um homem que viveu nessa rua levava uma vida tão piedosa que a sua rua ficou conhecida como "rua do homem piedoso". Isto me lembrou de uma história do Antigo Testamento.

LEITURA:
1 Samuel 9:1-10

"...Nesta cidade há um homem de Deus..." v.6

O pai de Saul enviou o seu filho e um servo para procurar algumas jumentas que tinham se afastado (v.3). Os jovens as procuraram por muitos dias, mas não conseguiram encontrar os animais.

Saul estava pronto para desistir e voltar para casa, mas o seu servo apontou para Ramá, aldeia do profeta Samuel, contestou e lhe disse: "...Nesta cidade há um homem de Deus, e é muito estimado; tudo quanto ele diz sucede; vamo-nos, agora, lá; mostrar-nos-á, porventura, o caminho que devemos seguir" (1 SAMUEL 9:6).

Ao longo de seus anos e em idade avançada, Samuel tinha buscado a intimidade e a comunhão com Deus, e suas palavras eram carregadas de verdade. As pessoas sabiam que ele era um profeta do Senhor. "Então, disse Saul ao moço: Dizes bem; anda, pois, vamos. E foram-se à cidade onde estava o homem de Deus" (v.10).

Como seria se a nossa vida refletisse Jesus a ponto de ser um referencial em nossa vizinhança, e a lembrança de que fôramos piedosos permanecesse ali? 🌱

DHR

Senhor, quero estar sempre bem perto de ti
e ser uma luz no espaço que ocupo neste mundo.

*O testemunho mais poderoso
é a vida piedosa.*

8 DE ABRIL

A BÍBLIA em UM ANO:
1 SAMUEL 10-12; LUCAS 9:37-62

Um pastor para a vida

Quando meu filho passou para outra série na escola, chorou: "Quero o mesmo professor sempre!" Tivemos que ajudá-lo a compreender que as mudanças fazem parte da vida. Podemos perguntar: Existe um relacionamento que dure a vida inteira?

Jacó, o patriarca, descobriu um. Depois de vivenciar mudanças dramáticas e perder entes queridos ao longo do caminho, percebeu que tivera uma presença constante em sua vida. E orou: "O Deus em cuja presença andaram meus pais [...], o Deus que me sustentou durante a minha vida até este dia [...] abençoe estes rapazes" (vv.15,16).

> **LEITURA:**
> **Gênesis 48:8-16**
>
> ...ó Deus, tu que me tens guiado como um pastor durante toda a minha vida até hoje. v.15

Jacó tinha sido pastor, portanto, ele comparou sua relação com Deus como a de um pastor com suas ovelhas. A partir do momento que a ovelha nasce, o pastor a cuida dia e noite, do processo de crescimento à velhice. Ele a guia durante o dia e protege-a durante a noite. Davi, também era pastor e tinha a mesma convicção, mas ele destacou a eterna dimensão disso quando disse: "...e habitarei na Casa do Senhor para todo o sempre" (SALMO 23:6).

Ter diferentes professores faz parte da vida. Mas como é bom saber que podemos ter relacionamentos que duram a vida inteira. O Pastor prometeu estar conosco todos os dias da nossa existência terrena (MATEUS 28:20). E quando a vida aqui termina, estaremos mais perto dele do que jamais estivemos.

KOH

Pai, te agradeço por seres o pastor da minha vida.
Louvo-te por Tua fidelidade.

Deus nunca nos abandona.

9 DE ABRIL

A BÍBLIA em UM ANO:
1 SAMUEL 13-14; LUCAS 10:1-24

Uma jornada de fé

Desde sua primeira publicação em 1880, o romance *Ben-Hur: um conto sobre Cristo*, de Lew Wallace, nunca ficou fora do catálogo. É considerado o livro cristão mais influente do século 19, e sempre atrai novos leitores, uma vez que tece a verdadeira história de Jesus com a de um fictício jovem e nobre judeu chamado Ben-Hur.

Amy Lifson, editora, escreveu numa conceituada revista que este livro transformou a vida do autor: "À medida que Ben-Hur guiava os leitores através de cenas da Paixão, ele também orientava o caminho para Wallace crer em Jesus." O autor afirmou: "Vi o Nazareno executar obras que nenhum mero homem poderia realizar."

> **LEITURA:**
> **João 20: 24-31**
>
> ...para que creiais que Jesus é o Cristo, o Filho de Deus, e para que, crendo, tenhais vida em seu nome. v.31

Nos evangelhos, o registro da vida de Jesus nos permite caminhar ao lado dele, testemunhar Seus milagres e ouvir Suas palavras. O evangelho de João conclui com as palavras: "...fez Jesus diante dos discípulos muitos outros sinais que não estão escritos neste livro. Estes, porém, foram registrados para que creiais que Jesus é o Cristo, o Filho de Deus, e para que, crendo, tenhais vida em seu nome" (JOÃO 20:30,31).

Assim como a pesquisa de Wallace, a leitura bíblica e o escrever sobre o Senhor o levaram a crer em Jesus, a Palavra de Deus gera a transformação da mente e do coração. E por meio dessa transformação, temos a vida eterna em Jesus e por meio dele. DCM

> **Senhor, que** o registro de Tua vida
> em nossa mente e coração aumente a nossa fé em ti.

---

*Muitos livros podem informar,
mas somente a Bíblia pode transformar.*

10 DE ABRIL

A BÍBLIA em UM ANO:
1 SAMUEL 15-16; LUCAS 10:25-42

O nosso melhor amigo

Quando eu tinha 12 anos, nos mudamos para uma cidade no deserto. Após as aulas de ginástica naquele ar quente na nova escola, corríamos para o bebedouro. Sendo magrinho e bem novo para a série, às vezes eu era empurrado para fora da fila de espera para beber. Um dia, meu amigo José, que era grande e forte para a sua idade, viu isso, entrou na fila e estendeu seu braço forte para abrir o meu caminho, dizendo: "Ei, pessoal, deixem primeiro o James beber!". Nunca mais tive problemas no bebedouro.

> **LEITURA:**
> **Hebreus 10:19-23**
>
> ...aos que o receberam, aos que creem no seu nome, deu-lhes o poder de serem feitos filhos de Deus. João 1:12

Jesus entendeu o que era enfrentar a suprema crueldade dos outros. A Bíblia nos diz: "Era desprezado e o mais rejeitado entre os homens..." (ISAÍAS 53:3). Mas Jesus não era apenas uma vítima do sofrimento, Ele também se tornou o nosso Advogado. Ao dar Sua vida, Jesus abriu um "novo e vivo caminho" para termos um verdadeiro relacionamento com Deus (HEBREUS 10:20). Ele fez por nós o que nunca poderíamos fazer por nós mesmos, oferecendo-nos o dom gratuito da salvação quando nos arrependemos de nossos pecados e confiamos nele.

Jesus é o melhor amigo que podemos ter. Ele disse: "...e o que vem a mim, de modo nenhum o lançarei fora" (JOÃO 6:37). Outros podem manter-nos à distância de um braço ou até mesmo empurrar-nos para longe de si, mas Deus abriu os Seus braços para nós por meio da cruz. Como o nosso Salvador é forte! JBB

Jesus Cristo abriu as portas do Céu vencendo a morte.

*O dom gratuito de Deus para nós
lhe custou muito caro.*

11 DE ABRIL

A BÍBLIA em UM ANO:
1 SAMUEL 17–18; LUCAS 11:1-28

Por que perdoar?

Quando uma amiga me traiu, eu sabia que precisava perdoá-la, mas não tinha certeza de que conseguiria. Suas palavras tinham me ferido profundamente, e eu me sentia atordoada com a dor e a raiva. Embora já tenhamos conversado sobre isso e eu tenha lhe dito que a perdoei, por um longo tempo, sempre que a via, sentia os reflexos dessa dor, portanto eu sabia que ainda me restava algum ressentimento. Um dia, porém, Deus respondeu às minhas orações e livrou-me desse sentimento. Finalmente, sentia-me livre.

> **LEITURA:**
> **Lucas 23:32-34**
>
> ...Jesus dizia: Pai, perdoa-lhes, porque não sabem o que fazem... v.34

O perdão está na essência da fé cristã, com o nosso Salvador estendendo perdão até mesmo quando estava morrendo na cruz. Jesus amava aqueles que o haviam pregado ali e proferiu uma oração pedindo ao Pai que os perdoasse. Ele não guardou amargura ou raiva, mas demonstrou graça e amor aos que o tinham martirizado.

Este momento é adequado para considerarmos quaisquer pessoas a quem temos a necessidade de perdoar diante do Senhor, e seguirmos o exemplo de Jesus em estender Seu amor àqueles que nos feriram. Quando pedimos a Deus para que através do Seu Espírito nos ajude a perdoar, Ele vem em nosso auxílio, mesmo se achamos que levamos muito tempo para perdoar. Agindo assim, somos libertos da prisão da falta de perdão.

ABP

Senhor Jesus Cristo, por meio de Tua graça e poder
que habita em mim, ajuda-me a perdoar. Que o Teu amor me liberte.

*Mesmo na cruz, Jesus perdoou
aqueles que o feriram.*

12 DE ABRIL

A BÍBLIA em UM ANO:
1 SAMUEL 19-21; LUCAS 11:29-54

Solte os cabelos

Pouco antes de Jesus ser crucificado, uma mulher chamada Maria derramou um jarro de perfume caro em Seus pés. Em seguida, no que parece ter sido um ato ainda mais ousado, ela os enxugou com os seus cabelos (v.3). Ela não só sacrificou o que pode ter sido toda a sua economia, mas também sacrificou a sua reputação. No primeiro século, na cultura do Oriente Médio, as mulheres respeitáveis nunca soltavam seus cabelos em público. Mas a verdadeira adoração não se importa com o que os outros pensam de nós (2 SAMUEL 6:21,22). Para adorar Jesus, Maria não se importou que a achassem despudorada, talvez até mesmo imoral.

> **LEITURA:**
> **João 12:1-8**
> Então, Maria, [...] ungiu os pés de Jesus e os enxugou com os seus cabelos... v.3

Alguns de nós podemos nos sentir pressionados a parecer perfeitos quando vamos à igreja para que os outros pensem bem de nós. Metaforicamente falando, trabalhamos duro para que o penteado dure. Mas uma igreja saudável é o lugar onde podemos soltar nossos cabelos e não esconder nossas falhas por trás de uma fachada de perfeição. Na igreja, devemos ser capazes de revelar nossas fraquezas para encontrar a força, em vez de esconder nossas falhas para parecermos fortes.

Adoração não envolve o comportar-se como se nada estivesse errado; é ter a certeza de que tudo está bem com Deus e uns com os outros. Quando o nosso maior medo é soltar nossos cabelos, talvez o nosso maior pecado seja mantê-los presos.

JAL

Esquadrinhas o meu andar e o meu deitar...
(Salmo 139:3).

*Nossa adoração é aceita
quando estamos bem com Deus.*

13 DE ABRIL

A BÍBLIA em UM ANO:
1 SAMUEL 22–24; LUCAS 12:1-31

Esquecido por nossa causa

Ter um amigo por perto torna a dor mais suportável? Foi feito um estudo fascinante para responder a essa pergunta e saber como o cérebro reage à perspectiva de dor, e se reage de maneira diferente se uma pessoa enfrenta a ameaça de dor sozinho, segurando a mão de um estranho, ou de alguém que lhe é próximo.

LEITURA:
Mateus 26:36-46

...De maneira alguma te deixarei, nunca jamais te abandonarei.
Hebreus 13:5

Fizeram-se os testes em dezenas de pares, e os resultados foram consistentes. Quando uma pessoa estava só ou segurando a mão de um estranho, na expectativa de um choque, as regiões do cérebro que processam o perigo iluminavam-se. Ao segurar as mãos de alguém de confiança, o cérebro relaxava. A presença de um amigo fez a dor parecer mais suportável.

Jesus precisava de conforto ao orar no jardim do Getsêmani. Ele sabia que estava prestes a enfrentar traição, prisão e morte. Ele pediu aos Seus amigos mais próximos para ficarem e orarem com Ele, dizendo-lhes que a Sua alma estava "profundamente triste" (v.38). Mas Seus amigos dormiram.

Jesus enfrentou a agonia, sem o conforto da mão de alguém para segurar. Mas por Ele suportar essa dor, podemos ter a certeza de que Deus nunca nos deixará nem nos abandonará (HEBREUS 13:5). Jesus sofreu para que jamais venhamos a experimentar a separação do amor de Deus (ROMANOS 8:39). A companhia do Senhor faz qualquer coisa que tenhamos que enfrentar ser mais suportável. *ALP*

Jesus, obrigado por nos dares uma maneira
de viver em comunhão com o Pai.

Por causa do amor de Deus,
nunca estamos realmente sozinhos.

14 DE ABRIL

A BÍBLIA em UM ANO:
1 SAMUEL 25-26; LUCAS 12:32-59

Lembre-se da cruz

Na igreja que frequento, há uma enorme cruz à frente do santuário. Ela representa a cruz original onde Jesus morreu — o lugar onde o nosso pecado se depara com a Sua santidade. Ali, Deus permitiu que Seu Filho perfeito morresse por causa de todas as coisas erradas que temos feito, dito ou pensado. Na cruz, Jesus completou o sacrifício necessário para nos salvar da morte que merecemos (ROMANOS 6:23).

> **LEITURA:**
> **Mc 15:19,20,33-39**
>
> ...Verdadeiramente, este homem era o Filho de Deus. v.39

A visão de uma cruz me faz considerar o que Jesus sofreu por nós. Antes de ser crucificado, Ele foi açoitado e nele cuspiram. Os soldados bateram na cabeça dele com madeira e ficaram de joelhos fingindo adorá-lo. Tentaram fazê-lo carregar Sua própria cruz até o lugar onde morreria, mas Jesus estava fisicamente muito fraco após o brutal flagelo. No Gólgota, martelaram os pregos em Sua carne para mantê-lo na cruz em posição vertical. Essas feridas suportaram o peso do Seu corpo, enquanto Ele estava suspenso ali. Seis horas depois, Jesus expirou (MARCOS 15:37). Um centurião que testemunhou a morte de Jesus declarou: "...Verdadeiramente, este homem era o Filho de Deus" (v.39).

A próxima vez que você vir o símbolo da cruz, repense sobre o significado que ela tem para você. O Filho de Deus sofreu e morreu sobre ela, e, em seguida, ressuscitou para que possamos ter a vida eterna. ❧

JBS

Querido Jesus, reconheço o Teu sacrifício,
e creio no poder da Tua ressurreição.

A cruz de Cristo revela como é terrível o nosso pecado
e como é grande o amor de Deus.

15 DE ABRIL

A BÍBLIA em UM ANO:
1 SAMUEL 27-29; LUCAS 13:1-22

Preço do amor

Nossa filha rompeu em lágrimas quando nos despedimos dos meus pais. Depois de nos visitar na Inglaterra, eles estavam começando a sua longa viagem de volta à casa deles nos EUA. "Não quero que eles vão", disse ela. Quando fui consolá-la, meu marido comentou: "Tenho medo de que este seja o preço do amor."

Podemos sentir a dor de sermos separados dos entes queridos, mas Jesus sentiu a separação final, quando pagou o preço do amor na cruz. Ele, que era ao mesmo tempo humano e Deus, cumpriu a profecia de Isaías feita 700 anos antes: Ele "levou sobre si o pecado de muitos" (v.12). Neste capítulo vemos Jesus ser o Servo sofredor, quando Ele estava "traspassado pelas nossas transgressões" (v.5), o que aconteceu quando Ele foi pregado na cruz e quando um dos soldados lhe abriu o lado com uma lança (JOÃO 19:34), e que "pelas suas pisaduras fomos sarados" (ISAÍAS 53:5).

> **LEITURA:**
> **Isaías 53:9-12**
>
> ...porquanto derramou a sua alma na morte... v.12

Por amor, Jesus veio ao mundo nascer como um bebê. Por amor, Ele foi oprimido e humilhado pelos mestres da lei, multidões e soldados. Por amor, Ele sofreu e morreu para ser o sacrifício perfeito, tomando o nosso lugar diante do Pai. Temos vida por causa do Seu amor.

ABP

Senhor Jesus Cristo, és o Cordeiro de Deus que tira os nossos pecados, tem piedade de nós e ajuda-nos a estender misericórdia e amor aos outros. Mostra-nos como podemos compartilhar o Teu amor com os outros hoje.

Jesus foi o sacrifício perfeito
que morreu para nos dar a vida.

16 DE ABRIL

A BÍBLIA em UM ANO:
1 SAMUEL 30–31; LUCAS 13:23-35

Ele entende e se importa

Quando lhe foi perguntado se ele achava que a ignorância e a apatia eram problemas na sociedade moderna, o homem brincou: "Não sei e não me importo."

Acho que muitas pessoas desanimadas se sentem assim sobre o mundo e as pessoas de hoje. Mas quando se trata das perplexidades e preocupações de nossa vida, Jesus as entende perfeitamente, e se importa profundamente. Em Isaías 53, temos uma profecia do Antigo Testamento sobre a crucificação de Jesus, que nos dá um vislumbre do que Ele enfrentou em nosso lugar. "Ele foi oprimido e humilhado, [...] como cordeiro foi levado ao matadouro..." (v.7). "...por causa da transgressão do meu povo, foi ele ferido" (v.8). "...ao Senhor agradou moê-lo, fazendo-o enfermar; quando der ele a sua alma como oferta pelo pecado, verá a sua posteridade e prolongará os seus dias; e a vontade do Senhor prosperará nas suas mãos" (v.10).

> **LEITURA:**
> **Isaías 53:1-8**
>
> **Certamente, ele tomou sobre si as nossas enfermidades e as nossas dores levou sobre si...** v.4

Na cruz, Jesus voluntariamente suportou nosso pecado e culpa. Ninguém jamais sofreu mais do que nosso Senhor por nós. Cristo sabia o que custaria para salvar-nos de nossos pecados e, em amor, Ele voluntariamente pagou (vv.4-6).

Por causa da ressurreição de Jesus dentre os mortos, Ele está vivo e conosco ainda hoje. Seja qual for a situação que enfrentamos, Jesus a entende e se preocupa. E Ele vai nos amparar. DCM

Senhor, somos gratos por Teu amor e presença.
Queremos caminhar ao Teu lado e honrar-te em tudo que fizermos.

Ele não está aqui, mas ressuscitou...
LUCAS 24:6

17 DE ABRIL

A BÍBLIA em UM ANO:
2 SAMUEL 1-2; LUCAS 14:1-24

Em casa com Jesus

"Não há lugar como o lar." Esta frase reflete um anseio profundamente enraizado dentro de nós por termos um lugar para descansar, ser e pertencer. Jesus falou sobre este desejo de enraizar-se, depois de Ele e Seus amigos terem feito a sua última ceia juntos. Nessa ocasião, Jesus falou sobre a Sua iminente morte e ressurreição. Jesus prometeu que, embora fosse partir, voltaria para eles. E lhes prepararia um lugar — uma morada. Um lar.

> **LEITURA:**
> **João 14:1-4**
>
> E, quando eu for e vos preparar lugar, voltarei e vos receberei para mim mesmo... v.3

Jesus preparou este lugar para eles e para nós, ao cumprir os requisitos da lei de Deus ao morrer na cruz como um homem sem pecado. Ele assegurou aos Seus discípulos que, indo aos céus para criar esta morada, voltaria para eles e não os deixaria sozinhos. Eles não precisavam temer nem se preocupar com suas vidas, nem na Terra, nem no Céu.

Podemos nos encorajar com as palavras de Jesus, pois cremos e confiamos que Ele preparou um lar para nós; que Ele fez a Sua morada em nós (v.23); e que Ele foi à nossa frente para preparar o nosso lar celestial. Seja qual for o tipo de lugar em que vivemos, pertencemos a Jesus, somos confirmados por Seu amor e cercados por Sua paz. Com Ele, não há lugar como o lar.

ABP

Senhor Jesus Cristo, se e quando nos sentirmos sem-teto, lembra-nos que tu és a nossa morada. Que possamos compartilhar este sentimento de pertença com aqueles que encontrarmos.

*Jesus nos prepara um lugar
para vivermos para sempre.*

18 DE ABRIL

A BÍBLIA em UM ANO:
2 SAMUEL 3–5; LUCAS 14:25-35

Aprecie a vista

Pores do sol. As pessoas tendem a parar o que estão fazendo para observá-los, tirar fotos e apreciar a bela vista.

Minha esposa e eu assistimos ao pôr do sol no Golfo do México recentemente. Uma multidão de pessoas nos cercava, em sua maioria estranhos que tinham se reunido na praia para assistir a este fenômeno noturno. No momento em que o sol se pôs totalmente abaixo do horizonte a multidão irrompeu em aplausos.

LEITURA:
Salmo 148:1-6

Louvai-o, sol e lua; louvai-o, todas as estrelas luzentes. v.3

Por que as pessoas reagem assim? O livro de Salmos oferece uma pista. O salmista escreveu sobre Deus ordenar o Sol para louvar o seu Criador (v.3). E por onde quer que os raios do sol brilhem em toda a Terra, as pessoas são tocadas para louvar junto com os astros.

A beleza da natureza nos fala à alma como poucas coisas o fazem. Ela não só tem a capacidade de nos interromper no que estivermos fazendo e cativar a nossa atenção, mas também tem o poder de nos fazer prestar mais atenção no Criador dessa beleza em questão.

A maravilha da imensa criação de Deus pode nos levar a fazer uma pausa e lembrarmo-nos do que é verdadeiramente importante. Em última análise, nos lembra de que existe um Criador no início e fim de cada dia; Alguém que amou tanto o mundo que criou a ponto de vir habitar nele, para redimir e restaurá-lo. *JRO*

Aprecio o mundo que criaste com a sua variedade e cor.
Senhor, tu és maravilhoso!

*Junte-se a Deus em desfrutar
de tudo o que Ele tem feito.*

Pão Diário

19 DE ABRIL

A BÍBLIA em UM ANO:
2 SAMUEL 6–8; LUCAS 15:1-10

Cheiro doce

A autora Rita Snowden conta uma bela história sobre uma visita a uma pequena vila. Sentada à mesa de um café numa tarde desfrutando de uma xícara de chá, ela percebeu um delicioso cheiro no ar. Rita perguntou ao garçom de onde o cheiro vinha e lhe foi dito que era das pessoas que ela podia ver passando por ali. A maioria dos moradores eram empregados de uma fábrica de perfume nas proximidades. Ao irem para casa, levavam à rua a fragrância que impregnava suas roupas.

Que bela imagem da vida cristã! Como o apóstolo Paulo diz, nós somos o aroma de Cristo, espalhando Sua fragrância em todos os lugares (2 CORÍNTIOS 2:15). Paulo usa a imagem de um rei que retorna da batalha, com os soldados e prisioneiros a reboque, levantando o cheiro do incenso de comemoração no ar, declarando a grandeza do rei (v.14).

> **LEITURA:**
> **2 Coríntios 2:14-16**
>
> Graças, porém, a Deus, que, em Cristo, sempre nos conduz em triunfo... v.14

De acordo com Paulo, espalhamos o aroma de Cristo de duas maneiras. Primeiro, por meio de nossas palavras: revelando aos outros sobre a beleza de Cristo. Segundo, por meio de nossa vida: entregando-a como "oferta e sacrifício a Deus" (vv.1,2). Embora nem todos apreciarão o "aroma suave" que compartilhamos, ele trará vida a muitos.

Rita sentiu o aroma no ar e buscou a sua fonte. Ao seguirmos Jesus também nos envolvemos com Sua fragrância, e levamos este aroma suave às ruas com nossas palavras e ações. SMV

Senhor Jesus, faz-nos portadores
e transmissores de Tua beleza.

Somos o aroma suave de Cristo aos outros.

20 DE ABRIL

A BÍBLIA em UM ANO:
2 SAMUEL 9-11; LUCAS 15:11-32

Deixe que parta!

Para o nosso aniversário de casamento, meu marido emprestou uma bicicleta tandem (assento duplo) para que pudéssemos desfrutar de uma aventura romântica juntos.

Quando começamos a pedalar, percebi que, com o piloto à minha frente, a estrada se escondia por trás de seus ombros largos. Além disso, o meu guidão era fixo; e não afetava o movimento da bicicleta. Somente o guidão da frente determinava a nossa direção; o meu servia apenas como apoio para a parte superior do meu corpo. Eu tinha a opção de sentir-me frustrada por minha falta de controle ou de confiar que meu marido nos guiaria com segurança em nossa rota.

> **LEITURA:**
> **Gênesis 12:1-9**
>
> Ora, disse o SENHOR a Abrão: Sai da tua terra, [...] e vai para a terra que te mostrarei. v.1

Quando Deus pediu a Abrão para deixar a sua terra natal e família, Ele não lhe ofereceu muitas informações sobre o destino. Nenhuma coordenada geográfica. Nenhuma descrição da nova terra nem de seus recursos naturais. Nem mesmo uma indicação sobre quanto tempo levaria para alcançá-la. Deus simplesmente o instruiu a "ir" para a terra que o Senhor lhe mostraria. A obediência de Abrão à instrução de Deus, apesar de não saber a maioria dos detalhes, como os seres humanos anseiam, lhe é creditado como "fé" (HEBREUS 11:8).

Se estivermos lutando com incerteza ou descontrole em nossa vida, adotemos o exemplo de Abrão — seguir em frente e confiar em Deus. O Senhor nos orientará bem.   KOH

Ajuda-me, Senhor, a confiar
as incertezas na minha vida a ti.

Devemos confiar em Deus para guiar-nos.

21 DE ABRIL

A BÍBLIA em UM ANO:
2 SAMUEL 12-13; LUCAS 16

O dom de dar

Certo pastor deu vida à frase "Ele te daria a própria roupa", quando entregou este desafio perturbador à sua igreja: "O que aconteceria se tirássemos nossos casacos e os déssemos aos necessitados?" Em seguida, tirou o seu e colocou-o aos pés do púlpito. Dezenas de outros seguiram o seu exemplo. Eles fizeram isso no inverno, de modo que a volta para casa foi menos confortável naquele dia. Porém, para dezenas de pessoas em necessidade, a estação ficou um pouco mais aquecida.

> **LEITURA:**
> **Lucas 3:7-14**
>
> **Cada um contribua segundo tiver proposto no coração, [...] porque Deus ama a quem dá com alegria.** 2 Coríntios 9:7

Quando João Batista percorreu o deserto da Judeia, ele tinha um aviso severo para a multidão que veio ouvi-lo. "...Raça de víboras", ele disse. "Produzi, pois, frutos dignos de arrependimento..." (LUCAS 3:7,8). Assustados, perguntaram-lhe: "O que devemos fazer então?" Ele os respondeu com um conselho: "Quem tem duas túnicas, reparta com quem não tem; e quem tiver comida, faça o mesmo" (vv.10,11). O verdadeiro arrependimento produz um coração generoso.

"Deus ama a quem dá com alegria", portanto a nossa doação jamais deve basear-se em culpa ou pressão (2 CORÍNTIOS 9:7). Mas quando doamos de boa vontade e generosamente, descobrimos que realmente é mais abençoador dar do que receber. TLG

> **Senhor, obrigado** pelas muitas maneiras que nos abençoas.
> Perdoa-nos por muitas vezes nos considerarmos
> merecedores da Tua graça.

A alma generosa prosperará, e quem dá a beber será dessedentado.

PROVÉRBIOS 11:25

22 DE ABRIL

A BÍBLIA em UM ANO:
2 SAMUEL 14-15; LUCAS 17:1-19

Ele sempre ouve

Meu pai era homem de poucas palavras. Ele sofreu perda auditiva no serviço militar e usava aparelhos. Mas um dia quando mamãe e eu falávamos um pouco mais do que ele achava necessário, ele nos disse: "Se quero paz e tranquilidade, tudo o que tenho a fazer é isso." Levantou suas mãos num único movimento, desligou os aparelhos auditivos, cruzou as mãos atrás da cabeça e fechou os olhos sorrindo sereno.

Rimos, pois para ele, a conversa estava encerrada!

Naquele dia, a atitude dele fez-me lembrar como Deus é diferente de nós. Ele sempre quer ouvir os Seus filhos. Vemos

> **LEITURA:**
> **Neemias 2:1-9**
>
> **Perto está o Senhor de todos os que o invocam, de todos os que o invocam em verdade.** Salmo 145:18

isso numa das orações mais curtas na Bíblia. Um dia Neemias, copeiro do rei Artaxerxes da Pérsia, estava triste na presença do rei. Temeroso, quando o rei lhe perguntou o motivo, Neemias confessou que era por causa de Jerusalém, conquistada por seus ancestrais, estar em ruínas. Neemias relata, "Disse-me o rei: Que me pedes agora? Então, orei ao Deus dos céus e disse ao rei..." (4,5).

A oração dele durou apenas um instante, mas Deus a ouviu. E Deus movido pela petição do Seu servo, respondeu as muitas orações de Neemias que já tinham sido feitas em favor de Jerusalém. Naquele momento, Artaxerxes atendeu o pedido de Neemias para reconstruir a cidade.

Não é reconfortante saber que Deus se importa o suficiente para ouvir todas as nossas orações, da menor a maior? JBB

Obrigado, Pai, por me abençoares com o privilégio
e a oportunidades de orar.

*O nosso Deus é grande o suficiente
para ouvir a menor das vozes.*

23 DE ABRIL

A BÍBLIA em UM ANO:
2 SAMUEL 16–18; LUCAS 17:20-37

O piano encolhido

Durante três anos consecutivos, meu filho participou de um recital de piano. No último ano em que tocou, eu o vi subir os degraus do palco e preparar a sua estante. Ele tocou duas músicas e depois sentou-se ao meu lado e sussurrou: "Mãe, este ano o piano era menor." Eu lhe respondi: "O piano é o mesmo. Foi você que cresceu."

Muitas vezes, o crescimento espiritual e o crescimento físico acontecem lentamente ao longo do tempo. É um processo contínuo que envolve tornar-se mais semelhante a Jesus, e isso acontece à medida que somos transformados pela renovação da nossa mente (ROMANOS 12:2).

> **LEITURA:**
> **Filipenses 1:1-11**
>
> ...aquele que começou boa obra em vós há de completá-la até ao Dia de Cristo Jesus. v.6

Quando o Espírito Santo age em nós, Ele nos conscientiza do nosso pecado. Para honrar a Deus, esforçamo-nos para mudar. Às vezes, experimentamos sucesso, mas em outros momentos, tentamos e falhamos. Parece que nada muda, desanimamos. Podemos comparar o fracasso com a falta de progresso, quando na verdade, com frequência estamos no meio do processo.

O crescimento espiritual envolve o Espírito Santo, a nossa vontade de mudar e tempo. Em certos pontos em nossa vida, podemos olhar para trás e ver que crescemos espiritualmente. Que Deus nos dê a fé para continuar a acreditar que "...aquele que começou boa obra em vós há de completá-la até ao Dia de Cristo Jesus" (FILIPENSES 1:6).

JBS

Querido Deus, quero honrar-te com a minha vida
e experimentar a alegria do agir do Espírito em mim.

O crescimento espiritual é um processo.

24 DE ABRIL

A BÍBLIA em UM ANO:
2 SAMUEL 19–20; LUCAS 18:1-23

As pequenas coisas

Minha amiga Glória me ligou emocionada. Ela não podia sair de casa, exceto para ir ao médico. Por isso, entendi por que ela estava tão feliz em me dizer: "Meu filho colocou um novo alto-falante em meu computador e agora posso ir à igreja!" Agora ela podia ouvir a transmissão ao vivo do culto de sua igreja, estava feliz pela bondade de Deus e pelo: "melhor presente que o meu filho poderia ter me dado"!

Glória me ensina sobre ter o coração agradecido. Apesar de suas muitas limitações, ela é grata por pequenas coisas — pores de sol, ajuda da família e dos vizinhos, momentos tranquilos com Deus e a possibilidade de permanecer em seu próprio apartamento. A vida inteira Deus proveu por suas necessidades e ela fala dele a todos que a visitam ou telefonam.

> **LEITURA:**
> **Salmo 116:1-9**
>
> **Toda boa dádiva e todo dom perfeito são lá do alto...**
> Tiago 1:17

Não sabemos quais as dificuldades que o autor do Salmo 116 encontrou. Alguns comentários bíblicos dizem que foi, provavelmente, doenças, pois ele disse, "Laços de morte me cercaram..." (v.3). Mas ele agradeceu ao Senhor por ser justo e cheio de compaixão, quando ele estava "prostrado" (vv.5,6).

Quando estamos nos sentindo fracos, pode ser difícil olhar para cima. No entanto, se o fizermos, veremos que Deus é o Doador de todas as boas dádivas em nossa vida — grandes e pequenas — e aprendemos a dar-lhe graças. AMC

Que darei ao SENHOR por
todos os seus benefícios para comigo?...
(SALMO 116:12,17).

*O louvor a Deus é natural
quando você conta as suas bênçãos.*

25 DE ABRIL

A BÍBLIA em UM ANO:
2 SAMUEL 21–22; LUCAS 18:24-43

Não desista

Bob Foster, meu mentor e amigo há mais de 50 anos, nunca desistiu de mim. Sua amizade imutável e o encorajamento, mesmo durante meus momentos mais sombrios, ajudou-me a enfrentar minhas lutas.

Com frequência, estamos prontos a estender a mão e ajudar alguém que sabemos que está em grande necessidade. Mas quando não vemos melhoras imediatas, a nossa determinação pode enfraquecer e, eventualmente, desistimos. Descobrimos que aquilo que esperávamos acontecer de uma vez só, era um processo contínuo.

> **LEITURA:**
> **Gálatas 6:1-10**
>
> **E não nos cansemos de fazer o bem, porque a seu tempo ceifaremos, se não desfalecermos.** v.9

O apóstolo Paulo nos pede para sermos pacientes ao ajudar uns aos outros nos tropeços e lutas da vida. Quando ele escreve: "Levai as cargas uns dos outros e, assim, cumprireis a lei de Cristo" (GÁLATAS. 6:2), ele está comparando a nossa tarefa ao trabalho, ao tempo e à espera que leva para um fazendeiro ver a sua colheita.

Quanto tempo devemos continuar orando e ajudando aos que amamos? "...não nos cansemos de fazer o bem, porque a seu tempo ceifaremos, se não desfalecermos" (v.9). Quantas vezes devemos estender a mão aos outros? "...enquanto tivermos oportunidade, façamos o bem a todos, mas principalmente aos da família da fé" (v.10).

O Senhor nos encoraja a confiar nele hoje, a permanecer fiel aos outros, a continuar orando e a não desistir!

DCM

Pai Celestial, pedimos por esperança e perseverança para continuar a estender a mão aos outros.

Deus "...é poderoso para fazer infinitamente mais do que tudo quanto pedimos ou pensamos...". EFÉSIOS 3:20

26 DE ABRIL

A BÍBLIA em UM ANO:
2 SAMUEL 23-24; LUCAS 19:1-27

Alguém para Toque

Os **passageiros** de um vagão do Metrô canadense testemunharam um momento tenso. Eles viram como uma mulher de 70 anos, gentilmente estendeu a mão e a ofereceu a um jovem cuja voz alta e palavras perturbadoras estavam assustando os outros passageiros. A bondade daquela senhora acalmou o homem que caiu no chão do trem com lágrimas nos olhos. Ele disse: "Obrigado, vovó", levantou-se e foi embora. Mais tarde, a mulher admitiu que sentiu medo. Mas disse: "Sou mãe e ele precisava de alguém para tocá-lo." Um juízo melhor poderia ter lhe feito manter a distância, mas ela aceitou correr esse risco por amor.

LEITURA:
Lucas 5:12-16

E ele, estendendo a mão, tocou-lhe... v.13

Jesus compreende esse tipo de compaixão. Ele não se associou aos temores dos que o observavam quando um homem desesperado, cheio de lepra, apareceu pedindo para ser curado. Nem ficou parado como os outros líderes estavam — líderes religiosos que só poderiam condenar aquele homem por trazer sua lepra ao arraial (LEVÍTICO 13:45,46). Em vez disso, Jesus estendeu a mão para alguém que provavelmente não havia sido tocado por qualquer pessoa durante anos, e o curou.

Felizmente, para aquele homem e para nós, Jesus veio oferecer o que nenhuma lei jamais poderia oferecer — o toque de Sua mão e coração.

MRD

Pai Celestial, por favor, ajuda-nos a nos vermos a nós mesmos
e uns aos outros naquele homem desesperado, e nos
olhos misericordiosos de Seu Filho, que estendeu a mão e o tocou.

*Ninguém é problemático ou imundo demais
para deixar de ser tocado por Jesus.*

27 DE ABRIL

A BÍBLIA em UM ANO:
1 REIS 1-2; LUCAS 19:28-48

Aprender a língua

Eu **estava** numa pequena igreja da Jamaica e disse em meu melhor dialeto local, "*Wah Gwan*, Jamaica?" A reação foi melhor do que eu esperava, com os sorrisos e aplausos que recebi em troca.

Eu tinha dito apenas a saudação padrão: "O que está acontecendo?" Em Patois [pa-twa], mas para eles estava dizendo: "Preocupo-me o suficiente para falar a sua língua." Claro que eu não sabia continuar, mas abri uma porta para comunicação.

> LEITURA:
> **Atos 17:22-32**
>
> ...encontrei também um altar no qual está inscrito: *AO DEUS DESCONHECIDO.* v.23

Quando Paulo, esteve diante do povo de Atenas, ele os fez saber que conhecia a cultura deles, ao mencionar que tinha observado o seu altar ao "*AO DEUS DESCONHECIDO*", e ao citar um de seus poetas. Nem todos acreditavam na mensagem de Paulo sobre a ressurreição de Jesus, mas alguns disseram: "A respeito disso te ouviremos noutra ocasião" (ATOS 17:32).

À medida que compartilhamos com os outros sobre Jesus e a salvação que Ele oferece, as lições das Escrituras nos mostram que devemos investir o nosso tempo com outras pessoas, aprender um pouco de sua língua, demonstrando interesse e como uma maneira de abrir a porta para anunciar-lhes as boas-novas (1 CORÍNTIOS 9:20-23).

Quando descobrimos, "*Wah Gwan*?" com os outros, será fácil compartilhar o que Deus tem feito em nossa vida. *JDB*

> **Mostra-nos, Senhor,** o que é importante para os outros.
> Ajuda-nos a pensar primeiro nos interesses deles,
> e dá-nos oportunidades para falar sobre o amor de Jesus.

---

*Antes de anunciar sobre Cristo aos outros,
deixe-os ver o quanto você se importa com eles.*

28 DE ABRIL — A BÍBLIA em UM ANO: 1 REIS 3–5; LUCAS 20:1-26

Uma alternativa para a ira

Certa manhã, um jovem descobriu que o seu carro tinha desaparecido. Em seguida percebeu que tinha estacionado em zona restrita e seu veículo tinha sido rebocado. Depois de considerar a situação e na quantia enorme que pagaria de multa, reboque e estacionamento, sentiu-se frustrado. Mas decidiu não se irritar com a pessoa que o ajudaria a recuperar o seu carro. Em vez de externar sua raiva, ele escreveu um poema bem-humorado sobre a situação e o leu para o funcionário que ele conheceu no pátio de reboque. O trabalhador gostou do poema, e assim evitou um confronto mais rude.

> **LEITURA:**
> **Provérbios 20:1-15**
> **Honroso é para o homem o desviar-se de contendas...** v.3

Provérbios nos ensina: "Honroso é para o homem o desviar-se de contendas..." (20:3). A contenda é aquele atrito que ou explode sob a superfície ou em aberto entre as pessoas que discordam sobre algo.

Deus nos deu os recursos para viver em paz com outras pessoas. Sua *Palavra* nos assegura que é possível sentir ira sem deixá-la explodir em raiva (4:26). Seu *Espírito* nos permite substituir as faíscas da fúria que nos levam a atacar as pessoas pelo autocontrole. E Deus nos deu o Seu *exemplo* a seguir quando nos sentimos provocados (1 PEDRO 2:23). Ele é compassivo, misericordioso, e lento para se irar, cheio de amor e fidelidade (SALMO 86:15). — JBS

> **Querido Deus,** ajuda-me a administrar a minha ira
> de maneira a não pecar.
> Dá-me autocontrole pelo poder do Teu Espírito Santo.

Seja lento para irar-se.

29 DE ABRIL

A BÍBLIA em UM ANO:
1 REIS 6-7; LUCAS 20:27-47

Quando chega a manhã

Era tarde quando paramos numa pousada na Alemanha. Nosso quarto era acolhedor e tinha uma varanda, embora a névoa tornasse impossível ver por entre a escuridão. Mas, horas mais tarde, quando o sol se levantou, a névoa desvaneceu. E pudemos ver — uma cena idílica, que tinha sido severamente envolta em névoas na noite anterior, — nos prados verdes, o pasto com ovelhas calmas e exuberantes com pequenos sinos tilintando em seus pescoços, e grandes nuvens no céu que pareciam ovelhas enormes e macias.

> **LEITURA:**
> **Hebreus 11:1-8**
>
> Ora, a fé é a certeza de coisas que se esperam, a convicção de fatos que se não veem. v.1

Às vezes a vida pode ficar encoberta por uma densa névoa de desespero. Nossa situação pode parecer tão difícil que começamos a perder a esperança. Mas, assim como o sol que afasta a névoa, a nossa fé em Deus pode afastar a onda de dúvida. Hebreus 11 define a fé como: "a convicção de fatos que se não veem" (v.1). Essa passagem continua a lembrar-nos da fé de Noé, e que: "pela fé, Noé, divinamente instruído acerca de acontecimentos que ainda não se viam e sendo temente a Deus", o obedeceu (v.7). E Abraão, que, foi onde Deus o enviou, mesmo não sabendo para qual local estava indo (v.8).

Embora nem sempre podemos vê-lo ou sentir a Sua presença, Deus está sempre presente e nos ajudará a passar pelas noites mais escuras.

CHK

Pai, obrigado por Tua promessa de caminhar conosco por toda a vida.
Em momentos de dúvida, ajuda-nos a ter a confiança
de que estás no controle, e que podemos confiar em ti.

A fé é como o radar que enxerga em meio ao nevoeiro.
CORRIE TEN BOOM

30 DE ABRIL

A BÍBLIA em UM ANO:
1 REIS 8–9; LUCAS 21:1-19

Sempre amado

É quase impossível passarmos um dia sem sermos desprezados, ignorados, ou de alguma forma diminuídos. Às vezes, fazemos isso conosco mesmo.

Os inimigos de Davi foram ameaçar, zombar e insultá-lo. Seu senso de autoestima e bem-estar estava muito baixo (vv.1,2). Ele pediu por alívio de sua angústia e aflição.

LEITURA:
Salmo 4:1-8

Sabei que o SENHOR separou seu servo fiel de si mesmo. v.3

Nesse ínterim, Davi se lembrou: "Sabei, porém, que o SENHOR distingue para si o piedoso" (v.3). Outras traduções da Bíblia tentam capturar a essência dessa declaração ousada de Davi de "piedoso" como "fiel, querido". A palavra hebraica aqui, *hesed*, literalmente, refere-se ao amor da aliança de Deus e poderia muito bem ser entendida como: "Aqueles a quem Deus vai amar para sempre e todo o sempre".

Aqui está o que nós também devemos nos lembrar: Somos amados *para sempre*, separados de maneira especial, tão caros a Deus como o Seu próprio Filho. Ele nos chamou para sermos os *Seus* filhos por toda a eternidade.

Em vez de nos desesperarmos, podemos nos lembrar do amor que recebemos livremente de nosso Pai. Somos os *Seus* filhos amados. O fim não é o desespero, mas a paz e a alegria (vv.7,8). Ele nunca desiste de nós e nunca deixa de nos amar. 🌿   DHR

Pai, as palavras dos outros podem nos ferir profundamente.
Tuas palavras nos curam e confortam. Agradecemos-te por Tua promessa
de que somos amados para sempre.

A verdadeira medida do amor de Deus é o fato de que
Ele nos ama sem medida. —BERNARD DE CLAIRVAUX

1.º DE MAIO

A BÍBLIA em UM ANO:
1 REIS 10-11; LUCAS 21:20-38

Perguntas para Deus

O que você faria se o Senhor aparecesse no meio de seu expediente com uma mensagem? Isto aconteceu com Gideão: "...o Anjo do Senhor lhe apareceu e lhe disse: o Senhor é contigo, homem valente!" Gideão poderia ter respondido com um aceno e engolido em seco, mas disse: "...Se o Senhor é conosco, por que nos sobreveio tudo isto?..." (v.12,13). Gideão queria entender o porquê parecia que Deus tinha abandonado o Seu povo.

> **LEITURA:**
> **Juízes 6:11-16,24**
>
> **Vai nessa tua força [...] já que eu estou contigo...** vv.14,16

Deus não lhe deu a resposta. Depois que Gideão suportou por 7 anos os ataques dos inimigos, a fome e o esconder-se em cavernas, Deus não explicou por que Ele nunca interveio. O Senhor poderia ter revelado que o motivo era o pecado do passado de Israel, mas em vez disso deu-lhe esperança para o futuro, dizendo: "...Vai nessa tua força... eu o ajudarei. Você esmagará todos os midianitas" (vv.14,16).

Você já se questionou por que Deus permitiu o sofrimento em sua vida? Em vez de responder-lhe, Deus pode satisfazê-lo com a Sua presença hoje e lembrá-lo de que você pode confiar na força dele quando se sentir fraco. Quando Gideão finalmente acreditou que Deus estava com ele e o ajudaria, construiu-lhe um altar e o chamou de "O Senhor é paz" (v.24).

Há paz em saber que em tudo o que fizermos e onde formos, iremos com Deus, que prometeu nunca nos deixar e nem abandonar os Seus seguidores.

JBS

Senhor, ajuda-nos a confiar em ti mesmo
quando não entendermos por que certas coisas acontecem.

*O que poderia ser melhor do que obter respostas
para os nossos por quês? Confiar em Deus.*

2 DE MAIO — A BÍBLIA em UM ANO: 1 REIS 12-13; LUCAS 22:1-20

Apenas um toque

Karin alegrou-se com a oportunidade de ir a uma área remota da África Oriental para ajudar numa missão médica, mas ela se sentia desconfortável, pois não tinha experiência na área de saúde, mas ainda assim, poderia fornecer cuidados básicos.

Lá, ela conheceu uma mulher com uma doença terrível, mas tratável. A perna desfigurada dessa mulher lhe causava repulsa, mas Karin sabia que tinha que fazer alguma coisa. Enquanto limpava e enfaixava a perna doente, sua paciente começou a chorar. Preocupada, Karin perguntou-lhe se a machucava. "Não", ela respondeu: "é a primeira vez que alguém me toca em 9 anos."

> **LEITURA:**
> **Mateus 8:1-4**
>
> ...Jesus, estendendo a mão, tocou-lhe... v.3

A lepra é mais uma das doenças que podem tornar suas vítimas repulsivas para os outros, e a antiga cultura judaica tinha diretrizes rígidas para evitar a sua propagação: "...Será imundo durante os dias em que a praga estiver nele; é imundo, habitará só; a sua habitação será fora do arraial" (LEVÍTICO 13:46).

É por isso que é tão digno de nota que um leproso tenha se aproximado de Jesus para dizer: "...Senhor, se quiseres, podes purificar-me." (MATEUS 8:2). "E Jesus, estendendo a mão, tocou-lhe, dizendo: Quero, fica limpo!" (v.3).

Ao tocar a perna doente de uma mulher solitária, Karin começou a demonstrar o amor destemido e restaurador de Jesus. Um único toque fez a diferença.

TLG

Senhor, queremos demonstrar esse amor misericordioso que mostraste quando andaste nesta Terra.

Podemos fazer diferença se superarmos os nossos medos e confiarmos em Deus para nos usar.

3 DE MAIO

A BÍBLIA em UM ANO:
1 REIS 14-15; LUCAS 22:21-46

Sozinho no espaço

O **astronauta do** Apollo 15, Al Worden, sabia o que significava estar no outro lado da lua. Por três dias em 1971, ele voara sozinho em seu módulo de comando, *Endeavor*, enquanto dois tripulantes trabalhavam a milhares de quilômetros abaixo na superfície da Lua. Suas únicas companheiras eram as estrelas acima, das quais recordava, serem tão espessas que pareciam envolvê-lo em uma camada de luz.

LEITURA:
Gênesis 28:10-17

...Na verdade, o SENHOR está neste lugar, e eu não o sabia. v.16

Quando o sol se pôs sobre a primeira noite de Jacó longe de casa, ele sentia-se profundamente sozinho, mas por uma razão diferente. Jacó fugia de seu irmão mais velho que queria matá-lo por roubar a bênção da família, a qual era normalmente concedida ao filho primogênito. No entanto, ao adormecer, Jacó sonhou com uma escada unindo céu e terra. Ao observar os anjos subindo e descendo, ouviu a voz de Deus prometendo estar com ele e abençoar a terra inteira por meio de seus filhos. Quando Jacó acordou, disse: "...o SENHOR está neste lugar, e eu não o sabia" (GÊNESIS 28:16).

Jacó se isolou por causa de seu engano. No entanto, tão certo quanto os seus fracassos, e tão escuro como a noite, ele estava na presença de Alguém cujos planos são sempre melhores e mais abrangentes do que os nossos. O Céu está mais perto do que pensamos, e o "Deus de Jacó" está conosco.

MRD

Pai, obrigado por nos mostrar que a glória de Tua invisível presença e bondade é muito maior do que poderíamos imaginar.

Deus está mais perto do que pensamos.

4 DE MAIO

A BÍBLIA em UM ANO:
1 REIS 16-18; LUCAS 22:47-71

Regra de cinco minutos

Li sobre uma regra de cinco minutos que certa mãe tinha para os seus filhos. Eles tinham que estar prontos para a escola e se reunir cinco minutos antes de sair a cada dia.

Eles se reuniam em torno da mãe, e ela orava por cada um deles pelo nome, pedindo a bênção do Senhor em seu dia. Em seguida beijava-os e eles saíam correndo. Outras crianças do bairro eram incluídas no círculo de oração se eles passassem por perto. Uma das crianças disse muitos anos mais tarde que com esta experiência, aprendeu como a oração é crucial para o seu dia.

LEITURA:
Salmo 102:1-17

...atendeu à oração do desamparado e não lhe desdenhou as preces. v.17

O escritor do Salmo 102 reconhecia a importância da oração. Este salmo é conhecido por ser: "Oração do aflito que, desfalecido, derrama o seu queixume perante o Senhor." Ele clamou: "Ouve, Senhor, a minha súplica [...] no dia em que eu clamar, dá-te pressa em acudir-me" (vv.1,2). O "...Senhor, do alto do seu santuário, desde os céus, baixou vistas à terra" (v.19).

Deus cuida de você e quer ouvi-lo. Se você segue a regra dos cinco minutos diários pedindo as bênçãos de Deus, ou precisa passar mais tempo clamando a Ele em profunda angústia, fale com o Senhor todos os dias. O seu exemplo pode ter um grande impacto em sua família ou em alguém próximo a você. AMC

Senhor, ensina-me a ter a consciência da Tua presença
e a falar contigo livremente e com frequência.

A oração é o reconhecimento
da nossa necessidade de Deus.

5 DE MAIO

A BÍBLIA em UM ANO:
1 REIS 19-20; LUCAS 23:1-25

O ministério da memória

Nossas experiências de perda e desapontamentos podem nos deixar irados, culpados e confusos. Se nossas escolhas fecharam certas portas que nunca serão reabertas ou, sem que fosse culpa nossa, a tragédia invadiu a nossa vida, o resultado muitas vezes é o que Oswald Chambers chamou de: "a tristeza insondável do 'poderia ter sido'". Podemos tentar suprimir a memória dolorosa, mas descobrimos que é impossível.

Chambers nos lembra de que o Senhor ainda está ativo em nossa vida. "Nunca tenha medo quando Deus traz o passado de volta", disse ele. "Deixe a memória percorrer o seu caminho, como um ministro de Deus com sua repreensão, castigo e tristeza. Deus transformará o 'poderia ter sido' em algo maravilhoso [lugar de crescimento] para o futuro."

LEITURA:
Jeremias 29:4-14

Eu é que sei que pensamentos tenho a vosso respeito, diz o Senhor; pensamentos de paz e não de mal... v.11

Nos dias do Antigo Testamento, quando Deus enviou o povo de Israel para o exílio na Babilônia, Ele lhes disse para servi-lo naquela terra estrangeira e crescer na fé até que Ele os trouxesse de volta à casa deles. "Eu é que sei que pensamentos tenho a vosso respeito, diz o Senhor; pensamentos de paz e não de mal, para vos dar o fim que desejais" (v.11).

Deus os exortou a não ignorar ou prender-se aos acontecimentos do passado, mas em vez disso se concentrarem nele e olharem para frente. O perdão do Senhor pode transformar a memória de nossa tristeza em confiança em Seu amor eterno. 🌿 *DMC*

Pai, obrigado por Teus planos para nós,
e pelo futuro que nos espera em Teu amor.

*Deus pode usar as nossas mais profundas decepções
para nutrir a nossa fé nele.*

6 DE MAIO

A BÍBLIA em UM ANO:
1 REIS 21–22; LUCAS 23:26-56

Devo perdoar?

heguei cedo à minha igreja para ajudar a preparar um evento. Uma mulher estava chorando na extremidade oposta do santuário. Ela tinha sido cruel e feito fofocas a meu respeito no passado, então eu rapidamente afoguei os seus soluços com o barulho de um aspirador de pó. Por que eu deveria me preocupar com alguém que não gostava de mim?

Quando o Espírito Santo me lembrou o quanto Deus me perdoara, atravessei a sala e fui até ela. A mulher compartilhou que o seu bebê estava no hospital por alguns meses. Choramos, nos abraçamos e oramos por sua filha. Depois de acertar as nossas diferenças, agora somos boas amigas.

> **LEITURA:**
> **Mateus 18:23-35**
>
> ...Assim como o Senhor vos perdoou, assim também perdoai vós.
> Colossenses 3:13

Em Mateus 18, Jesus compara o reino dos céus a um rei que decidiu resolver suas contas. Um servo que devia uma enorme quantidade de dinheiro implorou por misericórdia. Logo depois de o rei ter cancelado a dívida dele, aquele criado rastreou e condenou um homem que lhe devia muito menos do que o que ele próprio devia ao rei. Quando o rei soube disso, o servo perverso foi aprisionado por causa de seu próprio espírito implacável (vv.23-34).

Escolher perdoar não desculpa o pecado nem fecha os olhos às injustiças feitas a nós, nem minimiza as nossas mágoas. Oferecer o perdão simplesmente nos liberta para desfrutarmos da dádiva imerecida da misericórdia de Deus, quando o convidamos a realizar belas obras de restabelecimento da paz em nossa vida e em nossos relacionamentos. ❖

XED

Senhor, concede-nos o Teu espírito de unidade.

Perdoar os outros demonstra nossa confiança no direito de Deus em julgar de acordo com a Sua perfeição e bondade.

7 DE MAIO

A BÍBLIA em UM ANO:
2 REIS 1-3; LUCAS 24:1-35

Louvor nas trevas

A pesar de meu amigo Miguel estar perdendo a visão, ele me disse: "Vou continuar louvando a Deus todos os dias, porque Ele fez tanto por mim."

Jesus deu a Miguel, e a nós, a principal razão para que o louvemos sempre. Em Mateus 26, lemos sobre como Jesus compartilhou a refeição da Páscoa com Seus discípulos na noite antes de Sua morte na cruz. O versículo 30 nos mostra como eles terminaram aquela refeição: "E, tendo cantado um hino, saíram para o monte das Oliveiras."

> **LEITURA:**
> **Mateus 26:17-30**
>
> Por meio de Jesus, pois, ofereçamos a Deus, sempre, sacrifício de louvor, que é o fruto de lábios que confessam o seu nome. Hebreus 13:15

Não era apenas um hino que cantavam naquela noite — era um hino de louvor. Por milênios, os judeus cantaram um grupo de Salmos chamado "*O Hallel*" na Páscoa (*hallel* é a palavra hebraica para "louvor"). A última destas orações e canções de louvor, encontradas nos Salmos 113–118, honra o Deus que se tornou a nossa salvação (118:21). Refere-se a uma pedra rejeitada que se tornou uma pedra angular (v.22) e uma que vem em nome do Senhor (v.26). Eles podem muito bem ter cantado: "Este é o dia que o SENHOR fez; regozijemo-nos e alegremo-nos nele" (v.24).

Quando Jesus cantou com os Seus discípulos naquela noite da Páscoa, Ele estava nos dando a razão final para levantarmos os nossos olhos acima de nossas circunstâncias. Ele nos guiava no louvor pelo amor e fidelidade sem fim de nosso Deus. JBB

Senhor, tu és sempre digno de louvor.
Ajuda-me a aprender a louvar-te mais e mais.

*Louvar a Deus nos ajuda
a recordar a Sua infinita bondade.*

8 DE MAIO

A BÍBLIA em UM ANO:
2 REIS 4-6; LUCAS 24:36-53

O fardo da espera

Nos últimos anos, dois membros da minha família enfrentaram diagnósticos que ameaçavam a vida. Para mim, a parte mais difícil de apoiá-los em seus tratamentos tem sido a constante incerteza. Estou sempre desesperada por uma palavra definitiva vinda do médico, mas raramente as coisas são tão simples. Em vez de recebermos explicações claras, muitas vezes somos convidados a esperar.

> **LEITURA:**
> **Salmo 90**
>
> Ensina-nos a contar os nossos dias, para que alcancemos coração sábio. v.12

É difícil suportar o fardo da incerteza, sempre questionando o que o próximo teste vai revelar. Teremos semanas, meses, anos ou décadas antes que a morte nos separe? Mas, independentemente da doença e do diagnóstico, cada um de nós morrerá um dia — doenças como o câncer apenas trazem a nossa mortalidade à cena, em vez de deixá-la ocultar-se nos recessos de nossa mente.

Diante desses lembretes sombrios da nossa mortalidade, encontro-me orando as palavras que Moisés certa vez orou. O Salmo 90 nos diz que, embora nossa vida seja como a grama que seca e se desvanece (vv.5,6), temos um lar eterno com Deus (v.1). Assim como Moisés, podemos pedir a Deus que nos ensine a contar os nossos dias para que possamos tomar decisões sábias (v.12) e tornar nossa breve vida fecunda fazendo valer o que realizamos para Ele (v.17). Em última análise, o salmo nos lembra de que a nossa esperança não está no diagnóstico de um médico, mas em Deus que é "de eternidade a eternidade". ✿

ALP

Como podemos investir o tempo
que o Senhor nos concedeu?

*Podemos enfrentar a realidade da nossa própria mortalidade
porque confiamos em Deus.*

9 DE MAIO

A BÍBLIA em UM ANO:
2 REIS 7–9; JOÃO 1:1-28

Muito bom para não compartilhar

Durante o processo judicial, as testemunhas são mais do que observadores ou espectadores. Elas são participantes ativas que ajudam a determinar o resultado de um caso. O mesmo acontece com o nosso testemunho por Cristo. Devemos ser participantes ativos numa questão de importância absoluta — a verdade sobre a morte e ressurreição de Jesus.

LEITURA:
João 1:6-14

Este veio como testemunha para que testificasse a respeito da luz, a fim de todos virem a crer por intermédio dele. v.7

Quando João Batista veio falar às pessoas sobre Jesus, a Luz do mundo, ele o fez declarando o seu conhecimento sobre Jesus. E João, o discípulo, registrou os acontecimentos e testificou sobre a sua experiência com Jesus: "...vimos a sua glória, glória como do unigênito do Pai" (JOÃO 1:14). O apóstolo Paulo esclareceria essa ideia quando disse ao jovem Timóteo: "E o que de minha parte ouviste através de muitas testemunhas, isso mesmo transmite a homens fiéis e também idôneos para instruir a outros" (2 TIMÓTEO 2:2).

Todos os cristãos foram convocados para o tribunal do mundo. A Bíblia diz que não somos meros espectadores, mas participantes ativos. Testificamos a verdade sobre a morte e a ressurreição de Jesus. João Batista era a voz de alguém clamando no deserto. Nossas vozes podem ser ouvidas em nosso local de trabalho, bairro, igreja e entre nossa família e amigos. Podemos ser testemunhas ativas, dizendo-lhes sobre a realidade de Jesus em nossa vida. 🕮

LD

As nossas ações testemunham de Jesus?
De que maneiras criativas podemos testemunhar hoje?

*O evangelho é bom demais
para não o compartilharmos.*

10 DE MAIO

A BÍBLIA em UM ANO:
2 REIS 10-12; JOÃO 1:29-51

Caminhos escuros

Voltávamos das férias em família, e o trajeto nos levou por algumas estradas desoladas. Por quase duas horas, após o crepúsculo, dirigimos por entre cânions profundos e platôs do deserto. Menos de 20 faróis pontuavam a escuridão. Eventualmente, a Lua se levantava no horizonte, e era visível quando a estrada subia os montes, mas desaparecia quando viajávamos pelos vales. Minha filha comentou sobre a luz da Lua, chamando-a de lembrança da presença de Deus. Perguntei-lhe se ela precisava vê-lo para saber que Ele estava lá. Ela respondeu: "Não, mas com certeza ajuda."

> **LEITURA:**
> **Josué 1:1-9**
>
> O SENHOR, teu Deus, estará contigo onde quer que fores. v.9

Após a morte de Moisés, Josué herdou a liderança dos israelitas e foi responsabilizado por levá-los à Terra Prometida. Apesar de sua comissão divina, Josué deve ter se sentido desafiado pela natureza assustadora de sua tarefa. Deus ofereceu graciosamente a Josué estar com ele na jornada à frente (v.9).

A estrada da vida nos leva frequentemente por territórios desconhecidos. Viajamos por suas estações quando o caminho à frente não nos é claramente visível. O plano de Deus nem sempre torna-se claro para nós, mas Ele prometeu estar conosco "todos os dias até à consumação do século" (MATEUS 28:20). Poderíamos ter maior segurança, não importa quais incertezas ou desafios que possamos enfrentar? Mesmo quando o caminho estiver escuro, a Luz está conosco. 🖋 *KHH*

Senhor, obrigado por confortares-me
com a Tua presença.

*Deus está conosco mesmo quando
não podemos vê-lo.*

11 DE MAIO — A BÍBLIA em UM ANO: 2 REIS 13–14; JOÃO 2

Cantando com Violeta

Uma idosa chamada Violeta sentou-se em sua cama numa enfermaria jamaicana e sorriu quando alguns adolescentes pararam para visitá-la. O ar quente, pegajoso, do meio-dia entrou em seu aposento, mas ela não reclamou. Em vez disso, ela começou a buscar em sua mente uma canção para entoar. E um enorme sorriso surgiu ao cantar: "Estou correndo, pulando, saltando, louvando ao Senhor!" Enquanto cantava, balançava os braços para frente e para trás como se estivesse correndo. Lágrimas vieram aos que estavam ao seu redor, pois Violeta não tinha pernas. Ela estava cantando porque, ela mesmo disse, "Jesus me ama e no céu vou ter pernas para correr."

> **LEITURA:**
> **Filipenses 1:21-26**
>
> ...tendo o desejo de partir e estar com Cristo, [...] Mas, [...] é mais necessário permanecer na carne. vv.23,24

A alegria de Violeta e a esperançosa antecipação do céu deram nova vitalidade às palavras de Paulo em Filipenses 1, quando ele se referiu às questões de vida e morte: "...se o viver na carne traz fruto para o meu trabalho, já não sei o que hei de escolher", disse ele: "estou constrangido, tendo o desejo de partir e estar com Cristo, o que é incomparavelmente melhor" (vv.22,23).

Cada um de nós enfrenta tempos difíceis que podem nos fazer desejar a promessa de alívio celestial. Mas, como Violeta nos mostrou alegria apesar das circunstâncias atuais, nós também podemos continuar "correndo, saltando, louvando ao Senhor", pela vida abundante que Ele nos dá aqui e pela suprema alegria que nos espera. ❧

JDB

Senhor, ajuda-me a encontrar a alegria!

Quando Deus nos dá uma nova nova vida,
encontramos a alegria infinita

12 DE MAIO

A BÍBLIA em UM ANO:
2 REIS 15-16; JOÃO 3:1-18

O Consolador

Ao embarcar no avião para estudar numa cidade muito distante de casa, senti-me nervosa e sozinha. Mas durante o voo, lembrei-me de como Jesus prometeu aos Seus discípulos a presença reconfortante do Espírito Santo.

Os amigos de Jesus devem ter se sentido perplexos quando Ele lhes disse: "...convém-vos que eu vá..." (v.7). Como poderiam aqueles que testemunharam os Seus milagres e aprenderam com o Seu ensino estarem melhor sem Ele? Mas Jesus lhes disse que se Ele partisse, então o Consolador, o Espírito Santo, viria.

LEITURA:
João 16:7-15

...quando vier, porém, o Espírito da verdade, ele vos guiará a toda a verdade... v.13

Jesus, aproximando-se de Suas últimas horas na Terra, compartilhou com os Seus discípulos (João 14-17, hoje conhecido como o "Discurso de Adoração") para ajudá-los a entender a Sua morte e ascensão. O ponto central nesta conversa foi a vinda do Espírito Santo, um Consolador (14:16,17), que estaria com eles, ensinando, testemunhando (v.26) e guiando-os (16:13).

Nós, que aceitamos a oferta de Deus de uma nova vida, recebemos a dádiva do Seu Espírito habitando em nós. O Espírito Santo nos convence de nossos pecados e nos ajuda a nos arrependermos. Traz consolo quando sentimos dor, força para suportar dificuldades, sabedoria para entender o ensino de Deus, esperança e fé para crer, amor para compartilhar.

Podemos nos alegrar porque Jesus nos enviou o Consolador. *ABP*

Pai, enviaste o Teu Filho para nos salvar
e Teu Espírito para nos consolar e convencer. Somos-te gratos.

*O Espírito Santo preenche o coração
dos seguidores de Jesus.*

13 DE MAIO

A BÍBLIA em UM ANO:
2 REIS 17-18; JOÃO 3:19-36

Salmos de acampamento

Quando meu marido e eu saíamos a passear pela natureza, levamos as nossas câmeras para fotografar as pequenas plantas por onde caminhamos, que são como microcosmos do mundo. Vemos a variedade e a beleza surpreendente, mesmo nos fungos que brotam durante a noite e pontilham as madeiras com salpicos de laranja brilhante, vermelho e amarelo!

> **LEITURA:**
> **Salmo 8:1-9**
>
> **Ó Senhor, Senhor nosso, quão magnífico em toda a terra é o teu nome!...** v.1

Os instantâneos da vida que nos rodeiam, me inspiram a levantar os olhos para o Criador que fez não só os cogumelos, mas também as estrelas nos céus. Ele projetou um mundo de infinitas variedades. E o Senhor fez você e eu e nos colocou no meio de toda essa beleza para a desfrutarmos e dominarmos ou governarmos sobre ela (GÊNESIS 1:27,28, SALMO 8:6-8).

Meus pensamentos se voltam para um dos "salmos de acampamentos" da nossa família os quais lemos sentados ao redor da fogueira. "Ó Senhor, Senhor nosso, quão magnífico em toda a terra é o teu nome! Pois expuseste nos céus a tua majestade. [...] Quando contemplo os teus céus, obra dos teus dedos, e a lua e as estrelas que estabeleceste, que é o homem, que dele te lembres e o filho do homem, que o visites?" (8:1-4).

É maravilhoso saber que o grande Deus, que criou o mundo em todo o seu esplendor, se preocupa com você e comigo! ADK

Senhor, nosso Criador majestoso,
ajuda-nos a governar o Teu mundo com sabedoria.

O Deus sábio o suficiente para me criar e também criar o mundo em que vivo é sábio o suficiente para cuidar de mim. PHILIP YANCEY

14 DE MAIO

A BÍBLIA em UM ANO:
2 REIS 19-21; JOÃO 4:1-30

Sementes de dispersão

Recebi um e-mail maravilhoso de uma mulher que escreveu: "Sua mãe foi minha professora de primeiro ano em 1958. Ela era uma grande professora, muito gentil, mas rigorosa! Ela nos fez memorizar o Salmo 23 e dizê-lo na frente da classe, e fiquei horrorizado. Mas esse foi o único contato que tive com a Bíblia até 1997, quando me tornei cristão. E as lembranças da Sra. McCasland inundaram minha mente enquanto eu relia a Bíblia."

> **LEITURA:**
> **Mateus 13:1-9**
>
> **Mas o que foi semeado em boa terra [...] produz a cem, a sessenta e a trinta por um.** v.23.

Jesus contou a uma grande multidão a parábola sobre o fazendeiro que semeou, e cujas sementes caíram em diferentes tipos de terreno, uma à beira do caminho, outra em solo rochoso, entre espinhos e, por fim, em bom terreno (vv.1-9). Enquanto algumas sementes nunca germinaram, "a semente que cai em terra boa refere-se a alguém que ouve a palavra e a entende" e "produz a cem, a sessenta e a trinta por um" o que foi semeado (v.23).

Durante os 20 anos que a minha mãe lecionou na primeira série nas escolas públicas, a leitura, a escrita e a aritmética, ela espalhou as sementes da bondade e a mensagem do amor de Deus.

O e-mail de seu ex-aluno concluía: "Tive outras influências em minha caminhada cristã mais tarde na vida, é claro. Mas meu coração sempre retorna ao Salmo 23 e à natureza gentil de sua mãe."

Uma semente do amor de Deus semeado hoje pode produzir uma colheita extraordinária. 🌱 DMC

Senhor, que eu semeie boas sementes
naqueles que me rodeiam.

Nós semeamos – Deus produz a colheita.

15 DE MAIO — A BÍBLIA em UM ANO: 2 REIS 22-23; JOÃO 4:31-54

Flores para sempre

Quando criança, meu filho Xavier gostava de me dar flores. Eu gostava de cada flor recém-colhida ou comprada por ele e seu pai, e a apreciava até a flor murchar e ser jogada fora.

Um dia, Xavier me deu um belo buquê de flores artificiais, e sorriu ao arranjar o lírio de seda branco, o girassol amarelo e a hortênsia roxa no vaso. E disse: "Olhe, mamãe, vão durar para sempre. Isso é o quanto eu te amo."

> **LEITURA:**
> **Isaías 40:1-8**
>
> ...seca-se a erva, e cai a sua flor, mas a palavra de nosso Deus permanece eternamente. v.8

Desde então, ele cresceu e agora é jovem. As pétalas de seda se desgastaram, as cores desapareceram. Ainda assim, as flores "para sempre" me lembram desse amor, e me trazem algo mais à mente — algo que realmente permanece para sempre: o amor ilimitado e duradouro de Deus, revelado em Sua Palavra infalível e duradoura (v.8).

Quando os israelitas enfrentaram provações, Isaías os confortou com confiança nas palavras consoladoras de Deus (v.1). Proclamou que Deus pagara a dívida causada pelo pecado deles (v.2), garantindo sua esperança no próximo Messias (vv.3-5). Eles confiaram no profeta porque o foco dele permanecia em Deus, não nas circunstâncias que os envolviam.

Neste mundo de incertezas e aflições, nossas opiniões e sentimentos estão sempre mudando e são tão limitados quanto a nossa mortalidade (vv.6,7). Ainda assim, podemos confiar no amor e no caráter imutável de Deus, revelado em Sua Palavra constante e eternamente verdadeira. 🌿

XED

Senhor, obrigado por nos dar
a dádiva de Teu Espírito eterno.

Deus assegura o Seu amor em Sua Palavra imutável,
hoje e eternamente.

16 DE MAIO

A BÍBLIA em UM ANO:
2 REIS 24–25; JOÃO 5:1-24

Ser amigo verdadeiro

O poeta **Samuel Foss** escreveu: "Deixe-me viver ao lado da estrada e ser amigo do homem" (A casa ao lado da estrada, inédito). É isso que eu quero ser, um amigo das pessoas. Quero ficar no caminho, à espera de viajantes cansados. Olhar para aqueles que foram golpeados e injustiçados por outros, que carregam o fardo de um coração ferido e desiludido. Para alimentar e refrescá-los e com uma palavra encorajadora e enviá-los em seu caminho. Posso não ser capaz de "corrigir" nem eles nem seus problemas, mas posso deixá-los com uma bênção.

> **LEITURA:**
> **Gênesis 14:17-24**
>
> **Melquisedeque, rei de Salém, trouxe pão e vinho.** v.18

Melquisedeque, rei de Salém e sacerdote, abençoou Abraão que estava cansado da batalha em seu retorno (GÊNESIS 14). Uma "bênção" é mais do que o simples desejo de que tudo vá bem. Abençoamos os outros quando os trazemos para Aquele que é a fonte da bênção. Melquisedeque abençoou Abrão, dizendo: "Bendito seja Abrão pelo Deus Altíssimo, que possui os céus e a terra..." (v.18).

Podemos abençoar os outros orando com eles; podemos levá-los conosco ao trono da graça para encontrar ajuda em tempos de necessidade (HEBREUS 4:16). Podemos não ser capazes de mudar suas circunstâncias, mas podemos mostrar-lhes Deus. Isso é o que um amigo verdadeiro faz. DHR

> **Jesus, ensina-nos** a ser amigo das pessoas
> da maneira que tu és conosco.
> Ajuda-nos a levá-los a ti, a fonte da vida.

Uma grande parte do amor é ouvir.

17 DE MAIO

A BÍBLIA em UM ANO:
1 CRÔNICAS 1-3; JOÃO 5:25-47

Viver com leões

Quando visitei um museu em Chicago, EUA, vi um dos leões originais da Babilônia. Era uma imagem enorme em relevo, do tipo mural, de um leão alado com uma expressão feroz. Simbolizando Ishtar, a deusa babilônica do amor e da guerra, o leão era um exemplar dos 120 leões semelhantes que teriam se alinhado formando um caminho babilônico durante os anos de 604–562 a.C.

> **LEITURA:**
> **Daniel 6:19-28**
>
> ...porque ele é o Deus vivo e que permanece para sempre... v.26

Os historiadores dizem que depois que os babilônios derrotaram Jerusalém, os cativos hebreus teriam visto esses leões durante o seu tempo no reino de Nabucodonosor. Os historiadores também dizem que é provável que alguns dos israelitas acreditassem que Ishtar tivesse derrotado o Deus de Israel.

Daniel, um dos cativos hebreus, não compartilhou dessas dúvidas que poderiam ter incomodado alguns de seus companheiros israelitas. Sua visão de Deus e seu compromisso com o Senhor permaneceram firmes. Ele orava três vezes por dia, com as janelas abertas, mesmo sabendo que isso significaria entrar em um covil de leões. Depois que Deus salvou Daniel dos animais famintos, o rei Dario disse: "...tremam e temam perante o Deus de Daniel, porque ele é o Deus vivo e que permanece para sempre [...]. Ele livra e salva " (vv.26,27). A fidelidade de Daniel permitiu-lhe influenciar os líderes babilônios.

Permanecer fiel a Deus apesar da pressão e do desânimo pode inspirar outras pessoas a dar-lhe glória. 🌿

JBS

> **Deus, dá-nos** forças para continuar a confiar em ti quando estamos desanimados.

A fidelidade a Deus inspira os outros.

18 DE MAIO

A BÍBLIA em UM ANO:
1 CRÔNICAS 4–6; JOÃO 6:1-21

Revestidos por Deus

Quando meus filhos eram crianças, eles brincavam fora em nosso jardim encharcado e rapidamente se sujavam de lama e sujeira. Para o bem deles e do meu assoalho, eu removia suas roupas na porta e os envolvia em toalhas antes de colocá-los no banho. Eles logo saiam da condição de sujeira à limpeza com a ajuda de sabão, água e abraços.

> **LEITURA:**
> **Zacarias 3**
>
> ...Tirai-lhe as vestes sujas. [...] e te vestirei de finos trajes. v.4

Em uma visão dada a Zacarias, vemos Josué, um sumo sacerdote, coberto de trapos para representar o pecado e a transgressão (v.3). Mas o Senhor o limpa, removendo as suas roupas sujas e cobrindo-o com ricas vestes (v.5). O novo turbante e vestes significam que o Senhor retirou os pecados dele.

Nós também podemos receber a purificação de Deus à medida que nos tornamos livres de nossas transgressões através da obra salvífica de Jesus. Como resultado de Sua morte na cruz, podemos ser lavados e remover a lama e os pecados grudados em nós quando recebemos as vestes dos filhos e filhas de Deus. Já não somos definidos pelo que fizemos de errado (seja mentir, fofocar, roubar, cobiçar ou outro), mas podemos reivindicar os nomes que Deus dá aos que Ele ama: restaurados, renovados, limpos, libertos.

Peça a Deus para remover os trapos sujos que você está vestindo para colocar as vestimentas que Ele reservou para você. ABP

Senhor Jesus, por meio da Sua morte salvadora na cruz
podemos encontrar aceitação e amor.
Que possamos receber esta dádiva para a Tua glória.

Quem pode limpar-me
dos meus pecados? Somente Jesus!

19 DE MAIO

A BÍBLIA em UM ANO:
1 CRÔNICAS 7–9; JOÃO 6:22-44

Prepare a criança

Uma frase em muitos sites aos pais diz: "Prepare a criança para a estrada, não a estrada para a criança." Em vez de tentar remover todos os obstáculos e preparar o caminho para as crianças em nossa vida, devemos equipá-las para as dificuldades que encontrarão na estrada à sua frente.

O salmista escreveu: "...contaremos à vindoura geração os louvores do S‍enhor, e o seu poder, e as maravilhas que fez. Ele estabeleceu [...] e ordenou a nossos pais que os transmitissem a seus filhos, a fim de que a nova geração os conhecesse, filhos que ainda hão de nascer se levantassem e por sua vez os referissem aos seus descendentes" (vv.4-6). O objetivo é que "pusessem em Deus a sua confiança e não se esquecessem dos feitos de Deus, mas lhe observassem os mandamentos" (v.7).

> **LEITURA:**
> **Salmo 78:1-8**
>
> ...contaremos à vindoura geração os louvores do S‍enhor, e o seu poder, e as maravilhas que fez. v.4

Pense no poderoso impacto espiritual que os outros tiveram sobre nós pelo que disseram e como viveram. Sua conversa e demonstração chamou a nossa atenção e acendeu um fogo em nós para seguirmos a Jesus exatamente como eles fizeram.

É um maravilhoso privilégio e responsabilidade compartilhar a Palavra de Deus e Seu plano para a nossa vida com a próxima geração e as gerações vindouras. Não importa o que os aguarda no caminho pela vida, queremos que estejam preparados e equipados para enfrentá-lo na força do Senhor. 🌱

DMC

Pai, buscamos a Tua sabedoria e orientação para preparar os filhos que conhecemos e amamos a andar contigo na fé.

Com conversas e exemplos, ajude a preparar as crianças a seguir o Senhor na estrada à frente.

20 DE MAIO

A BÍBLIA em UM ANO:
1 CRÔNICAS 10-12; JOÃO 6:45-71

Encontrando a saída

Em certa cidade, há uma rua com um nome intrigante: "Saia se puder". Quando a rua foi nomeada pela primeira vez, a área limitava-se a um pântano que por vezes inundava, e os urbanistas do local lhe deram esse nome como um aviso para que as pessoas ficassem longe dela.

A Palavra de Deus nos adverte a nos afastarmos da "estrada errada" do pecado e da tentação: "Evita-o; não passes por ele; desvia-te dele e passa de largo" (PROVÉRBIOS 4:15). Mas a Escritura não diz apenas "saia se puder". Ela oferece segurança e nos diz para onde nos voltarmos: "...Deus é fiel e não permitirá que sejais tentados além das vossas forças; pelo contrário, juntamente com a tentação, vos proverá livramento, de sorte que a possais suportar" (v.13).

> **LEITURA:**
> **1 Coríntios 10:1-13**
>
> Não vos sobreveio tentação que não fosse humana; mas Deus é fiel... v.13

A promessa de que Deus não nos permitirá ser tentados acima de nossa capacidade de resistir é um lembrete encorajador. Quando nos voltamos para Deus nos momentos em que surge a tentação, sabemos que Ele está mais do que disposto a nos ajudar a ficar longe.

A Bíblia afirma que Jesus é capaz de "compadecer-se das nossas fraquezas", pois Ele foi "...tentado em todas as coisas, à nossa semelhança, mas sem pecado" (HEBREUS 4:15). Jesus conhece o caminho para sair de cada tentação. Ele nos mostrará quando corrermos para Ele!

JBB

Obrigado por Tua fidelidade e por proporcionares uma saída sempre que enfrento a tentação. Louvo-te, Senhor.

Deus promete nos ajudar quando somos tentados.

21 DE MAIO

A BÍBLIA em UM ANO:
1 CRÔNICAS 13-15; JOÃO 7:1-27

Como enxergar Deus

Os caricaturistas vão a lugares públicos e desenham caricaturas de pessoas dispostas a pagar um preço modesto por uma imagem bem-humorada de si mesmos. Os desenhos nos divertem porque exageram em uma ou mais características físicas de maneira que sejam reconhecíveis, mas engraçadas.

Fazer caricaturas de Deus não é engraçado. Exagerar em um de Seus atributos apresentará uma visão distorcida que as pessoas facilmente vão descartar. Como a caricatura, a visão distorcida de Deus não é levada a sério. Os que veem Deus retratado apenas como um juiz irritado e exigente são facilmente atraídos por alguém que enfatiza a misericórdia. Os que veem Deus como um avô de bom coração rejeitarão essa imagem quando precisarem de justiça. Os que o veem como uma ideia intelectual ao invés de vê-lo como uma pessoa viva e amorosa, acabam encontrando outras ideias mais atraentes. Os que veem Deus como um melhor amigo muitas vezes o deixam para trás quando encontram amigos humanos que são mais ao seu gosto.

> **LEITURA:**
> **Êxodo 34:1-9**
>
> O SENHOR é longânimo e grande em misericórdia, [...] ainda que não inocenta o culpado...
> Números 14:18

Deus se declara "...compassivo, clemente e longânimo e grande em misericórdia e fidelidade [...] ainda que não inocenta o culpado" (ÊXODO 34:6,7).

À medida que praticamos a nossa fé, precisamos evitar retratar Deus como tendo somente os nossos atributos favoritos. Devemos adorar a Deus por tudo que Ele é, não apenas pelo que gostamos.

JAL

Pai, Filho e Espírito Santo,
tu és santo, justo, bondoso e amoroso.

Somente Deus é Deus.

22 DE MAIO

A BÍBLIA em UM ANO:
1 CRÔNICAS 16-18; JOÃO 7:28-53

Ao piscar, pense em Deus

"**Deus é** como uma pálpebra", minha amiga Rosane disse, e eu pisquei de surpresa. O que ela queria dizer com isso?

"Diga-me mais", respondi. Juntas, estudávamos as imagens surpreendentes de Deus na Bíblia, coisas como Deus representado numa mulher em dores do parto (ISAÍAS 42:14) ou como um apicultor (7:18), mas esta era nova para mim. Rosane me mostrou em Deuteronômio 32, a passagem em que Moisés louva a maneira como Deus cuida do Seu povo. O versículo 10 diz que Deus cuida e protege o Seu povo, guardando-os "como a menina dos olhos".

LEITURA:
Dt 32:1-12

...cuidou dele, guardou-o como a menina dos olhos. v.10

Mas a palavra que traduzimos como *menina*, Rosane me disse, literalmente significa *pupila*. E o que envolve e guarda a pupila? A pálpebra, é claro! Deus é como a pálpebra, que protege instintivamente o olho sensível. A pálpebra protege o olho do perigo, e o ato de piscar ajuda a remover a sujeira ou poeira, e mantém o suor fora do olho. Lubrifica o globo ocular, mantendo-o saudável. Fecha-se, permitindo o descanso.

Ao considerar a imagem de Deus como uma pálpebra, não pude deixar de agradecer a Deus pelas muitas metáforas que Ele nos deu para nos ajudar a entender o Seu amor por nós. Quando fechamos os olhos à noite e os abrimos de manhã, podemos pensar em Deus e louvá-lo por Sua terna proteção e cuidado por nós. ALP

Obrigado, Deus, por usar metáforas surpreendentes para nos ajudar a entender-te melhor, e por nos protegeres assim como a pálpebra protege o olho.

Quando você piscar, lembre-se de agradecer a Deus por Sua proteção.

23 DE MAIO — A BÍBLIA em UM ANO: 1 CRÔNICAS 19-21; JOÃO 8:1-27

Defendendo Deus

Os adesivos contra Deus no vidro traseiro do carro chamaram a atenção de um professor universitário. Como ex-ateu, o professor pensou que talvez o proprietário quisesse que os cristãos sentissem raiva. "A raiva ajuda o ateu a justificar o seu ateísmo", explicou. E advertiu: "Com muita frequência, o ateu obtém exatamente o que está procurando."

Ao recordar sua própria jornada para a fé, este professor observou a preocupação de um amigo cristão que o convidara a considerar a verdade de Cristo. O sentimento de urgência de seu amigo foi transmitido sem qualquer traço de raiva. Ele nunca esqueceu o respeito e a graça genuína que recebera naquele dia.

> LEITURA:
> **Lucas 9:51-56**
>
> **A resposta branda desvia o furor, mas a palavra dura suscita a ira.** Provérbios 15:1

Os cristãos muitas vezes se ofendem quando os outros rejeitam Jesus. Mas como *Ele* se sente sobre essa rejeição? Jesus constantemente enfrentava ameaças e ódio, mas jamais duvidou pessoalmente de Sua divindade. Uma vez, quando uma aldeia lhe recusou hospitalidade, Tiago e João queriam retaliação imediata: "Senhor, queres que mandemos descer fogo do céu para os consumir?" (LUCAS 9:54). Jesus não queria isso, e Ele "voltando-se os repreendeu" (v.55). Afinal, "...Deus enviou o seu Filho ao mundo, não para que julgasse o mundo, mas para que o mundo fosse salvo por ele" (JOÃO 3:17).

Pode nos surpreender que Deus não precise de nós para defendê-lo. Ele quer que nós o *representemos*! Isso leva tempo, trabalho, autorrestrição e amor. TLG

Senhor, ajuda-nos a não odiar
(LUCAS 23:34).

*A melhor maneira de defender Jesus
é viver como Ele.*

24 DE MAIO

A BÍBLIA em UM ANO:
1 CRÔNICAS 22-24; JOÃO 8:28-59

Semelhantes

Dizem que todos nós temos um sósia, alguém que se parece muito conosco.

O meu sósia, por acaso, é um astro no cenário musical. Quando eu assisti a um de seus concertos, muitos fãs de James Taylor me confundiram com ele no intervalo da apresentação. Mas infelizmente, não me pareço com ele quando se trata de cantar e dedilhar uma guitarra. Apenas nos parecemos fisicamente.

Com quem você se parece? Ao refletir sobre essa questão, reflita sobre 2 Coríntios 3:18, onde Paulo nos diz que "somos transformados, de glória em glória, na sua própria imagem". Ao procurarmos honrar a Jesus com nossa vida, um de nossos objetivos é refletir a Sua imagem. Claro, isso não significa que temos que deixar crescer a barba e usar sandálias. Significa que o Espírito Santo nos ajuda a demonstrar características semelhantes a Cristo na maneira como vivemos. Por exemplo, em atitude (humildade), em caráter (amor), e na compaixão (caminhando ao lado do destituído e excluído), devemos ser semelhantes a Jesus e imitá-lo.

À medida que contemplarmos a glória do Senhor, fixando os nossos olhos em Jesus, poderemos crescer mais e mais à Sua semelhança. Que maravilhoso seria se as pessoas pudessem nos observar e dizer: "Vejo Jesus em você"!

JDB

> **LEITURA:**
> **2 Coríntios 3:17-4:2**
>
> ...somos transformados, de glória em glória, na sua própria imagem, como pelo Senhor, o Espírito. v.18

Senhor, ajuda-nos a contemplar, estudar e conhecer-te.
Transforma-nos à Tua imagem no que falamos, como amamos os outros
e como te adoramos. Que outros vejam Jesus em nós.

*O amor é a semelhança familiar
que o mundo deve ver nos seguidores de Cristo.*

25 DE MAIO

A BÍBLIA em UM ANO:
1 CRÔNICAS 25-27; JOÃO 9:1-23

O remédio para o ciúme

Concordei alegremente em cuidar dos meus netos enquanto seus pais sairiam à noite. Depois dos abraços, perguntei-lhes sobre o fim de semana (cada um tinha tido aventuras diferentes). Bruno, 3 anos, contou quase sem fôlego como passara a noite com sua tia e tio, tomara sorvete, e também tinha brincado em um carrossel e assistido a um filme! Em seguida, foi a vez de Samuel, 5 anos. Ele respondeu: "Acampamento" "Você se divertiu?", perguntei-lhe. "Não muito", ele respondeu triste.

LEITURA:
1 Samuel 18:5-15

Daquele dia em diante, Saul não via a Davi com bons olhos. v.9

Samuel experimentou o ciúme. Esqueceu-se de como se divertira ao acampar com seu pai quando ouviu o irmão falar alegremente sobre o seu fim de semana.

Todos nós podemos ser vítimas de ciúmes. O rei Saul cedeu ao ciúme quando o louvor que Davi recebeu excedeu o dele: "Saul matou seus milhares, e Davi seus dezenas de milhares!" (v.7). Saul indignou-se e "daquele dia em diante, Saul não via a Davi com bons olhos" (v.9). Ele estava tão irritado que tentou matar Davi!

A comparação é tola e autodestrutiva. Alguém sempre terá algo que não temos ou desfrutará de experiências diferentes das nossas. Mas Deus já nos deu muitas bênçãos, incluindo tanto a vida nesta Terra como a promessa de vida eterna para todos os que creem. Depender de Sua ajuda e nos concentrarmos nele em atitude de gratidão pode nos ajudar a superar o ciúme. ADK

Senhor, somos gratos pela promessa da vida eterna
ao confiarmos em ti como Salvador.

*O remédio para o ciúme
é a gratidão a Deus.*

26 DE MAIO

A BÍBLIA em UM ANO:
1 CRÔNICAS 28–29; JOÃO 9:24-41

Águas turbulentas

Eu estava desfrutando o começo de minha primeira experiência de rafting em corredeiras rápidas, até que ouvi o rugido das águas à frente. Minhas emoções foram inundadas com sentimentos de incerteza, medo e insegurança ao mesmo tempo. Passar pelo corredor de águas tão rápidas foi uma experiência amedrontadora! E de repente, tinha acabado. O guia na parte de trás do bote tinha nos ajudado a navegar. Eu estava seguro, pelo menos até as próximas quedas-d'água.

> **LEITURA:**
> **1 Crônicas 28:9-20**
>
> ...não temas, nem te desanimes, porque o SENHOR Deus, meu Deus, há de ser contigo; não te deixará, nem te desamparará... v.20

As transições em nossa vida podem ser como essas corredeiras. Os saltos inevitáveis levam de uma estação da vida à outra, da faculdade à carreira, mudanças de emprego, sair da casa dos pais para viver sozinho ou com um cônjuge, da carreira à aposentadoria, da juventude à velhice — são fases marcadas por incertezas e inseguranças.

Em uma das transições mais significativas registradas na história do Antigo Testamento, Salomão assumiu o trono de seu pai Davi. Tenho certeza de que ele estava cheio de incertezas sobre o futuro. Qual o conselho de seu pai? "...não temas, nem te desanimes, porque o SENHOR Deus, meu Deus, há de ser contigo" (1 CRÔNICAS 28:20).

Teremos a nossa justa parte de transições difíceis na vida. Mas com Deus em nosso *bote* não estamos sozinhos. Manter os nossos olhos fixos Naquele que está navegando conosco nas corredeiras traz alegria e segurança. Ele já conduziu muitos outros antes. JMS

Deus nos guia em meio às transições
que fazem parte de nossa vida.

27 DE MAIO — A BÍBLIA em UM ANO: 2 CRÔNICAS 1-3; JOÃO 10:1-23

Disfuncional

A palavra *disfuncional* é frequentemente usada para descrever indivíduos, famílias, relacionamentos, organizações e até governos. Enquanto *funcional* significa que algo funciona bem, *disfuncional* é o oposto — é algo quebrado, que não está funcionando corretamente, incapaz de corresponder ao que foi projetado para fazer.

> **LEITURA:**
> **Romanos 3:10-26**
>
> ...pois todos pecaram e carecem da glória de Deus. v.23

Em sua carta aos Romanos, o apóstolo Paulo começa por descrever uma humanidade espiritualmente disfuncional (1:18-32). Somos todos parte dessa rebeldia: "todos se extraviaram, à uma se fizeram inúteis; não há quem faça o bem, não há nem um sequer [...]. Pois todos pecaram e carecem da glória de Deus" (3:12,23).

A boa notícia é que todos são "justificados gratuitamente, por sua graça, mediante a redenção que há em Cristo Jesus. [...] a quem Deus propôs, no seu sangue, como propiciação, mediante a fé" (vv.24,25). Quando convidamos Cristo para habitar em nós e aceitamos a oferta de vida nova e perdão de Deus, estamos no caminho para nos tornarmos a pessoa que Ele nos criou para sermos. Não nos tornamos imediatamente perfeitos, mas já não temos de permanecer avariados e disfuncionais.

Pelo Espírito Santo, recebemos a força diária para honrar a Deus no que dizemos e fazemos e para nos despojar "do velho homem" e nos revestir "do novo homem, criado segundo Deus, em justiça e retidão procedentes da verdade" (EFÉSIOS 4:22-24). DMC

Senhor, em nossa vida disfuncional nos voltamos a ti por restauração e força. Obrigado por Tua maravilhosa graça e amor!

Aproximarmo-nos de Cristo nos ajuda a viver como Ele planejou que vivêssemos.

Pão Diário

28 DE MAIO

A BÍBLIA em UM ANO:
2 CRÔNICAS 4–6; JOÃO 10:24-42

Nem um pardal

Minha mãe, tão digna e respeitável em toda a sua vida, agora está em uma cama, não podendo mover-se por sua idade limitante. Lutando para respirar, a sua condição debilitante contradiz o lindo dia de primavera que dançava convidativo do outro lado da janela.

Toda a preparação emocional do mundo não pode nos preparar o suficiente para a crua realidade do adeus. *A morte é uma indignidade!*, pensei.

**LEITURA:
Mateus 10:28-33**

Preciosa é aos olhos do Senhor a morte dos seus santos.
Salmo 116:15

Desviei meu olhar para o alimentador de pássaros do lado de fora da janela. Um pardal voou para se alimentar de algumas sementes. Imediatamente uma frase familiar surgiu em minha mente: "E nenhum deles cairá em terra sem o consentimento de vosso Pai" (MATEUS 10:29). Jesus havia dito isso aos Seus discípulos quando lhes deu ordens de marchar para uma missão na Judeia, mas o princípio se aplica a todos nós. "Bem mais valeis vós do que muitos pardais", disse-lhes (v.31).

Minha mãe se mexeu e abriu os olhos. Lembrando de sua infância, ela usou um termo holandês carinhoso sobre sua própria mãe e declarou: "*Muti* está morta!"

"Sim", minha esposa concordou. "Ela está com Jesus agora." Desconfiada, mamãe continuou. E Joyce e Jim? Perguntou sobre a irmã e o irmão. "Sim, eles estão com Jesus também", disse minha esposa. "Mas estaremos com eles logo!"

"É difícil esperar", disse mamãe calmamente. TLG

Pai, esta vida pode ser tão dura e dolorosa, mas tu estás conosco, nos amando, nos sustendo, nos segurando, e nos prometes jamais nos deixar ou nos abandonar.

A morte é a última sombra antes do amanhecer no Céu.

Pão Diário

29 DE MAIO

A BÍBLIA em UM ANO:
2 CRÔNICAS 7-9; JOÃO 11:1-29

Que haja honra

Sempre fiquei impressionado com a solene e magnífica simplicidade da mudança da guarda no Túmulo dos Desconhecidos no Cemitério Nacional de Arlington, EUA. O evento cuidadosamente coreografado é um tributo em honra aos soldados cujos nomes e sacrifícios são "conhecidos, apenas por Deus". Igualmente emocionantes são os passos de ritmo constante quando as multidões se vão: de um lado a outro, hora após hora, dia a dia, mesmo no pior dos climas.

> **LEITURA:**
> **Mateus 6:1-6**
>
> Guardai-vos de exercer a vossa justiça diante dos homens, com o fim de serdes vistos por eles... v.1

Em setembro de 2003, o furacão Isabel estava chegando em Washington, DC, e os guardas foram informados de que poderiam procurar abrigo durante o pior momento da tempestade. Surpreendentemente os guardas se recusaram! Eles desinteressadamente resistiram em seu posto para honrar a memória dos soldados abatidos, mesmo diante de um furacão.

Creio que nos ensinamentos de Jesus, em Mateus 6:1-6, está o desejo dele de que vivamos com devoção implacável e altruísta para com Ele. A Bíblia nos ensina a praticar boas obras e a viver em santidade, mas estes são atos de adoração e obediência (vv.4-6), não atitudes para nos gloriarmos (v.2). O apóstolo Paulo endossa esta fidelidade por toda a vida quando nos pede que façamos de nossos corpos "um sacrifício vivo" (ROMANOS 12:1).

Senhor, que os nossos momentos particulares e públicos falem de nossa devoção e compromisso contigo. 🍃

RKK

Pai, concede-me a força para perseverar
e honrar o Teu nome diariamente.

*Quanto mais servimos a Cristo,
menos serviremos a nós mesmos.*

30 DE MAIO

A BÍBLIA em UM ANO:
2 CRÔNICAS 10-12; JOÃO 11:30-57

Estenda a misericórdia

Quando me queixei das escolhas de uma amiga que a conduziam ao pecado e como as atitudes dela me incomodavam, minha parceira de oração semanal me disse: "Vamos orar por todos nós." "Todos nós?", perguntei: "Sim, não é você quem sempre diz que Jesus estabelece o nosso padrão de santidade, então não devemos comparar os nossos pecados com os dos outros."

> **LEITURA:**
> **Lucas 18:9-14**
>
> ...Ó Deus, sê propício a mim, pecador! v.13

"Essa verdade machuca", respondi, "mas você está certa. Minha atitude de julgamento e orgulho espiritual não são melhores ou piores do que os pecados dela."

"E falando sobre ela, na verdade, estamos fofocando e pecando."

Abaixei a cabeça, dizendo: "Por favor, ore por nós."

Em Lucas 18, Jesus compartilhou uma parábola sobre dois homens se aproximando do templo para orar de maneiras muito diferentes (vv.9-14). Como os fariseus, podemos ficar presos num círculo de comparação com outras pessoas. Podemos nos vangloriar de nós mesmos (vv.11,12) e viver como se tivéssemos o direito de julgar e a responsabilidade ou o poder de mudar os outros.

Quando olhamos para Jesus como nosso exemplo de vida santificada e vemos a Sua bondade em primeira mão, como o cobrador de impostos a viu, a nossa desesperada necessidade da graça de Deus se amplia (v.13). À medida que experimentamos a compaixão e o perdão do Senhor pessoalmente, mudamos para sempre e somos capacitados para esperar e estender a misericórdia, não a condenação, aos outros. XED

Senhor, molda-nos e faz-nos
mais semelhantes a ti.

Ao percebermos a profundidade de nossa necessidade de misericórdia, podemos mais prontamente oferecer misericórdia aos outros.

31 DE MAIO

A BÍBLIA em UM ANO:
2 CRÔNICAS 13-14; JOÃO 12:1-26

A beleza do fracasso

Kintsugi é a secular arte japonesa de remendar cerâmica quebrada. O pó de ouro misturado com resina é usado para rejuntar peças quebradas ou preencher rachaduras, fazendo uma ligação impressionante. Em vez de tentar esconder o reparo, essa arte faz algo bonito com os pedaços quebrados.

A Bíblia diz que Deus também valoriza o nosso quebrantamento, quando genuinamente nos arrependemos do pecado que cometemos. Após Davi cometer adultério com Bate-Seba e planejar a morte do marido dela, o profeta Natã o confrontou, e ele se arrependeu. A oração de Davi logo depois, nos dá uma visão do que Deus deseja: "...não te comprazes em sacrifícios; [...] e não te agradas de holocaustos. Sacrifícios agradáveis a Deus são o espírito quebrantado; coração compungido e contrito..." (vv.16,17).

> **LEITURA:**
> **Salmo 51**
>
> **Sacrifícios agradáveis a Deus são o espírito quebrantado; [...] não o desprezarás, ó Deus.** v.17

Quando o nosso coração está abatido por causa do pecado, Deus o restaura com o inestimável perdão oferecido generosamente por nosso Salvador na cruz. Ele nos recebe com amor quando nos humilhamos diante dele, e a intimidade é restaurada.

Como Deus é misericordioso! Consideremos o Seu desejo por um coração humilde e a deslumbrante beleza da Sua bondade, ao orarmos hoje: "Sonda-me, ó Deus, e conhece o meu coração, prova-me e conhece os meus pensamentos; vê se há em mim algum caminho mau e guia-me pelo caminho eterno" (SALMO 139:23,24). JBB

Pai, hoje quero alegrar-te
com o coração humilde e arrependido.

*A "tristeza segundo Deus produz arrependimento
para a salvação" e conduz à alegria.* 2 CORÍNTIOS 7:10

1.º DE JUNHO

A BÍBLIA em UM ANO
2 CRÔNICAS 15-16; JOÃO 12:27-50

Tudo o que precisamos

Muitas vezes me sinto inadequado para as tarefas que tenho. Quer seja ensinar na Escola Dominical, aconselhar um amigo ou escrever artigos para esta publicação. O desafio parece ser maior do que minha capacidade. Como Pedro, tenho muito a aprender.

O Novo Testamento revela as falhas de Pedro enquanto tentava seguir o Senhor. Ao caminhar sobre as águas até Jesus, ele começou a afundar (MATEUS 14:25-31). Quando Jesus foi preso, Pedro o negou (MARCOS 14:66-72). Porém o encontro com o Cristo ressuscitado e o poder do Espírito Santo transformaram a vida dele.

> **LEITURA:**
> **2 Pedro 1:1-11**
>
> ...pelo seu divino poder, nos têm sido doadas todas as coisas que conduzem à vida e à piedade... v.3

Pedro entendeu que pelo "divino poder, nos têm sido doadas todas as coisas que conduzem à vida e à piedade, pelo conhecimento completo daquele que nos chamou para a sua própria glória e virtude" (2 PEDRO 1:3). Surpreende-nos que esta declaração veio de um homem com muitas falhas!

Deus tem nos doado: "...as suas preciosas e mui grandes promessas, para que por elas [nos tornemos] coparticipantes da natureza divina, livrando-vos da corrupção..." (v.4).

O nosso relacionamento com o Senhor Jesus Cristo é a fonte da sabedoria, paciência e poder que precisamos para honrar a Deus, ajudar os outros e enfrentar os desafios de hoje. Por meio dele, podemos superar as nossas hesitações e sentimentos de inadequação.

Em cada situação, Ele nos concedeu tudo o que precisamos para servir e honrá-lo.

DCM

Senhor, obrigado, quero honrar-te em tudo o que eu fizer.

Deus promete nos conceder tudo o que precisamos para honrá-lo com a nossa vida.

2 DE JUNHO

A BÍBLIA em UM ANO
2 CRÔNICAS 17-18; JOÃO 13:1-20

A Rocha firme

Uma cruz iluminada e ereta está firme em *Table Rock*, o platô rochoso que do alto observa a minha cidade natal. Várias casas foram construídas em seu redor, mas recentemente os proprietários foram forçados a sair devido às preocupações com a segurança. Apesar da proximidade com a rocha firme, as casas não estão seguras. Elas se deslocam de suas fundações, quase oito centímetros por dia, causando o risco de quebra de tubulações de água, o que aceleraria o deslizamento.

> **LEITURA:**
> **Lucas 6:46-49**
>
> "Por que me chamais Senhor, Senhor, e não fazeis o que vos mando?" v.46

Jesus compara os que o ouvem e obedecem às Suas palavras aos que edificam suas casas sobre a rocha (vv.47,48). Estas sobrevivem às tempestades. Em contraste, Ele diz que as casas construídas sem a fundação firme, como os que não atendem à Sua instrução, não podem resistir às torrentes.

Em muitas ocasiões, fiquei tentado a ignorar minha consciência ao reconhecer que Deus me pedira mais do que eu tinha dado, pensando que minha resposta tinha sido "suficientemente próxima". No entanto, as casas próximas àquelas montanhas rochosas me demonstraram que estar "perto" está longe de ser suficiente quando se trata de obedecer ao Senhor. Para sermos como aqueles que construíram suas casas em bases firmes e resistem às tempestades da vida que tão frequentemente nos assaltam, devemos atender completamente às palavras de nosso Senhor. 🌿   KHH

> **Senhor, ajuda-me** a obedecer-te plenamente.
> Obrigado por seres a minha base firme.

*A Palavra de Deus é a única
base segura para a vida*

3 DE JUNHO

A BÍBLIA em UM ANO
2 CRÔNICAS 19–20; JOÃO 13:21-38

Alguém para confiar

"Não posso confiar em ninguém", minha amiga choramingou. "Quando confio, eles me ferem." Sua história me irritou, um ex-namorado espalhara rumores sobre ela, após se separarem. Lutando para confiar novamente, depois de uma infância cheia de dor, essa traição parecia mais uma confirmação de que as pessoas não eram confiáveis.

> LEITURA:
> **João 13:33-35**
>
> **Muitos proclamam a sua própria benignidade; mas o homem fidedigno, quem o achará?**
> Provérbios 20:6

Eu lutava para encontrar palavras que pudessem confortá-la. Mas *não* podia lhe dizer que estava errada sobre como é difícil encontrar alguém para confiar plenamente, que a maioria das pessoas são gentis e confiáveis. Sua história era dolorosamente familiar, lembrando-me de traições inesperadas em minha vida. A Bíblia é honesta sobre a natureza humana. Em Provérbios 20:6, o autor exprime o mesmo lamento de minha amiga, lembrando sempre a dor da traição.

O que *posso dizer* é que a crueldade dos outros é parte da história. Embora as feridas dos outros sejam reais e dolorosas, Jesus tornou possível o amor genuíno. Em João 13:35, Jesus disse aos discípulos que o mundo saberia que eles eram os Seus seguidores por causa do amor deles. Embora alguns ainda possam nos ferir, por causa de Jesus, haverá sempre aqueles que, compartilhando Seu amor livremente, nos apoiarão e cuidarão de nós incondicionalmente. Em Seu amor infalível encontramos a cura, a comunhão e a coragem de amar os outros como Ele o fez. MM

Senhor, ajuda-nos a compartilhar
o Teu amor com o mundo.

Jesus tornou possível o amor verdadeiro.

4 DE JUNHO

A BÍBLIA em UM ANO
2 CRÔNICAS 21-22; JOÃO 14

Paz perfeita

Uma **amiga** compartilhou comigo que durante anos ela procurou paz e contentamento. Ela e seu marido construíram um negócio bem-sucedido, e compraram uma casa enorme, roupas extravagantes e joias caras. Mas nem esses bens nem suas amizades com pessoas influentes satisfaziam suas aspirações internas de paz. Um dia, quando ela se sentia triste e desesperada, um amigo lhe falou sobre as boas-novas de Jesus. Nele ela encontrou o Príncipe da Paz, e a sua compreensão da verdadeira paz e do contentamento mudou para sempre.

> **LEITURA:**
> **João 14:25-31**
>
> Deixo-vos a paz, a minha paz vos dou; não vo-la dou como a dá o mundo. Não se turbe o vosso coração... v.27

Jesus falou palavras de tal paz aos Seus amigos depois da última ceia juntos (JOÃO 14), quando os preparou para os acontecimentos que logo seguiriam: Sua morte, ressurreição e a vinda do Espírito Santo. Descrevendo a paz — diferente de tudo o que o mundo pode dar — Ele queria que eles aprendessem como encontrar a sensação de bem-estar mesmo em meio a dificuldades.

Mais tarde, quando o Jesus ressuscitado apareceu aos discípulos amedrontados após Sua morte, Ele os cumprimentou, dizendo: "Paz seja convosco!" (JOÃO 20:19). Agora Ele poderia dar-lhes, e a nós também, uma nova compreensão do descanso que há nele. Assim, podemos encontrar a percepção da confiança muito mais profunda do que nossos sentimentos sempre em mudança. AMP

Pai, ajuda-nos a confiar em ti para sempre,
pois tu és a nossa Rocha eterna.

Jesus veio trazer paz a nossa vida
e ao nosso mundo.

5 DE JUNHO

A BÍBLIA em UM ANO
2 CRÔNICAS 23-24; JOÃO 15

O que queremos?

"Fui da carroça ao homem que andou na Lua," disse o vovô à neta, que compartilhou esta história comigo recentemente. E continuou: "Nunca pensei que isso poderia ocorrer em tão pouco tempo."

A vida é curta, e muitos de nós voltamos para Jesus, pois queremos viver para sempre. Isso significa que não compreendemos o verdadeiro significado da vida eterna. Tendemos a ansiar por coisas erradas. Ansiamos por algo melhor, e pensamos que está logo à frente. *Se eu estivesse fora da escola, tivesse esse emprego, fosse casado ou pudesse me aposentar. Se apenas...* E então um dia ouvimos o eco da voz do avô ao refletirmos sobre o tempo que voou.

> LEITURA:
> **Romanos 8:1-11**
>
> ...o Espírito daquele que ressuscitou a Jesus dentre os mortos, [...] vivificará também o vosso corpo mortal... v.11

A verdade é que possuímos a vida eterna *agora*. Paulo escreveu: "...a lei do Espírito da vida, em Cristo Jesus, te livrou da lei do pecado e da morte" (v.2). E disse: "...os que se inclinam para a carne cogitam das coisas da carne; mas os que se inclinam para o Espírito, das coisas do Espírito" (v.5). Em outras palavras, os nossos desejos mudam quando chegamos a Cristo. Isso naturalmente nos dá o que mais desejamos. "Porque o pendor da carne dá para a morte, mas o do Espírito, para a vida e paz" (v.6).

A grande mentira da vida é de que precisamos estar em outro lugar, fazer outra coisa, com outra pessoa antes de começar a viver verdadeiramente. Ao encontrarmos Jesus, trocamos a mágoa pela brevidade da vida pela plena alegria da vida com Ele, agora e para sempre.

TLG

Para vivermos eternamente,
devemos deixar Jesus viver em nós agora.

6 DE JUNHO

A BÍBLIA em UM ANO
2 CRÔNICAS 25-27; JOÃO 16

Desafio de 15 minutos

Dr. **Charles O. Elliot**, presidente de longa data da Universidade de Harvard, acreditava que as pessoas comuns que liam consistentemente da grande literatura do mundo por até alguns minutos por dia poderiam obter uma educação valiosa. Em 1910, ele compilou seleções de livros de história, ciência, filosofia e arte em 50 volumes chamados *The Harvard Classics*. Cada conjunto de livros incluiu o Guia de Leitura do Dr. Eliot intitulado "Quinze minutos por dia" contendo as seleções recomendadas de oito a dez páginas para cada dia do ano.

> LEITURA:
> **Salmo 119:33-40**
>
> Inclina-me o coração aos teus testemunhos... v.36

E se passássemos 15 minutos por dia lendo a Palavra de Deus? Poderíamos dizer com o salmista: "Inclina-me o coração aos teus testemunhos e não à cobiça. Desvia os meus olhos, para que não vejam a vaidade, e vivifica-me no teu caminho" (vv.36,37).

Aos 15 minutos diários somam até 91 horas por ano. Mas para qualquer quantidade de tempo que decidimos ler a Bíblia a cada dia, consistência é o segredo e o ingrediente-chave não é a perfeição, mas a persistência. Se perdemos um dia ou uma semana, podemos começar a ler novamente. Como o Espírito Santo nos ensina, a Palavra de Deus move-se de nossa mente para o nosso coração, depois para nossas mãos e pés, nos levando além da educação para a transformação.

"Ensina-me, Senhor, [...] Desvia os meus olhos, para que não vejam a vaidade, e vivifica-me no teu caminho" (v.33). DCM

Ensina-me ao ler a Tua Palavra hoje.
Quero ouvir de ti, conhecer-te, e crescer mais perto de ti.

A Bíblia é o único Livro cujo Autor
está sempre presente quando ela é lida.

7 DE JUNHO

A BÍBLIA em UM ANO
2 CRÔNICAS 28-29; JOÃO 17

Deus chamando

Certa manhã minha filha deu ao seu filho de 11 meses, o seu telefone por um momento para entretê-lo. Menos de um minuto depois, meu telefone tocou e, quando o peguei, ouvi sua vozinha. Ele tinha de alguma forma atingido a "discagem rápida" para o meu número, e seguiu-se uma "conversa" que vou lembrar por muito tempo. Meu neto só pode falar algumas palavras, mas ele conhece a minha voz e reage a ela. Então, falei com ele e lhe disse o quanto eu o amo.

> **LEITURA:**
> **Gênesis 3:1-10**
>
> **Nisto se manifestou o amor de Deus em nós: em haver Deus enviado o seu Filho unigênito ao mundo...** 1 João 4:9

A alegria que senti ao ouvir a voz de meu neto foi um lembrete do profundo desejo de Deus por ter um relacionamento conosco. Desde o início, a Bíblia mostra Deus à nossa procura. Mesmo depois que Adão e Eva desobedeceram a Deus e se esconderam do Senhor no jardim: "chamou o Senhor Deus ao homem" (v.9).

Deus continuou a ir em busca da humanidade através de Jesus. Por Deus desejar ter relacionamento conosco, Ele enviou Jesus à Terra para pagar a penalidade por nosso pecado por Sua morte na cruz. "Nisto se manifestou o amor de Deus [...] em haver Deus enviado o seu Filho unigênito ao mundo, para vivermos por meio dele..." (1 JOÃO 4: 9,10).

Como é bom saber que Deus nos ama e quer que respondamos ao Seu amor por meio de Jesus. Mesmo quando não sabemos muito bem o que dizer, nosso Pai deseja nos ouvir!

JBB

Pai, obrigado por me amares
e por me permitires ter comunhão contigo.

*O amor de Deus por nós
é revelado através de Jesus.*

8 DE JUNHO

A BÍBLIA em UM ANO
2 CRÔNICAS 30-31; JOÃO 18:1-18

Anéis e graça

Quando olho para as minhas mãos, lembro-me de que perdi meus anéis de casamento e noivado. Eu estava fazendo diversas coisas ao mesmo tempo enquanto fazia as malas para viajar, e ainda não tenho ideia de onde eles foram parar.

Eu temia contar ao meu marido sobre esse meu descuido, e estava preocupada sobre como a notícia o afetaria. Mas ele reagiu com mais compaixão e cuidado por mim do que pelos anéis. No entanto, há momentos em que eu ainda quero fazer algo para merecer a sua compaixão! Ele, pelo contrário, não me culpa por esse episódio.

> **LEITURA:**
> **Hebreus 8:6-13**
>
> ...com as suas iniquidades, usarei de misericórdia e dos seus pecados jamais me lembrarei. v.12

Tantas vezes nos lembramos de nossos pecados e sentimos que devemos fazer algo para ganhar o perdão de Deus. Mas Deus disse que é pela graça, não pelas obras, que somos salvos (EFÉSIOS 2:8,9). Falando de uma nova aliança, Deus prometeu a Israel: "...perdoarei as suas iniquidades e dos seus pecados jamais me lembrarei" (JEREMIAS 31:34). Temos um Deus que perdoa e não mais se lembra de nossos erros.

Ainda podemos nos sentir tristes com o nosso passado, mas precisamos confiar em Sua promessa e crer que a Sua misericórdia e perdão são reais por meio da fé em Jesus Cristo. Esta notícia deve nos tornar agradecidos e seguros em nossa fé. Quando Deus perdoa, Ele esquece.

KOH

Senhor, obrigado por Sua graça e oferta de salvação
e perdão por meio de Cristo. Obrigado por este presente gratuito
que não está baseado em algo que eu possa fazer.

A graça e o perdão são dons imerecidos.

9 DE JUNHO

A BÍBLIA em UM ANO
2 CRÔNICAS 32-33; JOÃO 18:19-40

Razão para cantar

Cantar muda o cérebro! Os estudos mostram que ao cantarmos, o nosso corpo libera hormônios que aliviam a ansiedade e estresse. Indicam também que quando as pessoas cantam em conjunto, os batimentos cardíacos sincronizam-se.

Em Efésios 5:19, Paulo encoraja a igreja a compartilhar com salmos, hinos e canções espirituais. A Bíblia ensina: "Cante louvores" mais de 50 vezes.

O povo de Deus demonstra sua confiança no Senhor, por meio de cânticos ao marchar para a batalha (2 CRÔNICAS 20). Os inimigos se dirigiam para o povo de Judá e, alarmado, o rei Jeosafá chamou a todos, e liderou a comunidade em intensa oração. Eles não se alimentaram, apenas oraram: "...não sabemos nós o que fazer; porém os nossos olhos estão postos em ti" (v.12). No dia seguinte, partiram. Eles não eram liderados por seus guerreiros mais ferozes, mas por seu canto. E acreditavam na promessa de Deus de que seriam libertos sem ter de enfrentar lutas (v.17).

> **LEITURA:**
> **2 Crônicas 20:14-22**
>
> Salmodiai a Deus, cantai louvores; salmodiai ao nosso Rei, cantai louvores.
> Salmo 47:6

Enquanto cantavam e caminhavam rumo ao conflito, seus inimigos lutaram uns contra outros! Quando o povo de Deus chegou ao campo de batalha, os combates tinham terminado. Deus salvou o Seu povo enquanto eles marchavam pela fé para o desconhecido, cantando louvores ao Senhor.

Deus nos encoraja a louvá-lo por boas razões. Se estamos ou não marchando para a batalha, louvar a Deus tem poder para mudar os nossos pensamentos, nosso coração e nossa vida. *ALP*

Deus, louvamos o Teu eterno amor e fidelidade!
Tu nos proteges, nos guia e confiamos em ti.

*Os corações em sintonia com Deus
cantam os Seus louvores.*

10 DE JUNHO

A BÍBLIA em UM ANO
2 CRÔNICAS 34-36; JOÃO 19:1-22

Encontrando Wally

Wally é a estrela do livro "Onde está Wally?", um best-seller infantil. Wally se esconde nos cenários das páginas, convidando as crianças a encontrá-lo. Os pais gostam de ver a alegria de seus filhos quando o encontram.

Estêvão foi um diácono na Igreja Primitiva que foi apedrejado e morreu por proclamar Cristo (ATOS 7). Nessa ocasião muitos cristãos fugiram de Jerusalém. Outro diácono, Filipe, seguiu os cristãos que fugiram para Samaria, e lá proclamou Cristo e foi bem recebido (8:6). Estando lá, o Espírito Santo enviou Filipe numa missão especial para "a estrada do deserto". Deve ter parecido um pedido estranho, pois sua pregação produzia frutos em Samaria. Imaginem a alegria de Felipe quando ele encontrou e ajudou o oficial da corte etíope a encontrar Jesus nas páginas do livro de Isaías (vv.26-40).

LEITURA:
Atos 8:26-40

...o eunuco disse a Filipe: Peço-te que me expliques a quem se refere o profeta. Fala de si mesmo ou de algum outro? v.34

Muitas vezes temos a chance de ajudar os outros a "encontrar Jesus" nas Escrituras para que possam conhecê-lo melhor. Como um pai que testemunha a alegria da descoberta nos olhos de um filho e, como Filipe ajudando o etíope a encontrar Jesus, pode ser emocionante para nós testemunharmos momento igual com os que nos rodeiam. Estejamos preparados para compartilhar Cristo, como o Espírito nos guiar, seja para pessoas que conhecemos bem ou que encontramos apenas uma vez.

RKK

Pai, abre os nossos olhos e corações
às pessoas que ainda não te conhecem.

*O maior trabalho que um cristão pode fazer
é apresentar o seu amigo a Jesus Cristo.*

A BÍBLIA em UM ANO
ESDRAS 1–2; JOÃO 19:23-42

Posturas do coração

Quando meu marido toca a harmônica no grupo de louvor da igreja, noto que às vezes ele fecha os olhos ao tocar. Ele diz que isso o ajuda a concentrar-se e bloquear distrações. Sua harmônica, a música e ele, louvando a Deus.

Algumas pessoas se perguntam se nossos olhos devem estar fechados ao orarmos. Como podemos orar a qualquer momento e lugar, pode ser difícil fechar os olhos sempre, especialmente se estivermos caminhando, retirando ervas daninhas ou dirigindo um veículo!

> **LEITURA:**
> **2 Crônicas 6:7-9,12-15**
>
> ...ajoelhou-se em presença de toda a congregação de Israel, estendeu as mãos para o céu... vv.13,14

Também não há regras sobre a posição em que nosso corpo deve estar quando falamos com Deus. Quando o rei Salomão orou para dedicar o templo que tinha construído, ajoelhou-se e "estendeu as mãos para o céu" (vv.13,14). Ajoelhar-se (EFÉSIOS 3:14), de pé (LUCAS 18: 10-13), e mesmo deitado de bruços (MATEUS 26:39) são todos mencionados na Bíblia como posições para oração.

Quer nos ajoelhemos ou nos levantemos diante de Deus, quer levantemos nossas mãos para o céu ou fechemos nossos olhos para que possamos nos concentrar melhor em Deus, não é a postura de nosso corpo, mas a de nosso coração que é importante. Tudo o que fazemos "flui do [nosso coração]" (PROVÉRBIOS 4:23). Quando oramos, que nosso coração esteja sempre curvado em adoração, gratidão e humildade ao nosso Deus amoroso, pois sabemos que Seus olhos estão "abertos e [Seus] ouvidos atentos às orações" de Seu povo (2 CORÍNTIOS 6:40). CHK

> **Senhor, direcione** meu coração sempre para ti
> e ensina-me a seguir-te em obediência e amor.

A forma mais elevada de oração
vem das profundezas de um coração humilde.

12 DE JUNHO

A BÍBLIA em UM ANO
ESDRAS 3-5; JOÃO 20

Nada é inútil

Em meu terceiro ano lutando contra o desânimo e a depressão causada pela limitação dos movimentos e dor crônica, confiei a uma amiga: "Meu corpo está caindo aos pedaços, e sinto que não tenho nada de valor para oferecer a Deus ou a qualquer outra pessoa."

As mãos dela descansaram sobre as minhas. "Você quer dizer que não faz diferença quando eu a cumprimento com um sorriso ou a ouço? Quer dizer que é inútil quando oro por você ou ofereço uma palavra amável?" Sentei-me em minha poltrona, e disse: "Claro que não."

> LEITURA:
> **1 Coríntios 15:42-58**
>
> ...sempre **abundantes na obra do Senhor, sabendo que, no Senhor, o vosso trabalho não é vão.** v.58

Ela franziu o cenho. "Então por que você está dizendo a si mesmo aquelas mentiras? Você faz todas essas coisas para mim e para os outros." Agradeci a Deus porque nada do que fazemos por Ele é inútil.

Em 1 Coríntios 15, Paulo nos assegura de que o nosso corpo pode estar fraco agora, mas seremos "ressuscitados em poder" (v.43). Porque Deus promete que seremos ressuscitados por meio de Cristo, podemos confiar que Ele usará todas as oferendas, todos os pequenos esforços feitos por Ele, para fazer a diferença em Seu reino (v.58).

Se estivermos fisicamente debilitados, um sorriso, uma palavra de encorajamento, uma oração ou demonstração de fé durante a nossa provação pode ser usado para ministrar ao Corpo de Cristo, diverso e interdependente. Quando servimos ao Senhor, nenhum ato de amor é demasiado servil. ❦   XED

Jesus, obrigado por nos valorizar
e nos usar para fortalecer aos outros.

*Faça o que puder com o que tiver
e deixe os resultados com Deus.*

13 DE JUNHO

A BÍBLIA em UM ANO
ESDRAS 6-8; JOÃO 21

Veja as nuvens

Um dia, muitos anos atrás, meus meninos e eu estávamos deitados de costas no quintal vendo as nuvens passarem. "Pai", perguntou um, "por que as nuvens flutuam?" "Bem, filho", comecei, com a intenção de lhe dar o benefício de meu vasto conhecimento, mas depois caí em silêncio. "Não sei, mas vou descobrir para você."

Descobri que a umidade é condensada, descendo por gravidade, e encontra temperaturas mais quentes que sobem do solo. Essa umidade se transforma em vapor e sobe de volta ao ar. Essa é uma explicação natural para o fenômeno.

> **LEITURA:**
> **Jó 37:1-16**
>
> Tens tu notícia do equilíbrio das nuvens e das maravilhas daquele que é perfeito em conhecimento? v.16

Mas explicações naturais não são as respostas finais. As nuvens flutuam porque Deus, em Sua sabedoria, ordenou as leis naturais de tal maneira que revelam as "maravilhas daquele que é perfeito em conhecimento" (v.16). As nuvens podem então ser pensadas como um símbolo — um sinal exterior e visível da bondade e graça de Deus na criação.

Então, um dia, quando você estiver tomando algum tempo para ver que imagens você pode imaginar nas nuvens, lembre-se disso: Aquele que fez todas as coisas bonitas faz as nuvens flutuarem pelo ar. Ele faz isso para nos chamar à admiração e à adoração. Os céus, até mesmo os cúmulos, estratos e nuvens cirros, declaram a glória de Deus.

DHR

> **Senhor, ao** olharmos para o Teu mundo ficamos maravilhados com a Tua criação. Tu mereces todos os louvores que o nosso coração pode dar-te e muito mais!

A criação está cheia de sinais
que apontam para o Criador.

14 DE JUNHO

A BÍBLIA em UM ANO
ESDRAS 9-10; ATOS 1

Ritmos da graça

Um amigo e sua esposa, entrando em seus 90 anos e casados há 66 anos, escreveram a história da família para os seus filhos, netos e gerações vindouras. O capítulo final contém "Uma carta de mamãe e papai", com importantes lições de vida que eles aprenderam. Uma delas me fez parar e fazer um inventário de minha própria vida: "Se você achar que o cristianismo o esgota, drenando sua energia, então você está praticando a religião ao invés de desfrutar de um relacionamento com Jesus Cristo. Sua caminhada com o Senhor não o deixará cansado; vai revigorá-lo, restaurar sua força e energizar sua vida " (VV.28,29).

> LEITURA:
> **Mateus 11:25-30**
>
> **Tomai sobre vós o meu jugo e aprendei de mim, porque sou manso e humilde de coração...** v.29

A paráfrase de Eugene Peterson do convite de Jesus nesta passagem começa: "Você está cansado? Esgotado? Exausto por causa da religião? Caminhe e trabalhe comigo. Aprenda sobre ritmos da graça ilimitada" (MSN).

Quando penso que servir a Deus depende de mim, começo a trabalhar *para* Ele em vez de andar *com* Ele. Há uma diferença vital. Se eu não estiver andando com Cristo, meu espírito se torna seco e quebradiço. As pessoas são aborrecimentos, não seres humanos criados à imagem de Deus. Nada parece certo.

Quando sinto que estou praticando a religião em vez de desfrutar de um relacionamento com Jesus, é hora de desvencilhar-me do fardo e caminhar com Ele em seus "ritmos da graça ilimitada".

DCM

> **Senhor, venho** a ti hoje para trocar
> o meu trabalho frenético por Tua graça.

Jesus deseja que andemos com Ele.

15 DE JUNHO

A BÍBLIA em UM ANO
NEEMIAS 1–3; ATOS 2 1-21

O vínculo da paz

Depois que confrontei minha amiga por e-mail sobre um assunto em que nós tínhamos discordado, ela não me respondeu. Será que eu tinha ido longe demais? Eu não queria piorar a situação incomodando-a, mas também não queria deixar as coisas sem solução antes de ela fazer uma viagem ao exterior. Quando ela aparecia em minha mente nos dias seguintes, orava por ela, sem saber o caminho a seguir. Certa manhã, fui para uma caminhada em nosso parque local e a vi, vi a dor em seu rosto quando ela me viu. "Obrigado, Senhor, por poder falar com ela," respirei profundamente ao me aproximar dela com um sorriso de boas-vindas. Conversamos abertamente e fomos capazes de resolver nossos assuntos.

> **LEITURA:**
> **Efésios 4:1-6**
>
> ...esforçando-vos diligentemente por preservar a unidade do Espírito no vínculo da paz. v.3

Às vezes, quando o mal ou o silêncio se intrometem em nossos relacionamentos, consertá-los parece estar fora do nosso controle. Mas, como diz o apóstolo Paulo em sua carta à igreja de Éfeso, somos chamados a trabalhar pela paz e unidade pelo Espírito de Deus, vestindo as vestes de mansidão, humildade e paciência enquanto buscamos a cura de Deus para os nossos relacionamentos. O Senhor deseja que estejamos unidos, e através de Seu Espírito Ele pode reunir o Seu povo — mesmo inesperadamente quando vamos andar no parque.

AMP

De que maneira você pode trabalhar
para a paz e unidade hoje?

Deus deseja a unidade entre os cristãos.

16 DE JUNHO

A BÍBLIA em UM ANO
NEEMIAS 4-6; ATOS 2:22-47

Feito vivo

Quando jovem, meu pai viajava com um grupo de amigos para um evento esportivo fora da cidade, quando os pneus do carro deles derraparam nas estradas encharcadas devido a chuva. Eles sofreram um terrível acidente. Um de seus amigos ficou paralisado e o outro morreu. Meu pai foi declarado morto e levado para o necrotério. Seus pais, chocados e aflitos, foram identificá-lo. Mas meu pai reviveu de um coma profundo. O luto deles se transformou em alegria.

LEITURA:
Efésios 2:1-10

Ele vos deu vida, estando vós mortos nos vossos delitos e pecados. v.1

Em Efésios 2, o apóstolo Paulo nos lembra que, longe de Cristo, estamos mortos nos nossos "delitos e pecados" (v.1). Mas, por causa de Seu grande amor por nós, "...por causa do grande amor com que nos amou, e estando nós mortos em nossos delitos, nos deu vida juntamente com Cristo" (vv.4,5). Por meio de Cristo fomos trazidos da morte para a vida.

Então, em certo sentido, todos nós devemos nossa vida ao Pai que está nos céus. Por Seu grande amor, Ele tornou possível para que aqueles de nós que estávamos mortos no pecado tenhamos vida e propósito por meio de Seu Filho. ❦

WEC

Obrigado, Pai, pelo amor que vence o pecado,
a vida que vence a morte e a graça que conquistou o meu coração.
Que minha vida seja um doce aroma de louvor a ti.

*Nós tínhamos uma dívida que não podíamos pagar,
e Jesus quitou-a por amor a nós.*

17 DE JUNHO

A BÍBLIA em UM ANO
NEEMIAS 7–9; ATOS 3

Tempo juntos

Quando voltávamos do casamento de um membro da família, minha mãe me perguntou pela terceira vez o que era novo no meu trabalho. Repeti alguns detalhes como se estivesse lhe contando pela primeira vez, enquanto me perguntava o que poderia tornar minhas palavras mais lembradas. Minha mãe tem a doença de Alzheimer, a qual destrói progressivamente a memória, e afeta negativamente o comportamento e, eventualmente, leva à perda de fala e outras habilidades.

**LEITURA:
Salmo 147:1-11**

Agrada-se o SENHOR dos que o temem e dos que esperam na sua misericórdia. v.11

Sofro, mas estou grata por ela ainda estar aqui e podermos passar tempo juntas, e conversar. Emociono-me sempre que vou vê-la, ela se ilumina de alegria e exclama: "Alyson, que surpresa agradável!" Nós gostamos da companhia uma da outra; e mesmo nos silêncios quando as palavras lhe escapam, temos comunhão.

Talvez esta seja uma pequena demonstração sobre o nosso relacionamento com Deus. As Escrituras nos dizem: "Agrada-se o SENHOR dos que o temem e dos que esperam na sua misericórdia" (v.11). Deus chama de filhos aos que creem em Jesus como Salvador (JOÃO 1:12). E embora possamos fazer as mesmas solicitações uma e outra vez ou nos faltem palavras, o Senhor é paciente conosco, porque temos um relacionamento pessoal com Ele. O Senhor sente-se feliz quando oramos a Ele — mesmo quando as palavras nos escapam. 🌿

ADK

Senhor, obrigado pela oportunidade de aprender de ti
através da Bíblia e conversar contigo em oração.

Deus se deleita em nos ouvir!

Um Pai Perfeito

Meu pai uma vez admitiu para mim: "Quando você estava crescendo, eu estava muito ausente."

Não me lembro disso. Além de trabalhar em seu emprego de tempo integral, algumas noites ele dirigia o ensaio do coral da igreja, e ocasionalmente viajava por uma semana ou duas com um quarteto de homens. Mas para todos os momentos significativos (e muitos pequenos) da minha vida — ele estava lá.

> **LEITURA:**
> **Provérbios 20:3-7**
>
> **O justo anda na sua integridade; felizes lhe são os filhos depois dele.** v.7

Por exemplo, aos 8 anos, eu tinha uma pequena parte em um jogo à tarde na escola. Todas as mães vieram, mas apenas um pai, o meu. De muitas maneiras, ele sempre deixou minhas irmãs e eu sabermos que somos importantes para ele e que nos ama. E vê-lo ternamente cuidar de minha mãe nos últimos anos de sua vida me ensinou exatamente como é o amor altruísta. Papai não é perfeito, mas ele sempre foi um pai que me dá um bom vislumbre do meu Pai celestial. E, idealmente, isso é o que um pai cristão deve fazer.

Às vezes, os pais decepcionam ou ferem seus filhos. Mas o nosso Pai é "misericordioso e compassivo; longânimo e assaz benigno" (SALMO 103:8). Quando um pai que ama o Senhor corrige, conforta, instrui e supre as necessidades de seus filhos, ele lhes serve de modelo como nosso Pai perfeito nos céus. CHK

Pai, obrigado por Tua fidelidade com a qual posso sempre contar.
Por favor, ajuda-me a viver hoje de forma
que deixe para trás um legado de fidelidade e amor.

Viver para Cristo é a melhor herança
que podemos deixar aos nossos filhos.

19 DE JUNHO

A BÍBLIA em UM ANO
NEEMIAS 12–13; ATOS 4:23-37

Dirigido por Deus

Recebi um e-mail convidando-me a juntar-me a uma comunidade de "pessoas motivadas". Decidi procurar o significado dessa palavra e aprendi que uma pessoa *motivada* é alguém que trabalha duro para conseguir seus objetivos.

É bom ser uma pessoa *motivada*? Há um teste que nunca falha: "fazei tudo para a glória de Deus" (1 CORÍNTIOS 10:31). Muitas vezes fazemos coisas por motivações próprias. Depois do dilúvio nos dias de Noé, um grupo de pessoas decidiu construir uma torre para tornar "célebre o nosso nome" (GÊNESIS 11:4). Eles queriam ser famosos e evitar de espalhar-se por todo o mundo. Não fizeram isso pela glória de Deus, e por isso, foram erroneamente conduzidos.

> **LEITURA:**
> **1 Reis 8:54-63**
>
> ...incline o nosso coração, para andarmos em todos os seus caminhos e guardarmos os seus mandamentos... v.58

Em contraste, quando o rei Salomão dedicou a arca da aliança e o Templo recém-construído, disse: "...edifiquei a casa ao nome do SENHOR" (1 REIS 8:20). Em seguida, orou: "...a fim de que a si incline o nosso coração, para andarmos em todos os seus caminhos e guardarmos os seus mandamentos..." (v.58).

Quando o nosso maior desejo é trazer glória a Deus e andar em obediência, nos tornamos pessoas impulsionadas e motivadas que buscam amar e servir a Jesus no poder do Espírito. Que a nossa oração ecoe a de Salomão. Que "Seja perfeito o vosso coração para com o Senhor, nosso Deus, para andardes nos seus estatutos e guardardes os seus mandamentos" (v.61). KOH

Pai, dá-me o desejo de obedecer-te
e fazer tudo para a Tua glória.

Faça tudo para a glória de Deus.

20 DE JUNHO

A BÍBLIA em UM ANO
ESTER 1-2; ATOS 5:1-21

Razão para sorrir

No local de trabalho, as palavras de encorajamento são importantes. Como os funcionários conversam entre si influencia na satisfação do cliente, nos lucros da empresa e na valorização dos colegas de trabalho. Estudos mostram que os membros dos grupos de trabalho mais eficazes afirmam um ao outro seis vezes mais do que desaprovam, discordam ou são sarcásticos. Equipes menos produtivas tendem a usar quase três comentários negativos para cada palavra útil.

> **LEITURA:**
> **1 Ts 5:9-28**
>
> Consolai-vos, pois, uns aos outros e edificai-vos reciprocamente, como também estais fazendo. v.11

Paulo aprendeu na prática o valor das palavras na formação de relacionamentos e resultados. Antes de encontrar Cristo no caminho de Damasco, suas palavras e ações aterrorizavam os seguidores de Jesus. Mas ao escrever aos tessalonicenses, ele já tinha se tornado um grande encorajador devido à obra de Deus em seu coração. Com seu exemplo, exortou seus leitores a animar uns aos outros. Embora tenha sido cuidadoso em evitar a lisonja, mostrou como apoiar os outros e refletir o Espírito de Cristo.

Paulo os lembrou de onde vem o encorajamento. Ele viu que confiar-nos a Deus, que nos amou o suficiente para morrer por nós, nos dá razão para confortar, perdoar, inspirar e desafiar amorosamente uns aos outros (1 TESSALONICENSES 5:10,11).

Paulo nos mostra que encorajar uns aos outros é uma forma de ajudar a provar a paciência e a bondade de Deus. 🌎   *MRD*

Pai, ajuda-nos a dar aos outros
um pequeno vislumbre da Tua misericórdia.

*O que poderia ser melhor do que trabalhar
para despertar o melhor das pessoas?*

21 DE JUNHO

A BÍBLIA em UM ANO
ESTER 3–5; ATOS 5:22-42

Compartilhando o conforto

Uma amiga me enviou algumas de suas cerâmicas artesanais, porém esses preciosos objetos danificaram-se durante a viagem. Uma das xícaras tinha quebrado em partes grandes, era um emaranhado de cacos e cerâmica em pó.

Depois que o meu marido colou as peças quebradas, coloquei a xícara belamente restaurada numa prateleira. Como uma cerâmica restaurada, tenho cicatrizes que provam que ainda posso me manter firme depois dos tempos difíceis que Deus me permitiu passar. Essa peça me lembra de compartilhar como o Senhor trabalhou em minha vida e por meio dela posso ajudar outros em seus momentos de sofrimento.

> **LEITURA:**
> **2 Coríntios 1:3-11**
>
> **...como sois participantes dos sofrimentos, assim o sereis da consolação.** v.7

O apóstolo Paulo louva a Deus porque Ele é o "...Pai de misericórdias e Deus de toda consolação..." (v.3). O Senhor usa as nossas provações e sofrimentos para nos tornar mais semelhantes a Ele. O Seu conforto em nossas dificuldades nos prepara para encorajar os outros, enquanto compartilhamos o que Ele fez por nós em nosso tempo de necessidades (v.4).

Ao refletirmos sobre o sofrimento de Cristo, podemos ser inspirados a perseverar em meio a nossa própria dor, confiando que Deus usa nossas experiências para nos fortalecer e também aos outros na prática da paciência (vv.5-7). Como Paulo, podemos ser consolados sabendo que o Senhor usa as nossas provações para a Sua glória. Podemos compartilhar o Seu conforto e trazer esperança reconfortante para os feridos. ✿

XD

Senhor, obrigado por nos usar para proporcionar conforto, encorajamento e esperança aos que sofrem.

Deus conforta os outros quando compartilhamos como Ele nos confortou quando estávamos sofrendo.

22 DE JUNHO — A BÍBLIA em UM ANO
ESTER 6-8; ATOS 6

Silêncio

As aves se espalharam quando os caminhões de distribuição de alimentos passaram pelas cabanas desgastadas da aldeia. As crianças descalças olhavam. Era raro o tráfego nesta "estrada" devastada pela chuva.

De repente, a mansão do prefeito, toda murada, surgiu à vista do comboio. O povo carecia de necessidades básicas, enquanto ele descansava no luxo duma cidade distante.

> **LEITURA:**
> **Habacuque 1:1-4; 2:20**
>
> **Até quando, Senhor, clamarei eu, e tu não me escutarás?...** 1:2

Tal injustiça nos indigna. E indignou também o profeta de Deus. Quando Habacuque viu a opressão desenfreada, perguntou: "Até quando, Senhor, clamarei eu, e tu não me escutarás?" (v.2). Mas Deus tinha *notado*, e disse, "Ai daquele que acumula o que não é seu [...] Que constrói a sua casa por ganho injusto!" (2:6,9). O julgamento estava chegando!

Alegramo-nos com o julgamento de Deus aos outros, mas Habacuque nos faz dar uma pausa: "O Senhor, porém, está no seu santo templo; cale-se diante dele toda a terra" (2:20). *Toda* a terra. Os oprimidos e os opressores. Às vezes, o silêncio é a resposta apropriada ao silêncio aparente de Deus!

Por que silêncio? Porque facilmente esquecemos a nossa pobreza espiritual. O silêncio nos permite reconhecer nossa pecaminosidade na presença de um Deus santo.

Habacuque aprendeu a confiar em Deus, e nós também o podemos. Não conhecemos todos os Seus caminhos, mas sabemos que Ele é bom. Nada está além do Seu controle e tempo. TLG

> **Senhor, oramos** como Habacuque,
> "...aviva a tua obra..." (3:2).

*Informa-se o justo da causa dos pobres,
mas o perverso de nada disso quer saber.* PROVÉRBIOS 29:7

23 DE JUNHO

A BÍBLIA em UM ANO
ESTER 9-10; ATOS 7:1-21

Juntos no concerto

Durante o concerto da banda escolar da minha neta, fiquei impressionado como este grupo de 11 e 12 anos tocam juntos. Se cada um quisesse ser artista solo, não teria conseguido individualmente o que a banda fez coletivamente. Os sopros, os metais, e a percussão tocaram suas partes e o resultado foi lindo!

Para os seguidores de Jesus em Roma, Paulo escreveu: "assim também nós, conquanto muitos, somos um só corpo em Cristo e membros uns dos outros, tendo, porém, diferentes dons segundo a graça que nos foi dada: se profecia, seja segundo a proporção da fé" (vv.5,6). Entre os dons mencionados por Paulo estão a profecia, o serviço, o ensino, o encorajamento, a contribuição, a liderança e a misericórdia (vv.7,8). Cada dom deve ser exercido livremente para o bem de todos (1 CORÍNTIOS 12:7).

> **LEITURA:**
> **Romanos 12:3-8**
>
> ...somos um só corpo em Cristo [...] tendo, porém, diferentes dons segundo a graça que nos foi dada... vv.5,6

Uma definição de *concerto* é "acordo no projeto ou plano; ação combinada; harmonia ou concordância". Esse é o plano do Senhor para nós como Seus filhos, pela fé em Jesus Cristo. "Amai-vos cordialmente uns aos outros com amor fraternal, preferindo-vos em honra uns aos outros" (v.10). O objetivo é a cooperação, não a competição.

Em certo sentido, estamos "no palco" diante de um mundo que nos observa e ouve todos os dias. Não há solistas na banda de Deus, mas cada instrumento é essencial. A música fica melhor quando cada um de nós faz sua parte em unidade com os outros. 🌿   DCM

Senhor, tu és o Maestro de nossa vida!

Não há solistas na orquestra de Deus.

24 DE JUNHO

A BÍBLIA em UM ANO
JÓ 1–2; ATOS 7:22-43

Aqui para servir

Era hora de nossa igreja empossar um novo grupo de líderes. Para simbolizar seus papéis como líderes de servos, os diáconos da igreja participaram de uma memorável cerimônia de lavagem de pés. Cada um dos líderes — incluindo o pastor — lavou os pés uns dos outros enquanto a congregação os observava.

O que eles fizeram naquele dia foi modelado para nós por Jesus Cristo, conforme registrado em João 13. Nesse incidente, que aconteceu na chamada Última Ceia, Jesus "...se levantou, tirou a sua capa, [...] e começou a lavar os pés dos discípulos..." (v.4,5). Mais tarde, Jesus explicou aos Seus discípulos por que Ele havia feito isso, dizendo: "...o empregado não é mais importante do que o patrão, e o mensageiro não é mais importante do que aquele que o enviou" (v.16). Ele também disse: "...entre vocês eu sou como aquele que serve" (LUCAS 22:27).

> **LEITURA:**
> **João 13:3-17**
>
> **Em seguida pôs água numa bacia e começou a lavar os pés dos discípulos e a enxugá-los com a toalha.** v.5

Se não está abaixo da dignidade de Jesus fazer uma tarefa tão humilde, não é inferior a nenhum de nós servirmos aos outros. Que exemplo maravilhoso Ele deu a todos nós. De fato, Ele "...não veio para ser servido, mas para servir" (MARCOS 10:45). Ele nos mostrou o que significa ser um líder e um servo. Esse é Jesus, Aquele que serve.

JDB

Senhor, ajuda-nos a servir os outros.
Que deixemos os interesses e desejos pessoais
para prestar ajuda aos que necessitam.

*Nenhuma ação é pequena demais
quando é feita para Cristo.*

25 DE JUNHO

A BÍBLIA em UM ANO
JÓ 3-4; ATOS 7:44-60

Embeber-se da Palavra

Quando o nosso filho Xavier era pequeno, nós o levamos para visitar um aquário. Ao entrar no edifício, mostrei-lhe uma grande escultura suspensa no teto. "Veja. Uma baleia jubarte." Ele arregalou os olhos, dizendo "é enorme!"

Meu marido perguntou-me: "Como ele conhece essa palavra?"

"Deve ter nos ouvido dizer isso." Encolhi os ombros, espantada que o nosso bebê tinha absorvido o vocabulário que nunca o ensináramos intencionalmente.

> **LEITURA:**
> **Deuteronômio 6:1-9**
>
> Guardem [...] as leis que eu lhes estou dando hoje e não deixem de ensiná-las aos seus filhos... vv.6,7

Em Deuteronômio 6, Deus incentivou o Seu povo a ser intencional sobre ensinar as gerações mais jovens a conhecer e obedecer às Escrituras. À medida que os israelitas aumentassem o seu conhecimento sobre Deus, eles e seus filhos seriam mais propensos a crescer em reverência a Deus e a desfrutar as recompensas que vêm por conhecê-lo intimamente, amando-o completamente e seguindo-o obedientemente (vv.2-5).

Ao saturar intencionalmente o nosso coração e nossa mente com as Escrituras (v.6), estaremos melhor preparados para compartilhar o amor e a verdade de Deus com as crianças durante nossas atividades cotidianas (v.7). Liderando pelo exemplo, podemos equipar e encorajar os jovens a reconhecer e respeitar a autoridade e a relevância da verdade imutável de Deus (vv.8,9).

À medida que as palavras de Deus fluem naturalmente de nosso coração e da nossa boca, podemos deixar um forte legado de fé para ser transmitido de geração em geração (4:9). ❧   XED

As palavras que escolhemos determinam o que falamos,
vivemos e passamos para os que nos rodeiam.

26 DE JUNHO

A BÍBLIA em UM ANO
JÓ 5–7; ATOS 8:1-25

Muito bom!

Alguns dias parecem que têm um tema para defini-los. Recentemente tive um desses dias. Nosso pastor começou o seu sermão sobre Gênesis 1 com dois minutos de tirar o fôlego: a sequência fotográfica do desabrochar das flores. Então, em casa, uma busca por mídias sociais revelou várias imagens de flores. Mais tarde, numa caminhada no bosque, as flores silvestres da primavera nos cercaram; lírios do bosque, cravos da Índia e íris selvagens.

> LEITURA:
> **Gênesis 1:24-31**
>
> **Viu Deus tudo quanto fizera, e eis que era muito bom...** v.31

Deus criou as flores e todas as variedades de vegetação (e o solo para crescer), no terceiro dia da criação. E duas vezes naquele dia, Deus a declarou "bom" (vv.10,12). Em apenas um outro dia, o sexto, Deus fez o duplo pronunciamento de "bom" (vv.24,31). Na verdade, neste dia, quando Ele criou o homem e Sua obra-prima foi completa, Deus olhou sobre tudo o que tinha feito e "viu que era muito bom!".

Na história da criação, vemos um Deus Criador que se deleitava em Sua criação, e que parecia alegrar-se com o próprio ato de criar. *Amando a criação, não poderia ter feito nada mais do que algo surpreendente e maravilhoso!* E guardou o melhor para o final quando: "Criou Deus, pois, o homem à sua imagem..." (v.27). Feitos à Sua imagem somos abençoados e inspirados por Sua bela obra.

ADK

Querido Criador e Deus, obrigado por criares o mundo
e sua beleza para o nosso e o Teu prazer. E fazer-nos à Tua imagem
para que fôssemos inspirados a criar.

Toda a criação traz a assinatura de Deus.

27 DE JUNHO

A BÍBLIA em UM ANO
JÓ 8–10; ATOS 8:26-40

Orações de cinco dedos

A oração é uma conversa com Deus, não uma fórmula. No entanto, às vezes precisamos usar um "método" para revigorar o nosso tempo de oração. Podemos orar os Salmos ou outras Escrituras, como a Oração do Senhor, ou ainda usar o método ACGS (Adoração, Confissão, Gratidão e Súplica). Recentemente, aprendi e me deparei com esta "Oração de Cinco Dedos" para usar como um guia, quando orar por outras pessoas:

> **LEITURA:**
> **Tiago 5:13-18**
>
> ...orai uns pelos outros... v.16

• Ao dobrar as mãos, o polegar está mais próximo de você. Então, comece orando por aqueles que lhe são mais próximos, seus entes queridos (FILIPENSES 1:3-5).

• O indicador é o ponteiro. Ore por aqueles que ensinam, professores de ensino bíblico, pregadores e os que ensinam as crianças (1 TESSALONICENSES 5:25).

• O dedo seguinte é o médio. Ele o lembra a orar por aqueles com autoridade sobre você, líderes nacionais e locais, e seu supervisor no trabalho (1 TIMÓTEO 2:1,2).

• O quarto dedo anelar é geralmente o mais fraco. Ore por aqueles que estão em apuros ou sofrendo (TIAGO 5: 13,16).

• Então vem seu dedo mindinho. Lembra-o de sua pequenez em relação à grandeza de Deus. Peça-lhe para suprir as suas necessidades (FILIPENSES 4:6,19).

Seja qual for o método utilizado, apenas fale com seu Pai. Ele quer ouvir o que está em seu coração. 🌱

AMC

Pai, dá-me a sabedoria para saber
como orar pelos outros.

Não são as palavras que oramos que importam;
é a condição de nosso coração.

A BÍBLIA em UM ANO
JÓ 11-13; ATOS 9:1-21

Obras inacabadas

Ao morrer, o grande artista Michelangelo deixou muitos projetos inacabados. Mas quatro de suas esculturas não foram feitas para serem concluídas. O escravo barbudo, o escravo do atlas, o escravo do despertar e o jovem escravo, embora pareçam inacabados, são exatamente como Michelangelo pretendia que fossem. O artista queria mostrar como seria para o homem ser sempre escravizado.

> **LEITURA:**
> **Romanos 7: 14-25**
>
> ...Quem me livrará do corpo desta morte? Graças a Deus por Jesus Cristo, nosso Senhor... vv.24,25

Em vez de esculpir figuras em correntes, Michelangelo fez figuras presas no mármore no qual são esculpidas. Os corpos emergem da pedra, mas não completamente. Os músculos flexionam, mas as figuras nunca são capazes de se libertar.

Minha empatia com as esculturas de escravos é imediata. Sua situação não é diferente da minha luta com o pecado. Sou incapaz de me libertar: como as esculturas, também estou preso, "...prisioneiro da lei do pecado que está nos meus membros" (v.23). Não importa o quanto eu tente, não posso mudar-me a mim mesmo. Mas graças a Deus, você e eu não permaneceremos como obras inacabadas. Não estaremos completos até o Céu, entretanto, enquanto acolhemos a obra transformadora do Espírito Santo, Ele nos transforma. Deus promete terminar a boa obra que começou em nós (FILIPENSES 1: 6).

ALP

> **Deus, obrigado** por nos fazeres novas criaturas através da obra de Teu Filho Jesus Cristo, libertando-nos de nossa escravidão ao pecado.

Ele é o oleiro; nós somos o barro.

29 DE JUNHO

A BÍBLIA em UM ANO
JÓ 14–16; ATOS 9: 22-43

Fé em ação

Quando minha amiga foi de carro até o supermercado, ela viu uma mulher andando ao longo da estrada e sentiu que deveria dar meia-volta com o carro e oferecer-lhe carona. Ela ficou triste ao descobrir que a mulher não tinha dinheiro para o ônibus, e estava caminhando para casa por muitos quilômetros no clima quente e úmido. Não só estava fazendo a longa viagem de volta para casa, mas já tinha caminhado várias horas naquela manhã para chegar ao trabalho às 4 da manhã.

> **LEITURA:**
> **Tiago 2:14-26**
>
> ...Tu tens fé, e eu tenho obras; mostra-me essa tua fé sem as obras, e eu, com as obras, te mostrarei a minha fé. v.18

Ao oferecer-lhe uma carona, minha amiga colocou em prática, em um contexto moderno, a instrução de Tiago para que os cristãos vivam sua fé por meio de suas ações: "...a fé, se não tiver obras, por si só está morta" (v.17). Ele estava preocupado que a igreja cuidasse das viúvas e dos órfãos (v.27), e também queria que eles não dependessem de palavras vazias, mas que praticassem a sua fé com atos de amor.

Somos salvos pela fé, não pelas obras, mas vivemos nossa fé amando os outros e cuidando de suas necessidades. Que nós, como a minha amiga que ofereceu a carona, mantenhamos os olhos abertos para aqueles que possam precisar de nossa ajuda ao andarmos juntos nesta jornada da vida.

AMP

Senhor Jesus Cristo, tu fizeste a ação final morrendo na cruz por mim.
Que eu jamais esqueça o sacrifício que me dá a vida.

*Demonstramos a nossa fé também
por meio de nossas boas ações.*

30 DE JUNHO

A BÍBLIA em UM ANO
JÓ 17-19; ATOS 10: 1-23

Hora de florescer

Na **primavera** passada, decidi derrubar a roseira perto da nossa porta dos fundos. Nos três anos em que morávamos em nossa casa, não havia produzido muitas flores, e seus feios e infrutíferos ramos estavam agora se espalhando em todas as direções.

Mas andei muito ocupado, e meu plano de jardinagem foi adiado. Foi melhor assim, pois apenas algumas semanas mais tarde, a roseira explodiu em flores como eu nunca tinha visto antes. Centenas de flores brancas, grandes e ricas em perfume, pendiam sobre a porta dos fundos, fluíam para o nosso quintal e se espalhavam no chão com belas pétalas.

> LEITURA:
> **Lucas 13:1-9**
>
> ...Senhor, deixa-a ainda este ano, até que eu escave ao redor dela e lhe ponha estrume. v.8

O renascimento da minha roseira me lembrou a parábola de Jesus sobre a figueira em Lucas 13:6-9. Em Israel, era costume dar três anos para as figueiras produzirem frutos. Se não dessem, eram cortadas para que o solo pudesse ser melhor utilizado. Nessa parábola de Jesus, um jardineiro pede ao seu patrão que dê a uma árvore em particular um quarto ano para produzir. No contexto (vv.1-5), a parábola implica isso: os israelitas não tinham vivido como deveriam, e Deus poderia julgá-los justamente. Mas Deus é paciente e concedera tempo extra para que eles se voltassem a Ele, fossem perdoados e florescessem.

Deus quer que todas as pessoas floresçam e tem-lhes dado tempo extra para que isso ocorra. Se ainda estamos caminhando em direção à fé ou orando por família e amigos incrédulos, Sua paciência é uma boa notícia para todos nós. SMV

Eu sou a videira, vós, os ramos... JOÃO 15:5.

*Deus deu ao mundo um tempo extra
para que respondam a Sua oferta de perdão.*

A Graça de Deus

Conta-se a história de um juiz que presidiu um tribunal na parte mais pobre da cidade, numa noite amargamente fria, durante os anos mais difíceis da Grande Depressão nos Estados Unidos. Uma idosa abatida e malvestida foi trazida diante dele. Acusada por ter roubado um pão de forma, ela não tentou negar as acusações. O marido de sua filha havia abandonado a família, disse ela. Sua filha estava doente, e seus dois netos estavam passando fome. No entanto, a vítima, um comerciante, se recusou a retirar as acusações. Eles precisavam dar exemplo para um bairro ruim.

O juiz soltou um profundo suspiro. Olhando para a mulher, disse-lhe que a lei não lhe deixava nenhuma alternativa. Ela era culpada, e a pena seria de dez dólares (um valor obviamente impossível para a mulher) ou dez dias de prisão. Mas, ao pronunciar sua sentença, o juiz entregou ao oficial de justiça uma nota de dez dólares para pagar a multa devida pela senhora. Na sequência, com uma batida de seu martelo, declarou que estava multando todos no tribunal em cinquenta centavos por morarem numa cidade onde uma pobre mulher tinha que roubar pão para alimentar sua família faminta. Em poucos minutos, a mulher saiu exultante da sala do tribunal levando quase o quíntuplo de dólares de sua pena, recolhidos de pequenos criminosos, infratores de trânsito, policiais em serviço e até mesmo do comerciante furioso!

Essa idosa deve ter ido para casa exausta da montanha-russa de emoções que havia experimentado, mas encantada com sua boa sorte totalmente inesperada. Escapara de uma penalidade que legalmente merecia, e recebera uma bênção inesperada e imerecida. As pessoas que não lhe deviam nada tinham lhe dado um presente que tornaria a vida de sua família carente muito melhor.

Quando ouvimos a palavra graça, podemos pensar nas atitudes desse juiz. Ou podemos retratar atributos de elegância, charme ou beleza. Mas quando os cristãos falam sobre "graça", referem-se a algo muito mais significativo. Deus é completamente santo e sem pecado, e Ele exige que também sejamos santos. No entanto, somos todos pecadores e nunca podemos satisfazer o Seu padrão perfeito de exigência. Mas Deus é um Deus de graça e isso muda tudo. Graça é o caráter generoso do Deus que demonstra favor imerecido e abundante aos pecadores indignos.

Ela havia escapado de uma penalidade que legalmente merecia, e recebeu uma bênção inesperada e imerecida.

Deus enviou Seu Filho Jesus — que é sem pecado — para pagar a dívida pelo nosso pecado. Porque Ele morreu e ressuscitou, as pessoas que merecem a punição de Deus por seus erros podem receber o oposto — perdão e vida eterna. Todos os que aceitam o pagamento de Jesus pelo pecado são declarados perfeitos e santos e agora podem relacionar-se com Deus. A "graça" explica o porquê de os cristãos serem gratos pela ressurreição de Jesus.

> A mulher havia escapado de uma penalidade que legalmente merecia, e recebeu uma bênção inesperada e imerecida.

A Bíblia diz simplesmente assim: "pois conheceis a graça de nosso Senhor Jesus Cristo, que, sendo rico, se fez pobre por amor de vós, para que, pela sua pobreza, vos tornásseis ricos" (2 CORÍNTIOS 8:9). O Senhor Jesus, o Filho eterno de Deus, era rico além do que podemos imaginar. Contudo, Ele voluntariamente deixou o céu e abandonou os privilégios que legitimamente eram Seus para abraçar a pobreza de nossa humanidade. Como homem, Ele não abraçou o estilo de vida do rico, do famoso e do poderoso. Pelo contrário, Ele viveu como um trabalhador comum, cercado por pobreza e sofrimento. E por fim, teve uma morte cruel, violenta e injusta nas mãos dos maus. Nada estava mais longe da riqueza do céu do que a Sua horrorosa morte na cruz.

No entanto, aquela morte dolorosa era a própria razão pela qual Ele havia vindo do Céu para a Terra. Por meio da Sua morte, Ele estava pagando a pena dos pecados humanos. Jesus não era uma vítima indefesa. Ele estava morrendo no lugar de todos os que colocariam sua fé e confiança nele. Sua triunfante ressurreição atestou que a Sua morte não foi comum. É assim que nos tornamos ricos através da Sua pobreza. Através da Sua morte, aqueles que creem são completa e livremente perdoados, trazidos para a família de Deus e abençoados com inúmeras bênçãos espirituais.

Na maioria dos casos, o mundo funciona com um princípio muito simples: "Trabalhei para isso; ganhei e mereço". Mas a graça de Deus é algo radicalmente diferente. Não podemos fazer o suficiente para ganhar o favor de Deus, não porque Ele seja difícil de agradar, mas porque nossos pecados sempre nos tornam incapazes de alcançar o padrão santo de Deus. Graça é Deus tomando a iniciativa para resolver o problema. Vem como um presente incrivelmente pessoal. Não é uma força impessoal ou uma mercadoria que Ele oferece. Graça é Deus se dando por causa de quem Ele é, não por causa de quem somos e apesar do que fizemos. Ele não tem a obrigação de nos tratar com graça. Contudo, Ele o faz. O que não podemos merecer ou ganhar, podemos receber porque Ele concede livre e completamente através de Seu Filho, Jesus Cristo.

> O mundo funciona com um princípio muito simples: "Trabalhei para isso; ganhei e mereço". Mas a graça de Deus é algo radicalmente diferente.

Tenho amigos que foram receptores de transplantes de órgãos de doadores vivos que não conheciam anteriormente. Uma amiga recebeu um rim generosamente dado por uma pessoa com quem ela teve uma conversa casual enquanto passeava com os seus cachorros. Como você agradece a uma pessoa que faz algo assim — algo que transforma a vida para você, mas que é uma ameaça à vida para eles? Enquanto você precisa desesperadamente do rim e poderia nunca conseguir um, eles não têm nenhuma obrigação com relação a você. Acontece o mesmo com a graça de Deus. A única qualificação que trazemos é a humildade de reconhecer que não a merecemos. Graça é o oposto de carma. A graça significa não receber o castigo que realmente merecemos e, em vez disso, receber o contrário: a aprovação, a aceitação e o perdão de Deus. Eles são nossos através da morte de nosso Senhor Jesus em nosso lugar e em nosso favor.

A graça de Deus vem como pagamento completo, não parcial. Ele faz tudo. Não temos nada para contribuir além de nossos próprios pecados. Apesar do que a maioria das pessoas acredita, não somos convidados a contribuir tanto quanto pudermos, para que Deus possa "completar" nossos esforços para atender aos requisitos básicos. Somos totalmente salvos pela graça; é um presente de Deus e não podemos fazer nada para merecê-lo (EFÉSIOS 2:8,9). E claro, o fato de a salvação ser gratuita para nós, não significa que seja sem custo. Assim como o novo rim de minha amiga veio por meio do presente sacrificial de uma pessoa generosa, a salvação de Deus vem à custa da morte de Seu Filho. Ele não simplesmente desculpa a nossa dívida ou a ignora. Ele a elimina pagando-a totalmente, transferindo-a para a Sua própria conta na cruz.

> A aprovação, a aceitação e o perdão de Deus são nossos através da morte de nosso Senhor Jesus em nosso lugar e em nosso favor.

Quando a senhora idosa deixou a sala do juiz, sua dívida estava totalmente paga. Os tribunais não tinham mais alegações contra ela. E ela também foi para casa levando um pequeno tesouro imerecido e inesperado. Assim é com a graça de Deus. Em todos os pontos da nossa experiência de vida, encontramos a graça de Deus. É por isso que a Bíblia diz que Ele é "rico em bondade e graça" (EFÉSIOS 1:7). As riquezas incomparáveis de sua graça são "expressas em sua bondade para conosco em Cristo Jesus" (2:7). Em todas as fases da vida, com todos os seus desafios e dificuldades, a promessa de Deus é que Sua graça será suficiente e disponível (2 CORÍNTIOS 12:9).

Há vários anos, foi realizada uma conferência para estudiosos no campo das religiões comparadas. Uma sessão foi dedicada à questão do que, se é que existe algo, era exclusivo sobre a fé cristã. Sugeriu-se uma série de respostas que foi rejeitada. Em um momento, o erudito cristão C. S. Lewis entrou na sala e perguntou a um colega o motivo de toda aquela comoção. Informado de que eles estavam discutindo o que tornava o cristianismo único entre as religiões do mundo, Lewis respondeu: "Ó, isso é fácil. É graça". Um estranho silêncio se instalou na sala e depois o grupo admitiu que Lewis estivesse certo. Qualquer outra religião, de uma forma ou de outra, afirmava que era preciso *ganhar* o favor dos deuses. Os detalhes são diferentes, mas a mensagem é clara: Faça alguma coisa. Mas o evangelho cristão é completamente diferente. A mensagem está *finalizada* porque o próprio Deus tomou a iniciativa de fazer por nós o que não poderíamos fazer por nós mesmos. Ele tomou nossa culpa, vergonha e quebrantamento em si mesmo e oferece a vida eterna e perdão a qualquer um e a todos que confiam nele. A salvação não é conquistada; é dada e concedida livremente.

> Qualquer outra religião, de uma forma ou de outra, afirmava que era preciso ganhar o favor dos deuses. Mas o evangelho cristão é completamente diferente.

Assim é com a maravilhosa graça de Deus. Está sempre lá, qualquer que seja a nossa necessidade. Do começo ao fim, a vida cristã é sobre a maravilhosa graça de nosso Deus gracioso. Por essa razão, a Bíblia diz sobre Jesus: "Porque todos nós temos recebido da sua plenitude e graça sobre graça" (JOÃO 1:16). Existe uma fonte inesgotável. *Agradeça a Deus por Seu presente indescritível* (2 CORÍNTIOS 9:15).

GARY INRIG, PASTOR E AUTOR.

1.º DE JULHO

A BÍBLIA em UM ANO
JÓ 20–21; ATOS 10:24-48

Limpeza da casa

Troquei de quartos e isso levou mais tempo do que o esperado. Eu não queria transferir minha extensa bagunça ao outro cômodo; mas recomeçar bem organizado. Depois de horas de limpeza e triagem, os sacos de objetos estavam prontos para serem descartados, doados ou reciclados. Porém, no final, um belo quarto me esperava e eu poderia me reorganizar.

LEITURA:
1 Pedro 1:22–2:5

Despojando-vos, portanto, de toda maldade e dolo, de hipocrisias e invejas e de toda sorte de maledicências. 2:1

Isso me trouxe uma nova perspectiva ao ler 1 Pedro 2:1, na paráfrase bíblica *A Mensagem*: "Por isso, limpem a casa! Tratem de varrer tudo que é malícia, fingimento, inveja e comentários maldosos." Depois de uma alegre confissão de sua nova vida em Cristo (1:1-12) Pedro os exorta a jogar fora os hábitos destrutivos (1:13–2:3). Quando a nossa caminhada com o Senhor se torna confusa e o amor por outros está tenso, isso não deve nos fazer questionar nossa salvação. Não mudamos nossa vida para *sermos* salvos, mas porque *somos* salvos (1:23).

Da mesma maneira que a nossa nova vida em Cristo é verdadeira, os maus hábitos adquiridos não desaparecem do dia para a noite. Cada dia, precisamos "limpar a casa", jogar fora tudo o que nos impede de amar os outros (1:22) e amadurecer (2:2). No espaço novo e limpo, experimentamos a maravilha de sermos recém-construídos (v.5) pelo poder e pela vida de Cristo. 🌱   MRB

Pai, obrigado pela nova vida que estás construindo em nós através do Senhor Jesus. Ajuda-nos a recorrer a ti por pureza e renovação.

Todos os dias podemos rejeitar os hábitos destrutivos e experimentar a nova vida em Jesus.

2 DE JULHO — A BÍBLIA em UM ANO
JÓ 22-24; ATOS 11

Tomando atalhos

Sorvendo o chá, Nancy olhou para fora da janela da amiga e suspirou. As chuvas da primavera e a luz do sol estimulavam as cores exuberantes dos lírios, flores de íris, phlox e prímulas.

"Eu quero essa vista", disse com melancolia, "sem todo o trabalho."

Alguns atalhos são bons e até práticos. Outros, curto-circuitam o nosso espírito e nos enfraquecem. Queremos o romance sem as dificuldades de nos comprometermos com alguém tão diferente de nós mesmos. Queremos "grandeza" sem os riscos e fracassos necessários na aventura da vida real. Desejamos agradar a Deus, apenas quando isso não nos incomoda.

> LEITURA:
> **Lucas 9:57-62**
>
> ...Se alguém quer vir após mim, a si mesmo se negue, dia a dia tome a sua cruz e siga-me. v.23

Jesus deixou claro aos Seus seguidores que não há atalho que evite a difícil escolha de entregarmos a nossa vida a Ele. E advertiu um futuro discípulo: "...Ninguém que, tendo posto a mão no arado, olha para trás é apto para o reino de Deus" (LUCAS 9:62). Seguir a Cristo exige uma alteração radical de nossas lealdades.

Quando nos voltamos em fé a Jesus, o trabalho apenas começa. Mas isso vale muito a pena, pois Ele também nos disse que quem se sacrificar "...por amor de mim e por amor do evangelho..." receberá "...já no presente, o cêntuplo [...] e no mundo por vir, a vida eterna" (MARCOS 10:29,30). O seguir a Cristo é um desafio, mas Ele nos concedeu o Seu Espírito e a recompensa é a vida plena e alegre agora e para sempre. TLG

Pai, ajuda-me a ser sensível
ao que queres de mim.

A maioria das coisas
que vale a pena fazer são difíceis.

3 DE JULHO

A BÍBLIA em UM ANO
JÓ 25-27; ATOS 12

Livre-se do pecado

prazo de entrega de texto pairava sobre mim, e a discussão com o meu marido ainda girava em minha mente. Olhei para o cursor piscando, as pontas dos dedos no teclado. *Ele também estava errado, Senhor.*

A tela do computador ficou preta e franzi os cenhos. Não reconhecer meus erros estava mais do que dificultando o meu trabalho. Estava prejudicando o meu relacionamento com meu marido e meu Deus.

> LEITURA:
> **Josué 7:1-12**
>
> **...já não serei convosco, se não eliminardes do vosso meio a coisa roubada.** v.12

Peguei o celular, engoli o orgulho e pedi perdão. Saboreei a reconciliação quando o meu cônjuge se desculpou também, agradeci a Deus e terminei o artigo que devia, em tempo.

Os israelitas experimentaram a dor do pecado pessoal e a alegria da restauração. Josué advertiu o povo de Deus para não se enriquecerem na batalha de Jericó (JOSUÉ 6:18), mas Acã roubou os itens capturados e os escondeu em sua tenda (7:1). Somente após seu pecado ser exposto e tratado (vv.4-12), a nação reconciliou-se com seu Deus.

Como Acã, nem sempre reconhecemos como o fato de "esconder o pecado em nossa tenda" desvia o nosso coração de Deus e afeta os que nos rodeiam. Reconhecer Jesus como Senhor, admitir nosso pecado e buscar o perdão é a base para os relacionamentos saudáveis e fiéis com Deus e com os outros. Submetendo-nos diariamente ao nosso Criador e Sustentador, podemos servi-lo e desfrutar da Sua presença — juntos. 🌱

XED

Senhor, ajuda-nos a reconhecer, confessar
e nos afastarmos de nosso pecado.

*Deus pode purificar o nosso coração do pecado
que destrói nossa intimidade com Ele e com os outros.*

4 DE JULHO

A BÍBLIA em UM ANO
JÓ 28-29; ATOS 13:1-25

Comemore a liberdade

Depois de ter sido sequestrado, mantido refém por 13 dias, e libertado, o cinegrafista da Nova Zelândia, Olaf Wiig, com um amplo sorriso no rosto, anunciou: "Sinto-me mais vivo agora do que em toda a minha vida."

Por razões difíceis de entender, ser libertado é mais emocionante do que ser livre.

Para aqueles que gostam da liberdade todos os dias, a alegria de Wiig é um bom lembrete de como nos esquecemos facilmente sobre como somos abençoados. Isso também acontece espiritualmente. Aqueles dentre nós que já são cristãos por muito tempo muitas vezes esquecem o que é ser refém do pecado. Podemos nos tornar complacentes e até ingratos. Mas, na sequência, Deus envia um lembrete na forma de um novo cristão com testemunho exuberante do que Deus tem feito em sua vida e, mais uma vez, reconhecemos a alegria que temos, sendo livres "da lei do pecado e da morte" (ROMANOS 8:2).

> **LEITURA:**
> **Romanos 6:15-23**
>
> **Porque a lei do Espírito da vida, em Cristo Jesus, te livrou da lei do pecado e da morte.** 8:2

Se a liberdade se tornou aborrecida para você, ou se você tende a se concentrar no que não pode fazer, pense nisso: Você não só não é mais escravo do pecado, mas está liberto para ser santo e desfrutar a vida eterna com Cristo Jesus (6:22)!

Celebre a sua liberdade em Cristo, e invista o seu tempo agradecendo a Deus pelas coisas que você é capaz e livre para fazer sendo o Seu servo. JAL

Compartilhe quais são
os motivos da sua gratidão.

*Viver para Cristo
traz a verdadeira liberdade*

5 DE JULHO

A BÍBLIA em UM ANO
JÓ 30–31; ATOS 13:26-52

Como eu reagiria?

"**A percepção do** favoritismo é um dos maiores fatores na rivalidade entre irmãos", disse a Dra. Barbara Howard, pediatra de desenvolvimento comportamental. José, o personagem do Antigo Testamento é um exemplo; ele era o filho favorito de seu pai, o que deixava seus irmãos mais velhos furiosos (GÊNESIS 37:3,4). Eles o venderam aos comerciantes que viajavam para o Egito e fizeram parecer que um animal selvagem o havia matado (37:12-36). Destruíram os seus sonhos e o futuro dele parecia sem esperança.

> **LEITURA:**
> **Gênesis 45:1-11**
>
> ...não fostes vós que me enviastes para cá, e sim Deus, que me pôs... v.8

Ao longo da jornada, José foi fiel a Deus e confiou nele mesmo nas situações ruins. Depois de ser falsamente acusado pela mulher de seu patrão e de ser preso por algo que não fizera, lutou com a injustiça de sua situação, entretanto, continuou confiando no Senhor.

Anos depois, seus irmãos vieram ao Egito para comprar grãos durante um período de intensa fome e aterrorizaram-se ao descobrir que o seu irmão mais novo e desprezado era agora o primeiro-ministro. Mas José lhes disse: "...não vos entristeçais, nem vos irriteis contra vós mesmos por me haverdes vendido para aqui; porque, para conservação da vida, Deus me enviou adiante de vós..." (v.5).

As amáveis palavras de José me fazem questionar se eu estaria pronto para me vingar. Ou seria misericordioso porque o meu coração confia no Senhor? *DCM*

Pai, dá-nos a fé para confiar em ti
e a habilidade de ver a Tua boa mão ao longo da vida.

Nas horas mais sombrias da vida,
com os olhos da fé podemos ver a amorosa mão de Deus.

6 DE JULHO

A BÍBLIA em UM ANO
JÓ 32-33; ATOS 14

Ame o outro primeiro

Com paciência ajudamos o nosso filho a se adaptar à nova vida em nossa família. O trauma de seus primeiros dias num orfanato se refletia em alguns comportamentos negativos. Apesar da compaixão pelas dificuldades que ele experimentara antes, senti que me afastava dele emocionalmente por causa desses comportamentos. Envergonhada, compartilhei minha luta com a terapeuta dele. Sua resposta gentil veio ao meu encontro: "Ele precisa que você o alcance primeiro, para mostrar que ele é digno de amor antes que possa agir como alguém amado."

> **LEITURA:**
> **1 João 4:7-21**
>
> **Nós amamos porque ele nos amou primeiro.** v.19

João conduz os leitores de sua carta a um amor de incrível profundidade e cita o amor de Deus como fonte e motivo para amarmos uns aos outros (1 JOÃO 4:7,11). Admito que muitas vezes não demonstro esse amor a outros, sejam eles estranhos, amigos ou meus filhos. No entanto, essas palavras despertam em mim o desejo renovado e a capacidade de fazê-lo: *Deus foi primeiro*. Ele enviou Seu Filho para demonstrar a plenitude do Seu amor para cada um de nós. Sou grata porque Ele não responde como nós somos propensos a fazer, afastando-se.

Embora as nossas ações pecaminosas não atraiam o amor divino, Deus é inabalável em oferecê-lo a nós (ROMANOS 5:8). Seu amor foi "primeiro" e isso nos compele a amar uns aos outros em resposta e como reflexo desse amor. KHH

Obrigado, Senhor, por me amares apesar do meu pecado.
Ajuda-me a "ir primeiro" em amar os outros.

*Deus nos amou primeiro
para que possamos amar os outros.*

7 DE JULHO

A BÍBLIA em UM ANO
JÓ 34-35; ATOS 15:1-21

O bem supremo

Cresci na Jamaica, e meus pais criaram minha irmã e eu para sermos "pessoas boas". Em casa, *bom* significava obedecer aos pais, falar a verdade, ir bem na escola, no trabalho e ir à igreja pelo menos na Páscoa e no Natal. Imagino que esta definição de ser boa pessoa seja familiar para muitos, independentemente da cultura. Na verdade, Paulo, em Filipenses 3, usou a definição de ser bom em sua cultura para destacar algo maior.

> **LEITURA:**
> **Filipenses 3:1-11**
>
> ...Sim, deveras considero tudo como perda, por causa da sublimidade do conhecimento de Cristo Jesus... v.8

Paulo, sendo um devoto judeu do primeiro século, seguiu a lei moral de sua cultura ao pé da letra. Ele nasceu na família "certa", tinha a educação "certa" e praticava a religião "certa". Era o *verdadeiro* em termos de ser uma boa pessoa de acordo com o costume judaico. No versículo 4, Paulo escreve que se ele quisesse, poderia se vangloriar de toda a sua bondade. Mas, sendo bom como era, Paulo disse aos seus leitores (e a nós) que há algo mais do que ser bom. Ele sabia que ser apenas *bom*, não era o mesmo que agradar a Deus.

Paulo escreve nos vv.7,8 que agradar a Deus, envolve conhecer a Jesus. Paulo considerava a sua própria bondade como "lixo" quando comparado com "o valor supremo de conhecer a Cristo Jesus". Somos bons — e agradamos a Deus — quando a nossa esperança e fé estão em Cristo, e não em nossa bondade. 🌱 KAW

> **Querido Deus,** enquanto procuro viver
> uma vida boa, ajuda-me a lembrar que conhecer Jesus
> é o caminho para a bondade suprema.

Somos bons e agradamos a Deus quando nossa esperança e fé
estão somente em Cristo, não em nossa bondade.

8 DE JULHO

A BÍBLIA em UM ANO
JÓ 36-37; ATOS 15:22-41

Um dia para descansar

Certo domingo, fiquei em pé junto à corrente de água borbulhante que atravessa a nossa comunidade, deliciando-me com a beleza que ela traz para a nossa área. Senti-me relaxar enquanto observava a pequena cascata e ouvia os pássaros cantando. Fiz uma pausa para dar graças ao Senhor pela maneira como Ele nos ajuda a encontrar o descanso para nossa alma.

> **LEITURA:**
> **Êxodo 23:10-13**
> **Seis dias farás a tua obra, mas, ao sétimo dia, descansarás...** v.12

O Senhor instituiu o sábado: um dia para o descanso e renovação para o Seu povo no antigo Oriente, pois queria que eles prosperassem. Como vemos no livro de Êxodo, Ele lhes diz para semear seus campos por seis anos e descansar no sétimo. Assim também com o trabalho em seis dias e descanso no sétimo. Seu modo de vida distinguiu os israelitas de outras nações, pois não só eles, mas também os estrangeiros e escravos em suas casas foram autorizados a seguir este padrão.

Podemos nos aproximar do nosso dia de descanso com expectativa e criatividade, acolhendo a oportunidade de adorar e de fazer algo que alimenta a nossa alma, o que varia de acordo com nossas preferências. Alguns gostariam de jogar, outros de fazer jardinagem, compartilhar uma refeição com amigos e família; tirar uma soneca à tarde.

Como podemos redescobrir a beleza e a riqueza de separar um dia para o descanso, se isso estiver faltando em nossa vida? ABP

Senhor, encontramos o nosso descanso em ti.
Ajuda-nos a encontrar o ritmo certo para a nossa vida.

*Em nossa fé e serviço, o descanso
é tão importante quanto o trabalho.*

9 DE JULHO

A BÍBLIA em UM ANO
JÓ 38–40; ATOS 16:1-21

O coração alegre

A **música favorita** de minha neta é uma das marchas de John Philip Sousa. Este compositor norte-americano foi considerado o "rei da marcha", no final do século 19. Moriah não faz parte de uma banda, pois tem apenas 20 meses. Ela gosta da melodia e pode até balbuciar algumas notas. Ela associa a marcha com os momentos alegres. Quando a nossa família se reúne, muitas vezes cantamos esta canção com aplausos e outros ruídos barulhentos, e os netos dançam ou marcham em círculos acompanhando o ritmo. Sempre termina com crianças tontas e muitas risadas.

> **LEITURA:**
> **2 Crônicas 7:1-10**
>
> **Celebrai com júbilo ao Senhor, todas as terras.** Salmo 100:1

Nosso barulho alegre lembra-me do salmo que implora: "Servi ao Senhor com alegria" (100:2). Quando o rei Salomão dedicou o Templo, os israelitas celebraram com louvores (2 CRÔNICAS 7:5,6). O Salmo 100 pode ter sido uma das canções que eles cantaram, pois declara: "Celebrai com júbilo ao Senhor, todas as terras. Servi ao Senhor com alegria, apresentai-vos diante dele com cântico. [...] Entrai por suas portas com ações de graças e nos seus átrios, com hinos de louvor; rendei-lhe graças e bendizei-lhe o nome" (vv.1,4). Por quê? "Porque o Senhor é bom e o seu amor dura para sempre"! (v.5).

Nosso bom Deus nos ama! Em atitude de gratidão, vamos celebrar com júbilo ao Senhor. 🌿

ADK

Senhor, dá-nos corações agradecidos para louvar-te,
porque és bom e tudo o que fazes é bom. Teu amor dura para sempre!

O louvor é o transbordamento
de um coração alegre.

10 DE JULHO

A BÍBLIA em UM ANO
JÓ 41-42; ATOS 16:22-40

Fugindo com ele

Em 2004, a esquiadora canadense Beckie Scott recebeu uma medalha de ouro olímpica. Os Jogos Olímpicos de Inverno tinham sido realizados em 2002, nos EUA. Ela tinha recebido a de bronze, mas duas atletas foram desqualificadas meses depois, quando se soube que tinham usado substâncias proibidas.

Foi bom ela, finalmente, ter recebido o ouro, mas foi-se para sempre o momento em que poderia estar no pódio e ouvir o seu hino nacional. Essa injustiça não poderia ser reparada.

> **LEITURA:**
> **Gênesis 4:1-12**
>
> **Pela fé, Abel ofereceu a Deus mais excelente sacrifício...**
> Hebreus 11:4

A injustiça de qualquer espécie nos perturba, e com certeza, há erros muito maiores do que lhe ser negado uma medalha arduamente conquistada. A história de Caim e Abel mostra um ato final de injustiça (GÊNESIS 4:8). À primeira vista, poderia parecer que Caim se deu bem com o assassinato de seu irmão. Afinal, ele teve vida longa e plena, e construiu uma cidade (v.17).

Mas Deus confrontou Caim: "Que fizeste? A voz do sangue de teu irmão clama da terra a mim" (v.10). O Novo Testamento registrou Caim como um exemplo a ser evitado (1 JOÃO 3:12, JUDAS 1:11). Mas sobre Abel lemos: "Pela fé, Abel [...] mesmo depois de morto, ainda fala" (HEBREUS 11:4).

Deus se preocupa com a justiça, com a retificação dos erros e a defesa dos impotentes. Ninguém consegue escapar com atos de injustiça nem Deus deixa de recompensar nossa obra feita em fé por Ele. 🌀

TLG

Pai, que o Teu reino venha e que
a Tua vontade seja feita.

*O pecado não será julgado pelo modo como o vemos,
mas pelo modo como Deus o vê.*

11 DE JULHO

A BÍBLIA em UM ANO
SALMOS 1-3; ATOS 17:1-15

Dar a Jesus

Eles o chamam de "A Pegada do Diabo". É uma impressão em forma de pé no granito em uma colina ao lado de uma igreja. De acordo com a lenda local, a "pegada" aconteceu num dia de outono em 1740, quando o evangelista George Whitefield pregou tão poderosamente que o diabo saltou do campanário da igreja, pousando na rocha ao sair da cidade.

Embora seja apenas uma lenda, a história lembra uma verdade encorajadora da Palavra de Deus. Tiago 4:7 nos lembra: "Sujeitai-vos, portanto, a Deus; mas resisti ao diabo, e ele fugirá de vós."

> **LEITURA:**
> **Tiago 4:6-10**
>
> **Assim também vós considerai-vos mortos para o pecado, mas vivos para Deus, em Cristo Jesus.** Romanos 6:11

Deus nos deu a força que precisamos para enfrentar nosso adversário e as tentações em nossa vida. A Bíblia nos diz que "...o pecado não terá domínio sobre vós" (ROMANOS 6:14) por causa da graça amorosa de Deus para conosco através de Jesus Cristo. Quando a tentação vem e corremos para Jesus, Ele nos capacita a permanecer em Sua força. Nada que enfrentamos nesta vida é capaz de vencê-lo, porque Ele "venceu o mundo" (JOÃO 16:33).

À medida que nos submetemos ao nosso Salvador, e ao mesmo tempo lhe entregamos a nossa vontade em obediência à Palavra de Deus, Ele nos ajuda. Quando nos entregamos a Ele em vez de ceder à tentação, Deus é capaz de lutar as nossas batalhas. Nele podemos vencer.

JBB

> **Senhor Jesus,** entrego-te hoje
> a minha vontade. Ajuda-me a ficar perto de ti
> em cada momento, e a te amar e obedecer.

A oração do santo mais débil é um terror para Satanás.

OSWALD CHAMBERS

12 DE JULHO

A BÍBLIA em UM ANO
SALMOS 4-6; ATOS 17:16-34

Aproxime-se de Deus

Uma mulher que desejava orar pegou uma cadeira vazia e ajoelhou-se diante dela. Em lágrimas, ela disse: "Meu querido Pai celestial, por favor, sente-se aqui; nós dois precisamos conversar!" Olhando diretamente para a cadeira vazia, ela orou. Demonstrou confiança em se aproximar do Senhor; Ela o imaginou *sentado* na cadeira e creu que Ele estava ouvindo a sua petição.

**LEITURA:
Hebreus 4:14-16**

Quanto a mim, bom é estar junto a Deus; no SENHOR Deus ponho o meu refúgio... Salmo 73:28

O tempo com Deus é um momento importante quando nos envolvemos com o Todo-Poderoso. Deus se aproxima de nós quando nos aproximamos dele em mútuo envolvimento (TIAGO 4:8). Ele nos assegurou: "E eis que estou convosco todos os dias" (MATEUS 28:20). Nosso Pai celestial está sempre esperando por nós para irmos a Ele, sempre pronto para nos escutar.

Há momentos em que lutamos para orar porque nos sentimos cansados, sonolentos, doentes e fracos. Mas Jesus se identifica conosco quando somos fracos ou enfrentamos tentações (HEBREUS 4:15). Portanto, podemos nos achegar "confiadamente, junto ao trono da graça, a fim de recebermos misericórdia e acharmos graça para socorro em ocasião oportuna" (v.16). ❦ *LD*

Senhor, obrigado por poder orar a ti em todos os lugares e em todos os momentos. Coloca o desejo de chegar perto de ti em meu coração. Quero aprender a entrar em Tua presença com fé e confiança.

*Deus está em toda parte, e está
sempre disponível e pronto a nos ouvir.*

13 DE JULHO

A BÍBLIA em UM ANO
SALMOS 7-9; ATOS 18

Detalhes íntimos

O **Universo é** grandioso, a Lua gira em torno de nós a quase 4 mil km por hora. A Terra gira em torno do Sol a 106 mil km por hora. Nosso sol é um dentre 200 bilhões de outras estrelas e trilhões de mais planetas na galáxia, e essa galáxia é apenas uma de 100 bilhões de outras que se precipitam pelo espaço. Espantoso!

Em comparação a este vasto cosmos, nossa pequena Terra não é maior do que um seixo, e nossa vida individual não é maior do que um grão de areia. No entanto, de acordo com as Escrituras, o Deus das galáxias atende a cada um de nós seres microscópicos em detalhes íntimos. Ele nos viu antes de existirmos (SALMO 139:13-16); Ele nos sonda ao longo dos nossos dias e penetra os nossos pensamentos (vv.1-6).

> **LEITURA:**
> **Salmo 139:1-18**
>
> **Sabes quando me assento e quando me levanto; e longe penetras os meus pensamentos.** v.2

Às vezes, pode ser difícil acreditar que este pequeno "seixo" tem problemas como a guerra e a fome, e podemos questionar o cuidado de Deus em momentos de sofrimento pessoal. Mas quando o rei Davi escreveu o Salmo 139 ele estava em meio à crise (vv.19,20). Quando Jesus disse que Deus conta cada cabelo de nossa cabeça (MATEUS 10:30), era a época de crucificação. Falar sobre a atenção cuidadosa de Deus não é um desejo ingênuo. É a verdade do mundo real.

Aquele que mantém as galáxias girando nos conhece intimamente, e isso pode nos ajudar a superar os tempos mais difíceis. SMV

Pai, Teus olhos estão sobre mim e as estrelas do céu.
Obrigado por Teu amor.

O Deus do cosmo cuida de nós intimamente.

14 DE JULHO

A BÍBLIA em UM ANO
SALMOS 10–12; ATOS 19:1-20

Face a face

Embora o mundo esteja conectado como jamais esteve, nada substitui o encontro pessoal. À medida que compartilhamos e rimos juntos, muitas vezes sentimos, quase inconscientemente, as emoções da outra pessoa observando seus movimentos faciais. Aqueles que se amam, familiares ou amigos, gostam de compartilhar face a face uns com os outros.

> **LEITURA:**
> **Êxodo 33:7-14**
>
> Falava o SENHOR a Moisés face a face, como qualquer fala a seu amigo... v.11

Vemos essa relação face a face entre o Senhor e Moisés, o homem que Deus escolheu para liderar o Seu povo. A confiança de Moisés cresceu ao longo dos anos, enquanto ele andava com Deus, e continuava a segui-lo, apesar da rebeldia e idolatria do povo. Depois que o povo adorou um bezerro de ouro em vez de adorar o Senhor (ÊXODO 32), Moisés estabeleceu uma tenda fora do acampamento para se encontrar com Deus, e o povo tinha que observar de longe (vv.7-11). Quando a coluna de nuvem representando a presença de Deus desceu à tenda, Moisés falou em favor do povo. O Senhor prometeu que Sua Presença iria com eles (v.14).

Por causa da morte de Jesus na cruz e Sua ressurreição, não precisamos de alguém como Moisés para falar com Deus por nós. Em vez disso, assim como Jesus afirmou aos Seus discípulos, podemos ter comunhão com Deus através de Cristo (JOÃO 15:15). Nós também podemos nos encontrar com Ele, e falar com o Senhor como alguém que fala a um amigo.

ABP

Que felicidade ver o Redentor Jesus Cristo,
que nos ama tanto, face a face!

*Podemos conversar com o Senhor
como um verdadeiro amigo.*

15 DE JULHO

A BÍBLIA em UM ANO
SALMOS 13–15; ATOS 19:21-41.

Você está sendo preparado?

rabalhei em um restaurante de *fast-food* quando cursava o Ensino Médio. Alguns aspectos do trabalho eram difíceis. Os clientes verbalizavam a sua raiva, e eu me desculpava pela fatia indesejada de queijo no sanduíche que eu não preparara. Ao sair dali, fui trabalhar em minha universidade. Meus empregadores estavam mais interessados em minha experiência na lanchonete do que em meus conhecimentos de informática. Interessava-lhes como eu lidava com as pessoas. Aquela experiência desagradável preparou-me para um trabalho melhor!

> **LEITURA:**
> **1Sm 17:8,32-37,48-50**
>
> ...O Senhor me livrou das garras do leão e das do urso; ele me livrará... v.37

O jovem Davi perseverou numa experiência que poderíamos chamar de desagradável. Quando Israel foi desafiado a enviar alguém para combater Golias, ninguém foi corajoso o suficiente para aceitar a tarefa. Ninguém, a não ser Davi. O rei Saul relutou em enviá-lo para lutar, mas Davi explicou que, como pastor, ele tinha lutado e matado um leão e um urso por causa das ovelhas (1 SAMUEL 17:34-36). Cheio de confiança, ele declarou: "...O Senhor me livrou das garras do leão e das do urso; ele me livrará das mãos deste filisteu..." (v.37).

Ser um pastor de ovelhas não trouxe muito respeito a Davi, mas o preparou para combater Golias e o jovem acabou se tornando o maior rei de Israel. Quem sabe estejamos enfrentando circunstâncias difíceis, mas por meio delas, talvez Deus esteja nos preparando para algo maior!

JMS

Senhor, orienta-me enquanto
me preparas para algo maior.

*Deus usa as circunstâncias atuais
para nos preparar para o futuro.*

16 DE JULHO

A BÍBLIA em UM ANO
SALMOS 16-17; ATOS 20:1-16

Raízes profundas

A árvore sequoia está entre os maiores e mais duradouros organismos vivos do mundo. Ela pode crescer até 100 m de altura, e pesar mais de 1,1 milhão de quilos, e viver por 3 mil anos. Mas a sequoia deve muito do seu tamanho e longevidade ao que se encontra sob a superfície. Um emaranhado de raízes de aproximadamente 5 metros de profundidade, espalhando-se por 4m² de terra, alicerçando firmemente a altura imponente e o peso surpreendente.

> **LEITURA:**
> **Lucas 24:44-49**
> Então, lhes abriu o entendimento para compreenderem as Escrituras. v.45

Todo esse sistema de expansão da raiz de uma sequoia é pequeno comparado à história, religião e expectativa que dão suporte à vida de Jesus. Em certa ocasião, Ele disse a um grupo de líderes religiosos que as Escrituras que eles amavam e confiavam contavam a Sua história (JOÃO 5:39). Na sinagoga de Nazaré, Ele abriu o pergaminho de Isaías, leu uma descrição do Messias de Israel e disse: "Hoje, se cumpriu a Escritura que acabais de ouvir" (LUCAS 4:21).

Mais tarde, após Sua ressurreição, Jesus ajudou os Seus discípulos a entenderem como as palavras de Moisés, dos profetas e das canções de Israel mostram por que era necessário que Ele sofresse, morresse e ressuscitasse dentre os mortos (24:46).

Que graça e grandeza — ver Jesus enraizado na história e nas Escrituras, e ver o quanto nossa vida está enraizada na necessidade de tê-lo habitando em nós. 🌿

MRD

Pai, ajuda-nos a lembrar que a história de Israel
e as Escrituras nos levam a ti.

*Todas as Escrituras nos ajudam a compreender
a nossa necessidade de Jesus.*

17 DE JULHO

A BÍBLIA em UM ANO
SALMOS 18-19; ATOS 20:17-38

Assim como o Pai

Não é agradável ver uma criança imitando seus pais? Quantas vezes vimos o menino em um assento de carro, agarrando seu volante imaginário atentamente, enquanto mantém um olho no motorista para ver o que papai faz em seguida.

Lembro-me de fazer o mesmo quando era jovem. Nada me dava mais prazer do que fazer exatamente o que meu pai fazia, e tenho certeza de que ele se divertia com isso ainda mais quando me observava imitando-o.

LEITURA:
João 5:17-20

...o Filho nada pode fazer de si mesmo, senão somente aquilo que vir fazer o Pai... v.19

Gostaria de pensar que Deus sentiu o mesmo quando viu Seu Filho mais querido fazer exatamente o que o Pai fez; alcançar os perdidos, ajudar os necessitados e curar os doentes. Jesus disse: "Em verdade, em verdade vos digo que o Filho nada pode fazer de si mesmo, senão somente aquilo que vir fazer o Pai; porque tudo o que este fizer, o Filho também semelhantemente o faz" (JOÃO 5:19).

Nós também somos chamados para fazer o mesmo: "Sede, pois, imitadores de Deus, como filhos amados; e andai em amor..." (EFÉSIOS 5:1,2). À medida que continuamos a crescer para sermos mais parecidos com Jesus, procuremos amar como o Pai ama, perdoar como Ele perdoa, importar-se como Ele se importa e viver de maneiras que o agradam. É um prazer copiar Suas ações, no poder do Espírito, sabendo que nossa recompensa é o sorriso afetuoso e terno de um Pai amoroso.

LK

Jesus, obrigado por nos mostrar o caminho para o Pai.
Ajuda-nos a sermos mais semelhantes a ti todos os dias.

O Pai nos deu o Espírito
para nos tornar semelhantes ao Filho.

A BÍBLIA em UM ANO
SALMOS 20–22; ATOS 21:1-17

Além das etiquetas

Certa igreja na minha cidade tem um cartão de boas-vindas único que capta o amor e a graça de Deus para todos. Ele diz: "Se você é: santo, pecador, perdedor, vencedor" — seguido por muitos outros termos usados para descrever as pessoas em dificuldades — "alcoólatra, hipócrita, trapaceiro, amedrontador, desajustado... Você é bem-vindo aqui." Um dos pastores me disse: "Lemos esse cartão em voz alta juntos em nossos cultos todos os domingos."

> **LEITURA:**
> **Romanos 5:1-11**
>
> ...Deus prova o seu próprio amor para conosco pelo fato de ter Cristo morrido por nós, sendo nós ainda pecadores. v.8

Quantas vezes aceitamos rótulos e permitimos que eles definam quem somos. E com que facilidade rotulamos os outros. Mas a graça de Deus desafia os rótulos porque está enraizada em Seu amor, não em nossa autopercepção. Se nos vemos como maravilhosos ou terríveis, capazes ou desamparados, podemos receber a vida eterna como um presente dele. O apóstolo Paulo relembrou aos seguidores de Jesus em Roma que "...Cristo, quando nós ainda éramos fracos, morreu a seu tempo pelos ímpios" (ROMANOS 5:6).

O Senhor não exige que mudemos por nosso próprio poder. Em vez disso, Ele nos convida a vir como somos para encontrar esperança, cura e liberdade nele. "Deus prova o seu próprio amor para conosco pelo fato de ter Cristo morrido por nós, sendo nós ainda pecadores" (v.8). O Senhor está pronto e disposto a nos receber tal como somos. DMC

Pai Celestial, obrigado
pelo Teu imenso amor em Jesus.

O perdão de Deus desafia as nossas falhas ou orgulho.

19 DE JULHO

A BÍBLIA em UM ANO
SALMOS 23–25; ATOS 21:18-40

Mais poderoso do que tudo

As **Cataratas** do Iguaçu, na fronteira entre Brasil e Argentina, são um espetacular sistema de cachoeiras de 275 quedas ao longo de 2,7 km do rio Iguaçu. Gravados em uma parede do lado brasileiro das Cataratas estão as palavras do Salmo 93:4, "Mas o Senhor nas alturas é mais poderoso do que o bramido das grandes águas, do que os poderosos vagalhões do mar." Abaixo estão estas palavras: "Deus é sempre maior do que todos os nossos problemas."

> **LEITURA:**
> **Salmo 93**
>
> Reina o Senhor. Revestiu-se de majestade; de poder se revestiu o Senhor e se cingiu... v.1

O escritor do Salmo 93, que escreveu suas palavras quando reinavam os reis, sabia que Deus é o Rei supremo sobre todos. "Reina o Senhor", ele escreveu: " Desde a antiguidade, está firme o teu trono; tu és desde a eternidade" (vv.1,2). Não importa quão altas sãos as inundações ou ondas, o Senhor permanece maior.

O rugido de uma cachoeira é verdadeiramente majestoso, mas é completamente diferente estar dentro da água em direção às quedas. Talvez você esteja nessa situação hoje. Problemas físicos, financeiros ou relacionais se tornam cada vez maiores e você sente que está prestes a passar pelas quedas. Em tais situações, o cristão tem Alguém a quem recorrer. Ele é o Senhor, "...poderoso para fazer infinitamente mais do que tudo quanto pedimos ou pensamos..." (EFÉSIOS 3:20), pois Ele é maior do que todos os nossos problemas. 🌾

CPH

Senhor, sei que és poderoso e maior do que as dificuldades que possam vir a meu caminho. Confio em ti até o fim.

Nunca meça o poder ilimitado de Deus
por suas expectativas limitadas.

20 DE JULHO

A BÍBLIA em UM ANO
SALMOS 26-28; ATOS 22

Tempo para tudo

Ao voar recentemente, observei uma mãe e seus filhos algumas fileiras à minha frente. Enquanto a criança jogava contente, a mãe olhava para os olhos de seu recém-nascido, sorrindo para ele e acariciando sua bochecha. O bebê olhou para trás com espanto e de olhos arregalados. Gostei daquele momento sentindo um toque de melancolia, pensando em meus próprios filhos naquela idade e no tempo que já tinha passado por mim.

> **LEITURA:**
> **Eclesiastes 3:1-14**
>
> **Tudo tem o seu tempo determinado, e há tempo para todo propósito debaixo do céu.** v.1

Refleti sobre as palavras do rei Salomão em Eclesiastes sobre "...todo propósito debaixo do céu" (v.1). Mencionando uma série de opostos, ele diz que há um tempo para tudo (v.1): "...há tempo de nascer e tempo de morrer; tempo de plantar e tempo de arrancar..." (v.2). Talvez, nesses versículos, o rei Salomão se desespere com o que vê como um ciclo de vida sem sentido. Mas ele também reconhece o papel de Deus em cada estação, e que o nosso trabalho é "dom de Deus" (v.13) e que "tudo quanto Deus faz durará eternamente" (v.14).

Podemos lembrar momentos em nossa vida com saudades, como eu relembrando os meus filhos como bebês. Sabemos, porém, que o Senhor promete estar conosco em todas as épocas de nossa jornada (ISAÍAS 41:10). Podemos contar com a Sua presença e descobrir que o nosso propósito é andar com Ele.

ABP

Senhor Deus, guias-me nas diferentes épocas da minha vida, e se estou rindo ou chorando sei que estás comigo. Quero alcançar alguém com o Teu amor hoje.

Deus nos concede as estações de nossa vida e promete estar conosco.

Vestido

No livro *Wearing God* (Revestindo-se de Deus), Lauren Winner diz que as nossas roupas podem comunicar silenciosamente quem somos. Podem indicar a carreira, comunidade ou identidade, humor ou status social. Pense numa camiseta com dizeres, terno, uniforme ou jeans sujo e o que podem revelar. E diz: "É atraente a ideia de que, como uma peça de vestuário, os cristãos comunicam algo sobre Jesus."

> **LEITURA:**
> **Romanos 13:11-14**
>
> ...mas revesti-vos do Senhor Jesus Cristo... v.14

Paulo diz que podemos representar Cristo sem palavras. Em Romanos 13:14: "...revesti-vos do Senhor Jesus Cristo e nada disponhais para a carne no tocante às suas concupiscências". O que isso significa? Ao nos tornamos cristãos, assumimos a identidade de Cristo. Somos "filhos de Deus mediante a fé" (GÁLATAS 3:26,27). Esse é o nosso status. No entanto, todos os dias precisamos nos revestir de Seu caráter. Fazemos isso esforçando-nos para ser mais semelhantes a Jesus, crescendo em piedade, amor e obediência e voltando as costas aos pecados que uma vez nos escravizaram.

Este crescimento em Cristo é o resultado da ação do Espírito Santo que age em nós e do nosso desejo de estar mais perto dele através do estudo da Palavra, da oração e da comunhão com os cristãos (JOÃO 14:26). Quando os outros nos olham, o que estamos declarando sobre Cristo?

ADK

Senhor, queremos ser um reflexo de ti. Ajuda-nos a ficar mais parecidos contigo a cada dia. Faz-nos crescer em piedade, amor, alegria e paciência.

Que expressemos bem o Salvador aos que nos cercam e observam.

22 DE JULHO

A BÍBLIA em UM ANO
SALMO 31-32; ATOS 23:16-35

"Estou muito assustada"

"**Estou realmente** com medo." Esta foi a nota comovente de uma adolescente postada aos amigos, quando ela lhes contou sobre alguns exames médicos que faria. Estava hospitalizada para uma série de procedimentos numa cidade a três horas de sua casa e esperava ansiosa, enquanto os médicos tentavam descobrir a origem de alguns sérios problemas de saúde que enfrentava.

LEITURA:
Filipenses 4:4-9

Não andeis ansiosos [...] em tudo, porém, sejam conhecidas, diante de Deus, as vossas petições... v.6

Quem de nós, na juventude ou nos últimos anos, não sentiu temores semelhantes ao enfrentar momentos indesejados e realmente assustadores? E onde podemos pedir ajuda? Que consolo podemos encontrar nas Escrituras para nos dar coragem nestas situações?

Saber que Deus estará conosco nas provações pode nos ajudar a ter esperança. Lemos em Isaías 41:13: "Porque eu, o Senhor, teu Deus, te tomo pela tua mão direita e te digo: Não temas, que eu te ajudo."

Além disso, Deus oferece a paz indescritível, que guarda o coração, quando lhe apresentamos as nossas dificuldades em oração (FILIPENSES 4:6,7).

Com a fidelidade de Deus e da Sua paz que "excede todo o entendimento" (v.7), podemos encontrar a esperança e a ajuda de que precisamos para suportar as situações em que estamos realmente assustados.

JDB

Querido Pai, quando tenho medo, lembra-me de que seguras a minha mão e me concedes paz. Sou grato por poder me inclinar em Teus braços e encontrar ajuda quando estou com medo. Tu és bom para mim.

*Deus está conosco
em todas as nossas lutas.*

23 DE JULHO

A BÍBLIA em UM ANO
SALMOS 33–34; ATOS 24

Não recebeu o crédito?

Os musicais de Hollywood eram populares nas décadas de 50 e 60, e as atrizes encantavam os telespectadores com suas performances irresistíveis. Mas grande parte desse apelo eram os cantos de tirar o fôlego que abrilhantavam as atuações. Na verdade, o sucesso dos filmes clássicos era em grande parte, devidos a Marni Nixon, que dublou as vozes de cada uma das principais atrizes e cuja contribuição por longo tempo foi ignorada.

> **LEITURA:**
> **Colossenses 4:7-18**
>
> Assim brilhe também a vossa luz diante dos homens, para que [...] glorifiquem a vosso Pai...
> Mateus 5:16

Muitas vezes, no Corpo de Cristo há pessoas que apoiam outros que assumem um papel mais público. O apóstolo Paulo dependia exatamente de tais pessoas em seu ministério. Tércio, o escriba, deu a Paulo a sua poderosa voz *escrita* (ROMANOS 16:22). As orações de bastidores de Epafras eram essenciais para Paulo e para a Igreja Primitiva (COLOSSENSES 4:12,13). Lídia abriu generosamente a sua casa quando o apóstolo cansado precisava de restauração (ATOS 16:15). A obra de Paulo não teria sido possível sem o apoio destes servos em Cristo (vv.7-18).

Nossos papéis nem sempre são visíveis, mas Deus se alegra quando desempenhamos obedientemente a nossa parte em Seu plano. Quando formos "abundantes na obra do Senhor" (1 CORÍNTIOS 15:58), encontraremos valor e significado em nosso serviço, à medida que este trouxer glória a Deus e atrair outros para Ele (MATEUS 5:16).

CHK

Senhor, ajuda-me a obedientemente fazer a minha parte no papel que escolheste para mim.

O segredo do verdadeiro serviço
é a fidelidade absoluta onde quer que Deus o colocar.

24 DE JULHO

A BÍBLIA em UM ANO
SALMOS 35-36; ATOS 25

Construindo a comunidade

Henri Nouwen, teólogo, diz que "comunidade" é o lugar onde a pessoa com quem você menos quer estar, vive. Muitas vezes nos cercamos com as pessoas com quem *mais* queremos conviver, e formamos um clube ou turma, não uma comunidade. Qualquer um pode formar um clube; mas é preciso ação, visão comum e trabalho árduo para formar uma comunidade.

A Igreja Cristã foi a primeira instituição na história a reunir em pé de igualdade judeus e gentios, homens e mulheres, escravos e livres. O apóstolo Paulo foi eloquente sobre este "mistério, desde os séculos, oculto em Deus". Ao formar uma comunidade de diversos membros, Paulo disse que temos a oportunidade de captar a atenção do mundo e até do mundo sobrenatural (vv.9,10).

> **LEITURA:**
> **Efésios 2:19-3:11**
>
> ...os gentios são coerdeiros, membros do mesmo corpo e coparticipantes da promessa em Cristo Jesus... 3:6

Em alguns aspectos, a igreja infelizmente falhou nesta tarefa. Ainda assim, ela é o único lugar que vou que reúne gerações: crianças ainda nos braços de suas mães, outras que se contorcem e riem nas horas que não devem, adultos responsáveis que sabem agir adequadamente em todos os momentos e os que dormem se a explanação do pastor for muito longa.

Se quisermos a experiência comunitária que Deus nos oferece, temos razão em procurar uma congregação de pessoas que não sejam "como nós".

PDY

Senhor, lembra-nos de que a igreja é a Tua obra, e nos uniste para os Teus bons propósitos. Ajuda-nos a estender a graça aos outros de quem queremos receber graça também.

O homem que vive numa pequena comunidade vive num mundo muito maior. G. K. CHESTERTON

25 DE JULHO

A BÍBLIA em UM ANO
SALMOS 37-39; ATOS 26

O que trazemos de volta

John F. Burns passou 40 anos cobrindo eventos mundiais para um renomado jornal internacional. Num artigo escrito depois de sua aposentadoria em 2015, Burns lembrou-se das palavras de um amigo próximo e colega jornalista que estava morrendo de câncer. "Nunca se esqueça", seu colega disse: "Não é o quão longe você viajou; é o que você trouxe de volta."

O Salmo 37 poderia ser considerado a lista de Davi do que ele "trouxe de volta" de sua jornada de vida, de pastor a soldado e rei. O salmo é uma série de dísticos contrastando os ímpios com os justos, e afirmando aqueles que confiam no Senhor.

> **LEITURA:**
> **Salmo 37:1-6,23-27**
>
> **Fui moço e [...] sou velho, porém jamais vi o justo desamparado, nem a sua descendência a mendigar o pão.** v.25

"Não te indignes por causa dos malfeitores, nem tenhas inveja dos que praticam a iniquidade. Pois eles dentro em breve definharão como a relva e murcharão como a erva verde" (vv.1,2).

"O Senhor firma os passos do homem bom e no seu caminho se compraz; se cair, não ficará prostrado, porque o Senhor o segura pela mão" (vv.23,24).

"Fui moço e já, agora, sou velho, porém jamais vi o justo desamparado, nem a sua descendência a mendigar o pão" (v.25).

O que Deus nos ensinou de nossas experiências na vida? Como experimentamos Sua fidelidade e amor? De que forma o amor do Senhor moldou nossa vida?

Não é o quão longe viajamos na vida que conta, mas o que trouxemos de volta.

DCM

Senhor, obrigado por andares comigo ao longo dessa jornada. Ajuda-me a lembrar da Tua fidelidade.

*À medida que os anos passam,
a fidelidade de Deus continua se multiplicando.*

26 DE JULHO

A BÍBLIA em UM ANO
SALMOS 40-42; ATOS 27:1-26

Tirou-me das profundezas

Eu observava a água, em constante alerta para os sinais de problemas. Durante os meus turnos de seis horas como salva-vidas, eu ficava ao lado da piscina para garantir a segurança de quem nadava. Deixar o meu posto, ou afrouxar minha atenção, poderia ter graves consequências para quem estava na piscina. Se um nadador estivesse em perigo por causa de um ferimento ou falta de habilidade, era minha responsabilidade tirá-lo da água e colocá-lo em segurança à beira da piscina.

LEITURA:
2 Samuel 22:17-20

Do alto, me estendeu ele a mão e me tomou; tirou-me das muitas águas. v.17

Depois de experimentar a ajuda de Deus na batalha contra os filisteus (2 SAMUEL 21:15-22), Davi compara o seu resgate a ser tirado de "muitas águas" (22:17). A própria vida de Davi, e a de seus homens, estava em sério perigo por causa dos seus inimigos. Deus animou Davi, enquanto ele se afogava no desastre. Enquanto os salva-vidas são pagos para garantir a segurança dos nadadores, Deus, por outro lado, salvou Davi porque se *agradou* dele (v.20). Meu coração salta de alegria quando percebo que Deus não cuida de mim e me protege porque é obrigado a isso, mas porque Ele *quer*.

Quando nos sentimos subjugados pelos problemas da vida, podemos descansar no conhecimento de que Deus, nosso Salva-vidas, vê a nossa luta e, por causa de Seu prazer em nós, nos vigia e protege.

KHH

Obrigado, Senhor, por veres minhas lutas
e estares pronto para me salvar. Ajuda-me a confiar
mais plenamente em Teu amor salvador.

Deus se deleita em salvar Seus filhos.

Pão Diário

27 DE JULHO

A BÍBLIA em UM ANO
SALMOS 43–45; ATOS 27:27-44

Boa companhia

A mulher idosa não falava com ninguém nem pedia nada no lar onde estava. Parecia que ela simplesmente não existia, balançando-se em sua velha e ruidosa cadeira. Ela não recebia muitos visitantes, então uma jovem enfermeira costumava visitá-la no quarto em seus intervalos de folga. Sem fazer perguntas à mulher para tentar fazê-la falar, ela simplesmente puxava outra cadeira e balançava ao lado da senhora. Depois de vários meses, a mulher idosa disse a ela: "Obrigada por se balançar comigo." Ela estava grata pela companhia.

> **LEITURA:**
> **João 14:15-26**
>
> ...o Espírito da verdade, [...] habita convosco e estará em vós. v.17

Antes de voltar ao Céu, Jesus prometeu enviar um companheiro constante aos Seus discípulos. Ele lhes disse que não os deixaria sozinhos, mas enviaria o Espírito Santo para habitar com eles: "o Espírito da verdade, que o mundo não pode receber, porque não o vê, nem o conhece; vós o conheceis, porque ele habita convosco e estará em vós" (JOÃO 14:17). Essa promessa ainda é verdadeira para os cristãos hoje. Jesus disse que o Deus triúno faz Sua "morada" em nós (v.23).

O Senhor é nosso próximo e fiel companheiro durante toda a nossa vida. Ele nos guiará em nossas lutas mais profundas, perdoará nossos pecados, ouvirá cada oração silenciosa e assumirá os fardos que não podemos suportar.

Podemos desfrutar de Sua doce companhia hoje. AMC

Senhor, obrigado por nos dares Teu Espírito
como nosso companheiro constante.

*O coração do cristão
é a morada do Espírito Santo.*

28 DE JULHO

A BÍBLIA em UM ANO
SALMOS 46-48; ATOS 28

Perdoado!

Um de meus amigos, às vezes, tinha uma surpresa para sua família quando chegava a casa, vindo do seu trabalho. Ele passava pela porta da frente e gritava: "Você está perdoado!" Não era porque os membros da família o tivessem ofendido e precisassem de *seu* perdão. Ele estava lhes lembrando que, embora sem dúvida tivessem pecado ao longo do dia, tinham sido totalmente perdoados pela graça de Deus.

O apóstolo João nos fornece estas palavras a respeito da graça: "Se, porém, andarmos na luz, como ele está na luz, mantemos comunhão uns com os outros, e o sangue de Jesus, seu Filho, nos purifica de todo pecado. Se dissermos que não temos pecado nenhum, a nós mesmos nos enganamos, e a verdade não está em nós. Se confessarmos os nossos pecados, ele é fiel e justo para nos perdoar os pecados e nos purificar de toda injustiça" (1 JOÃO 1:7-9).

> **LEITURA:**
> **1 João 1:1-10**
>
> Ando errante como ovelha desgarrada; procura o teu servo...
> Salmo 119:176

"Andar na luz" é uma metáfora que significa seguir a Jesus: insiste João, imitar Jesus com a ajuda do Espírito significa que nos unimos aos apóstolos na comunhão da fé. Somos cristãos autênticos. Mas, ele prossegue, não vamos nos enganar: às vezes fazemos escolhas erradas. No entanto, a graça é concedida sem medida, e podemos usufruir do perdão que precisamos.

A boa palavra para hoje é: Somos imperfeitos; porém somos perdoados por Jesus! 🌿

DHR

Senhor, preciso de ti e de Tua purificação,
pois estou perdido sem Tua presença em minha vida.

Monitore o seu coração diariamente
para evitar afastar-se da sabedoria de Deus.

29 DE JULHO

A BÍBLIA em UM ANO
SALMOS 49–50; ROMANOS 1

Acesso privilegiado

E**mbora fosse** apenas uma réplica, o tabernáculo criado no sul de Israel era inspirador. Ele foi construído em tamanho natural e o mais próximo possível das especificações estabelecidas em Êxodo 25–27 (sem ouro e madeira de acácia, é claro). E permaneceu elevado, no deserto do Negev.

Quando o nosso grupo de turistas foi levado ao "Lugar Santo" e no "Lugar Santíssimo" para ver a "arca", alguns dentre nós realmente hesitamos. Não era este o lugar mais sagrado, onde só o sumo sacerdote podia entrar? Como poderíamos entrar tão casualmente?

> **LEITURA:**
> **Hebreus 12:18-24**
>
> **Mas tendes chegado [...] igreja dos primogênitos arrolados nos céus...** vv.22,23

Posso imaginar como os israelitas devem ter se sentido, quando, cada vez, que se aproximavam da tenda com seus sacrifícios, sabiam que estavam entrando na presença do Deus Todo-Poderoso. E o maravilhoso sentimento que devem ter tido, sempre que Deus lhes dava uma mensagem, entregue por intermédio de Moisés.

Hoje, você e eu podemos ir direto a Deus com confiança, sabendo que o sacrifício de Jesus destruiu a barreira entre nós e Deus (HEBREUS 12:22,23). Cada um de nós pode falar com Deus sempre que desejar, e ouvir diretamente dele ao lermos a Sua Palavra. Nós desfrutamos de um acesso direto, com o qual os israelitas podiam apenas sonhar. Que nunca menosprezemos e que valorizemos este maravilhoso privilégio de vir ao Pai como Seus amados filhos todos os dias.

LK

Obrigado, que nunca nos esqueçamos
como foi grande o Teu sacrifício.

Temos acesso imediato ao nosso Pai
por intermédio da oração.

30 DE JULHO

A BÍBLIA em UM ANO
SALMOS 51–53; ROMANOS 2

Todas as gerações

Minha esposa e eu somos considerados *"Baby Boomers"*, e somos parte do grande número de nascimentos após a Segunda Guerra. Nossas filhas, nascidas nos anos de 1970–80, são das gerações X e Y. Crescemos em épocas tão diferentes, e não nos surpreende que nossas opiniões sejam tão divergentes!

As gerações têm experiências de vida e valores muito diferentes. Os seguidores de Jesus, mas não importa a roupa que vestimos ou a música que gostamos de ouvir, a nossa conexão espiritual é mais forte do que essas diferenças.

> **LEITURA:**
> **Salmo 145:1-13**
>
> O teu reino é o de todos os séculos, e o teu domínio subsiste por todas as gerações... v.13

O Salmo 145 é uma poderosa canção de louvor a Deus e proclama o nosso laço de fé. "Uma geração louvará a outra geração as tuas obras e anunciará os teus poderosos feitos. [...] Divulgarão a memória de tua muita bondade e com júbilo celebrarão a tua justiça" (vv.4,7). Dentro da diversidade de idade e experiência, nos unimos para honrar o Senhor — "...falarão da glória do teu reino e confessarão o teu poder" (v.11).

Embora as diferenças e preferências possam nos dividir, a fé compartilhada em Jesus Cristo, o Senhor, nos une na confiança mútua, no encorajamento e no louvor. Qualquer que seja a nossa idade e aparência, precisamos uns dos outros! Não importa a qual geração pertençamos, nós aprendemos uns com os outros e juntos honramos o Senhor, "para que [...] se façam notórios os teus poderosos feitos e a glória da majestade do teu reino" (v.12). *DCM*

---

*O reino de Deus está vivo
e ativo em todas as gerações.*

31 DE JULHO

A BÍBLIA em UM ANO
SALMOS 54-56; ROMANOS 3

Um "Novo homem"

Quando um grupo de adolescentes visitou uma casa para os idosos, uma jovem notou um homem solitário que parecia ter muito pouco neste mundo, nada além de uma cama para dormir e da qual não podia sair devido a sua deficiência.

A garota começou a compartilhar a história do amor de Deus por nós e a ler passagens da Bíblia para ele. "À medida que comecei", ela diria mais tarde, "senti o desejo dele por ouvir mais". Reagindo a esse interesse, ela lhe explicou sobre a morte sacrificial de Jesus por nós. "Era difícil para ele, pois não tinha esperança nem família para compreender que Alguém que não conhecia o amaria o suficiente para morrer na cruz por seus pecados", recordou ela.

> LEITURA:
> **Colossenses 1:3-14**
>
> ...permaneceis na fé, alicerçados e firmes, não vos deixando afastar da esperança do evangelho... v.23

Ela lhe falou mais sobre Jesus e a promessa do Céu (e um novo corpo) para todos os que creem. Ele então lhe perguntou: "Você vai dançar comigo lá em cima?" Ela o viu começar a imaginar-se livre de seu corpo desgastado e das limitações.

Ele lhe disse que queria confiar em Jesus como Salvador, e ela o ajudou a orar por perdão e fé. Ela lhe pediu para tirar uma *selfie* com ele, e o ouvir dizer: "Se você me ajudar a sentar. Agora sou um novo homem."

O evangelho de Cristo transforma vidas, traz esperança e está disponível para todos! Jesus oferece uma vida nova aos que confiam nele (vv.5,23).

JDB

Senhor, ajuda-nos a compartilhar a esperança da nova vida com os outros, para que possam ser transformados também.

Jesus oferece a nova vida.

1.º DE AGOSTO

A BÍBLIA em UM ANO:
SALMOS 57-59; ROMANOS 4

A gratidão em família

Certo colega saiu com o filho para uma lanchonete. Lá, deu-lhe um lanche e um pacote de batatas fritas. De repente, ele resolveu servir-se de um pouco do pacote do garoto. O menino deu-lhe um tapinha na mão e advertiu: "É meu!". O pai pensou: "Ele se esqueceu que fui eu quem deu. Que quem dará o próximo serei eu. Afinal, quem dispõe dos recursos sou eu!". Exatamente como fazemos muitas vezes com Deus.

LEITURA:
Josué 24:1-25

...Eu e a minha casa serviremos ao SENHOR. v.15

A família reflete com muita proximidade nosso relacionamento com o Senhor. A partir da percepção clara do valor da família e do cenário ao seu redor, Josué fez uma escolha: servir ao Senhor.

Servir ao Senhor implica reconhecer o que Ele tem feito. O que move Josué é a memória das experiências vividas (vv.2-13). Precisamos reconhecer o que o Deus tem feito por nós e ensinar isso a nossos filhos. Precisamos criar neles a consciência de que Deus tem sido generoso para conosco e nutrir em nossa família o sentimento de gratidão.

A certeza de que "Ao anoitecer, pode vir o choro, mas a alegria vem pela manhã" (SALMO 30:5) vem da constatação de que já houve noites anteriormente, que foram sucedidas por um novo amanhecer. Os filhos que têm fé são os que aprenderam a ver o agir de Deus.

Quando somos gratos, somos confiantes e humildes. A experiência da gratidão nos ensina a dependência e a submissão a Deus.

Que possamos dizer decididamente: "eu e a minha casa serviremos ao SENHOR!"

NSL

Senhor, ensina-me a ser grato em tudo
e a ensinar isso a meus filhos.

A percepção do que Deus tem feito por nós
nos faz olhar confiantemente para frente.

2 DE AGOSTO

A BÍBLIA em UM ANO:
SALMOS 60–62; ROMANOS 5

A confissão do professor

Horrorizado pelos hábitos da escrita de seus alunos, um renomado autor e professor universitário refletiu sobre como ele poderia melhorar as habilidades deles nessa área. Nesse momento, surpreendeu-se com o seu próprio questionamento. O professor teve que perguntar a si mesmo, por que um aluno ouviria alguém "presunçoso, mente estreita, hipócrita, [e] condescendente" como ele. O professor sabia que o seu problema era o orgulho.

> **LEITURA:**
> **1 João 3:11-18**
>
> **Nisto conhecemos o amor: que Cristo deu a sua vida por nós...** v.16

Esse professor poderia mudar e mudou, mas jamais poderia se tornar um de seus alunos. No entanto, quando Jesus veio à Terra, demonstrou-nos a humildade, *tornando-se um de nós*. Superando todas as barreiras, Jesus serviu, ensinou e fez a vontade de Seu Pai por onde andou.

Mesmo ao ser crucificado, Jesus orou pedindo perdão em favor de Seus executores (LUCAS 23:34). Agonizando para respirar, ainda assim concedeu a vida eterna a um criminoso que morria ao seu lado (vv.42,43).

Por que Jesus fez isso? Por que serviu pessoas como nós até o fim? O apóstolo João chega ao ponto. Por amor! Ele escreve: "Nisto conhecemos o amor: que Cristo deu a sua vida por nós; e devemos dar nossa vida pelos irmãos" (v.16).

Jesus nos mostrou que o Seu amor desarraiga o nosso orgulho, nossa presunção, nossa condescendência. E Ele o fez da maneira mais poderosa possível. Ele deu a Sua vida. 🌿 *TLG*

Pai, por favor, perdoa-nos e dá-nos o coração de amor
que Teu Filho nos mostrou.

Jesus nos amou, servindo.

3 DE AGOSTO

A BÍBLIA em UM ANO:
SALMOS 63–65; ROMANOS 6

Paz e confiança

A os 6 anos, andei na montanha-russa pela primeira vez com meus irmãos mais velhos. Assim que atingimos uma curva em alta velocidade, comecei a gritar: "Pare com isso *agora*! Quero sair! Claro que a montanha-russa não parou, e eu tive que 'engolir o pavor', e aguentar firme durante o restante do passeio."

Às vezes, a vida pode parecer um passeio de montanha-russa, cheio de descidas indesejadas, e curvas bruscas que nunca antecipamos. Quando surgem as dificuldades inesperadas, a Bíblia nos lembra de que o nosso melhor recurso é colocarmos a nossa confiança em Deus. Foi numa época tumultuada em que o seu país estava ameaçado por uma invasão que o profeta Isaías, inspirado pelo Espírito Santo, teve o discernimento desta poderosa promessa do Senhor: "Tu, SENHOR, conservarás em perfeita paz aquele cujo propósito é firme; porque ele confia em ti" (26:3).

> **LEITURA:**
> **Isaías 26:1-9**
>
> Deixo-vos a paz, a minha paz vos dou; não vo-la dou como a dá o mundo. Não se turbe o vosso coração... João 14:27

A paz que o nosso Salvador nos concede, quando nos voltamos a Ele "excede todo o entendimento" (FILIPENSES 4:7). Jamais vou esquecer as palavras de uma mulher que lutava com câncer de mama. Certa noite, depois de um grupo de nossa igreja orar por ela, essa senhora disse: "Não sei o que vai acontecer, mas sei que ficarei bem, porque o Senhor esteve aqui conosco esta noite."

A vida terá suas dificuldades, mas o nosso Salvador, que nos ama mais do que a vida, é maior do que todas elas. 🕊 *JBB*

Deus, ajuda-me a confiar em ti hoje.

Jesus é a nossa paz.

Treinamento para a vida

Meu treinamento para a corrida de longa distância estava indo mal, e a última corrida tinha sido particularmente decepcionante. Andei a metade do tempo e tive até que sentar em certo momento. Parecia que eu tinha falhado num miniteste.

Então, lembrei-me de que este era o ponto central do treinamento. Não era um teste para passar, nem para obter classificação. Pelo contrário, eu simplesmente tinha que praticar, e repetir, para melhorar a minha resistência.

> **LEITURA:**
> **Salmo 66:8-12**
>
> Pois tu, ó Deus, nos provaste; acrisolaste-nos como se acrisola a prata. v.10

Talvez você se sinta mal por um julgamento que esteja enfrentando. Deus permite que passemos por esses testes para fortalecer nossos músculos espirituais e resistência. Ele nos ensina a confiar nele, e nos purifica para sermos santos, para que nos tornemos mais semelhantes a Cristo.

Não é de admirar que o salmista pudesse louvar a Deus por provar os israelitas através do fogo e da água (vv.10-12), quando sofriam na escravidão e no exílio. Deus não só os preservou e os trouxe para um lugar de grande abundância, mas nesse processo, também os purificou.

À medida que passarmos por provações, podemos confiar em Deus para obter força e perseverança. Ele está nos refinando nos momentos mais difíceis. *LK*

Senhor, sei que me deixas passar por provações para que eu seja fortalecido e purificado. Ensina-me a continuar confiando em ti para que a Tua força permaneça comigo.

Os tempos de provações da fé podem ser também os de fortalecê-la.

Mostrando a graça

Desde que o torneio *Masters de Golfe* começou em 1934, apenas três jogadores tinham vencido dois anos seguidos. Em 2016, parecia que Jordan Spieth, 22 anos, se tornaria o quarto jogador a conseguir isso. Mas ele vacilou e terminou em segundo lugar neste torneio. Apesar dessa perda decepcionante, Spieth foi gentil com o campeão Danny Willett, parabenizando-o pela vitória e pelo nascimento de seu primeiro filho, algo "mais importante do que o golfe".

LEITURA:
Colossenses 4:2-6

A vossa palavra seja sempre agradável, temperada com sal, para saberdes como deveis responder a cada um. v.6

Sobre isso, uma jornalista escreveu: "É preciso ter elegância para ver o quadro de marcação geral, e logo depois ter de assistir a uma cerimônia de entrega do troféu e ver a outra pessoa tirando as fotos como o vencedor." E a jornalista acrescentou: *"Durante toda a semana foi difícil para Spieth, mas o seu caráter emergiu ileso."*

Paulo exortou os seguidores de Jesus em Colossos a portar-se com: "...sabedoria para com os que são de fora; aproveitai as oportunidades. A vossa palavra seja sempre agradável, temperada com sal, para saberdes como deveis responder a cada um" (COLOSSENSES 4:5,6).

Como aqueles que receberam a graça de Deus livremente, o privilégio e o chamado para demonstrá-la em cada situação da vida é nosso — vencendo ou perdendo. 🌿

DMC

Senhor, ajuda-me pelo Teu Espírito a ser bondoso
e misericordioso com os outros e a representar-te bem.

*As palavras bondosas
são sempre as palavras certas.*

6 DE AGOSTO

A BÍBLIA em UM ANO:
SALMOS 70–71; ROMANOS 8:22-39

Refletindo o amor de Deus

Cuidei da minha mãe durante seus tratamentos num centro de combate ao câncer. E até nos dias mais difíceis, ela lia as Escrituras e orava pelos outros antes de levantar-se.

Ela ia a presença de Jesus diariamente, expressando sua fé por meio de sua dependência de Deus, de suas ações gentis e seu desejo de encorajar e orar pelos outros. Ela não percebia o quanto o seu rosto sorridente refletia a graça amorosa do Senhor. Minha mãe compartilhou o amor de Deus com as pessoas ao seu redor até o dia em que Ele a chamou para o Céu.

> **LEITURA:**
> **Êxodo 34:29-35**
>
> ...não sabia Moisés que a pele do seu rosto resplandecia, depois de haver Deus falado com ele. v.29

Depois de Moisés passar 40 dias e 40 noites em comunhão com Deus (v.28), ele desceu do monte Sinai. Moisés não tinha ideia de que a sua comunhão com o Senhor mudara a sua aparência (v.29). Mas os israelitas puderam perceber que o profeta tinha falado com o Senhor (vv.30-32). Moisés continuou a encontrar-se com Deus e a influenciar a vida das pessoas ao seu redor (vv.33-35).

Talvez não percebamos como as nossas experiências com Deus nos mudam ao longo do tempo, e a nossa transformação definitivamente não será tão fisicamente aparente como a face radiante de Moisés. Mas à medida que investimos tempo com Deus e entregamos nossa vida a Ele, cada dia mais e mais, podemos refletir o Seu amor. Deus pode atrair os outros para mais perto de si, quando a evidência de Sua presença é vista em e através de nós. 🌱

XED

Senhor, ao nos atrair
à Tua presença diariamente, transforma-nos.

*Nossa comunhão com Deus pode nos mudar
e direcionar os outros ao Seu amor.*

7 DE AGOSTO

A BÍBLIA em UM ANO:
SALMOS 72-73; ROMANOS 9:1-15

Vida plena

Quando visitei minha irmã, meus sobrinhos me mostraram com entusiasmo o seu novo sistema de registro de tarefas, o quadro eletrônico *Choropoly*, específico para o registro das tarefas diárias. O trabalho bem feito dá direito a apertar o botão verde, que adiciona pontos à conta de "gastos". Um delito como "deixar a porta de trás aberta" resulta em multa que é deduzida do total. Se pontuarem bem alto, eles recebem recompensas emocionantes, como tempo no computador, e as transgressões são deduzidas desse total. Elas estão motivadas para cumprir seus deveres e manter a porta fechada!

> **LEITURA:**
> **Mc 10:28-31; Jo 10:9,10**
>
> ...eu vim para que tenham vida e a tenham em abundância. João 10:10

Esse engenhoso sistema me fez desejar ter uma ferramenta motivacional tão emocionante quanto essa! Mas é claro que Deus nos *deu* motivação. Em vez de simplesmente ordenar a obediência, Jesus prometeu que a vida, quando o seguimos, mesmo custosa, é também uma "vida de abundância" (JO 10:10). Experimentar a vida em Seu reino vale "o cêntuplo" do seu custo — agora e eternamente (MC 10:29,30).

Podemos nos alegrar por servirmos esse Deus generoso, que não nos pune como merecemos. Ele aceita os nossos mais fracos esforços, e acolhe e recompensa os retardatários ao Seu reino tão generosamente como os que que foram a Ele primeiro (MT 20:1-16). Diante desta realidade, vamos servi-lo alegremente hoje. MRB

> **Senhor, ajuda-nos** a relembrar que há grande significado
> em seguir-te e que tudo vale muito a pena.

Seguir a Jesus é o caminho
para a vida abundante e satisfatória.

8 DE AGOSTO

A BÍBLIA em UM ANO:
SALMOS 74-76; ROMANOS 9:16-33

Disponível para todos

Hoje ser celebridade é uma obsessão e há empresários que comercializam as "celebridades como produtos, vendendo o seu tempo e privacidade". Um reconhecido jornal publicou que por 15 mil dólares, você pode encontrar-se com a cantora Shakira, e por 12 mil você e onze de seus convidados poderão almoçar com um famoso chef na propriedade dele.

Muitas pessoas tratavam Jesus como celebridade. Eles o seguiam por todo lugar, ouviam os Seus ensinamentos, observavam os Seus milagres e buscavam a cura por meio do Seu toque. E Jesus nunca foi orgulhoso ou distante, mas disponível para todos. Quando Seus discípulos, Tiago e João, discutiam a posição de cada um no Seu reino vindouro, Jesus lembrou os Seus discípulos: "...quem quiser tornar-se grande entre vós, será esse o que vos sirva; e quem quiser ser o primeiro entre vós será servo de todos" (vv.43,44).

> **LEITURA:**
> **Marcos 10:42-52**
>
> **Pois o próprio Filho do Homem não veio para ser servido, mas para servir e dar a sua vida em resgate por muitos.** v.45

Após dizer isso, Ele parou uma procissão de pessoas que o seguiam para perguntar a um mendigo cego: "...Que queres que eu te faça?" (v.51), "que eu torne a ver", respondeu o homem. "Então, Jesus lhe disse: Vai, a tua fé te salvou. E imediatamente tornou a ver e seguia a Jesus estrada fora" (v.52).

Jesus "...não veio para ser servido, mas para servir e dar a sua vida em resgate por muitos" (v.45). Que possamos, como Ele, ser compassivos e disponíveis para os outros hoje. ❦

DCM

Senhor Jesus, ajuda-nos a demonstrar
o Teu amor aos outros hoje.

Siga o exemplo de Jesus:
Alcance os necessitados.

9 DE AGOSTO

A BÍBLIA em UM ANO:
SALMOS 77–78; ROMANOS 10

O coração de Cristo

Um jornalista que passou 400 dias numa cadeia egípcia expressou emoções confusas ao ser libertado. Embora admitisse o alívio, disse que aceitava a liberdade com preocupação pelos amigos que deixava para trás. Ele disse que achou extremamente difícil dizer adeus aos outros repórteres que haviam sido presos e encarcerados com ele, sem saber quanto tempo eles ainda permaneceriam presos.

LEITURA:
Êxodo 32:21-32

Agora, pois, perdoa-lhe o pecado; ou, se não, risca-me, peço-te, do livro que escreveste. v.32

Moisés também sentiu grande ansiedade ao pensar em deixar seus amigos para trás. Diante do pensamento de perder o irmão, a irmã e a nação que tinham adorado um bezerro de ouro, enquanto ele se encontrava com Deus no monte Sinai (ÊXODO 32:11-14), Moisés intercedeu por eles. Demonstrando o quanto ele se importava, disse: "Agora, pois, perdoa-lhe o pecado; ou, se não, risca-me, peço-te, do livro que escreveste" (v.32).

Mais tarde, o apóstolo Paulo demonstrou preocupação semelhante com a família, os amigos e a nação. Lamentando a incredulidade deles em Jesus, Paulo disse que estaria disposto a desistir de seu próprio relacionamento com Cristo se, por esse amor, ele pudesse salvar seus irmãos e irmãs (ROMANOS 9:3).

Olhando para trás, vemos que Moisés e Paulo demonstraram o amor de Cristo. No entanto, o amor que podiam apenas *sentir*, e o sacrifício que só podiam *oferecer*, Jesus o *cumpriu* — estar conosco para sempre.

MRD

Pai, obrigado por nos lembrares do Teu amor
e do quanto sofreste por nós.

Cuidar dos outros – honra o amor de Jesus por nós.

10 DE AGOSTO

A BÍBLIA em UM ANO:
SALMOS 79-80; ROMANOS 11:1-18

A face do nosso Pai

Lembro-me do rosto do meu pai. Era difícil entendê-lo. Era um homem amável, mas rígido e autossuficiente. Quando criança, muitas vezes procurei por um sorriso ou outra demonstração de afeto em sua face. O nosso rosto nos representa. Um olhar franzido, um olhar mal-humorado, um sorriso, e olhos julgadores revelam o que sentimos sobre os outros. Nossos rostos "falam" por nós.

> **LEITURA:**
> **Salmo 80**
>
> **Restaura-nos, ó Deus; faze resplandecer o teu rosto, e seremos salvos.** v.3

Asafe, autor do Salmo 80, estava perturbado e queria ver o rosto do Senhor. Ele olhou para o norte do seu ponto de vista em Jerusalém e viu o estado irmão de Judá, Israel, cair sob o peso do Império Assírio. Com o seu "amortecedor" destruído, Judá tornou-se vulnerável à invasão de todos os lados, Assíria do norte, Egito do sul, e as nações árabes do leste. Estava em desvantagem em número e recursos.

Asafe juntou os seus medos numa oração, três vezes repetida (80:3,7,19): "Restaura-nos, ó Deus; faze resplandecer o teu rosto, e seremos salvos" (Ou, em outras palavras, permita-me ver o Teu sorriso).

É bom olhar para longe de nossos medos e procurar a face de nosso Pai celestial. A melhor maneira de ver a face de Deus é olhar para a cruz. O Senhor "fala" conosco por meio dela (JOÃO 3:16).

Então saibam disso: Quando seu Pai olha para vocês, Ele tem um grande sorriso em Seu rosto. Você está muito seguro! DHR

> Peça a Deus para brilhar o Seu rosto sobre você.
> Ore este Salmo quando estiver face a face com o Senhor.

O amor de Deus por nós é tão expansivo
quanto os braços abertos de Cristo na cruz.

Se apenas...

À medida que saíamos do estacionamento, meu marido dirigiu devagar para esperar por uma jovem em sua bicicleta. Quando Tom assentiu para ela ir primeiro, ela sorriu, acenou e seguiu pedalando. Momentos depois, um motorista estacionado abriu sua porta, batendo na ciclista derrubando-a no asfalto. Com as pernas sangrando, ela chorou ao examinar a sua bicicleta dobrável.

> **LEITURA:**
> **João 11:21-35**
>
> ...Senhor, se estiveras aqui, meu irmão não teria morrido. v.32

Refletindo sobre o acidente: *Se a tivéssemos feito esperar. Se o motorista tivesse cuidado ao abrir a porta. Se apenas...* As dificuldades surgem quando ficamos questionando... *E se...eu soubesse que meu filho estava andando com adolescentes que estavam bebendo. Se ao menos tivessem diagnosticado o câncer mais cedo...*

Quando surgem problemas inesperados, às vezes, questionamos a bondade de Deus. Podemos até sentir o desespero que Marta e Maria experimentaram quando o seu irmão morreu. *Se Jesus tivesse vindo quando Ele soube que Lázaro estava doente!* (JOÃO 11:21,32).

Como Marta e Maria, nem sempre entendemos por que as coisas difíceis nos acontecem. Mas podemos descansar no conhecimento de que Deus está desenvolvendo os Seus propósitos para um bem maior. Em todas as circunstâncias, podemos confiar na sabedoria do nosso fiel e amoroso Deus. CHK

Pai, tu me carregaste por circunstâncias difíceis antes.
Obrigado por me ensinares a confiar em Teu coração de amor, mesmo quando não entendo o que estás fazendo na minha vida.

Confiar em Deus na luz é fácil, mas confiar nele em meio às trevas — isso é fé. C. H. SPURGEON

12 DE AGOSTO

A BÍBLIA EM UM ANO:
SALMOS 84-86; ROMANOS 12

Agradecido por tudo

Na **Austrália,** dirigir entre cidades tão distantes e a fadiga podem causar acidentes. Assim, nas férias, são montadas paradas de descanso nas principais rodovias e voluntários oferecem café gratuito. Nós gostamos de aproveitar essas paradas durante nossas viagens longas.

Numa das viagens, paramos para pedir o nosso café. A atendente entregou duas xícaras, e cobrou 2 dólares. Perguntei-lhe o porquê, e ela nos mostrou o sinal na placa. Ali apenas o *motorista* recebia o café grátis; os passageiros tinham que pagar. Irritado, disse-lhe que isso era publicidade falsa, paguei o que pediu e saí. De volta ao carro, minha esposa apontou o meu erro: eu tinha transformado um presente num direito adquirido e sido ingrato pelo que recebera. Ela estava certa.

> LEITURA:
> **Deuteronômio 8:6-18**
>
> Comerás, e te fartarás, e louvarás o SENHOR, teu Deus, pela boa terra que te deu. v.10

Quando Moisés conduziu os israelitas para a Terra Prometida, ele os exortou a serem agradecidos (v.10). Graças às bênçãos de Deus, a terra era abundante, mas eles poderiam facilmente tratar esta prosperidade como algo que mereciam (vv.17,18). A partir disso, os judeus desenvolveram a prática de dar graças em cada refeição, por mínima que seja. Para eles, tudo era um presente.

Voltei ao balcão e pedi desculpas. O café grátis era um presente imerecido e eu precisava agradecer. SMV

Bendito és tu, ó Senhor nosso Deus,
Rei do Universo, que produz o pão da terra.
(ORAÇÃO JUDAICA DE GRATIDÃO FEITA ANTES DAS REFEIÇÕES).

*Seja grato a Deus até mesmo
pela menor das dádivas.*

13 DE AGOSTO

A BÍBLIA em UM ANO:
SALMOS 87-88; ROMANOS 13

Do medo à fé

As palavras do médico pousaram em seu coração com um baque. Era câncer. Seu mundo parou quando pensou no marido e nos filhos. Tinham orado diligentemente, esperando um resultado diferente. O que eles fariam? Com lágrimas escorrendo pelo seu rosto, ela disse suavemente: "Deus, isso está além do nosso controle. Por favor, seja nossa força."

O que fazemos quando o prognóstico é devastador, quando as nossas circunstâncias estão além de nosso controle? Para onde nos voltamos quando a perspectiva parece desesperada?

> **LEITURA:**
> **Habacuque 3:16-19**
>
> O SENHOR Deus é a minha fortaleza, e faz os meus pés como os da corça, e me faz andar altaneiramente. v.19

A situação do profeta Habacuque estava fora do seu controle, e o medo que ele sentiu o aterrorizou. O julgamento futuro seria catastrófico (vv.16,17). No entanto, no meio do caos iminente, Habacuque escolheu viver pela sua fé (2:4) e se alegrar em Deus (3:18). Ele não colocou a sua confiança e fé em suas circunstâncias, habilidade ou recursos, mas na bondade e na grandeza de Deus. Sua confiança em Deus o compeliu a proclamar: "O SENHOR Deus é a minha fortaleza, e faz os meus pés como os pés como os da corça, e me faz andar altaneiramente" (v.19).

Ao enfrentarmos circunstâncias difíceis — doença, crise familiar, finanças — devemos sempre colocar a nossa fé e confiança em Deus. Ele está conosco em tudo o que enfrentamos. KAW

Deus, diante das dificuldades, posso confiar em ti.
És "...nosso refúgio e fortaleza, socorro bem presente nas tribulações".
SALMO 46:1

Quando confrontados com circunstâncias difíceis, podemos confiar que Deus é a nossa força.

14 DE AGOSTO

A BÍBLIA em UM ANO:
SALMOS 89–90; ROMANOS 14

Amor pelas crianças

Thomas Barnado entrou para a escola de medicina em Londres em 1865, sonhando ser missionário na China. Porém, logo descobriu a necessidade extrema no próprio quintal — as muitas crianças sem-teto vivendo e morrendo nas ruas de Londres. Decidiu fazer algo sobre essa horrenda situação. Abriu lares para as crianças destituídas, e resgatou cerca de 60 mil meninos e meninas da pobreza e possível morte precoce. O teólogo e pastor John Stott disse: "Hoje podemos chamá-lo de 'o santo padroeiro das crianças de rua'".

> **LEITURA:**
> **Mateus 18:1-10**
>
> ...Deixai os pequeninos, não os embaraceis de vir a mim, porque dos tais é o reino dos céus. v.14

Jesus disse: "Deixai os pequeninos, não os embaraceis de vir a mim, porque dos tais é o reino dos céus" (v.14). Imagine a surpresa que as multidões, e os próprios discípulos de Jesus, devem ter sentido nessa declaração. Na antiguidade, as crianças tinham pouco valor e eram muito relegadas às margens da vida. Contudo, Jesus as acolheu, abençoou e as valorizou.

Tiago, autor de uma das cartas do Novo Testamento, desafiou os seguidores de Cristo dizendo: "A religião pura e sem mácula, para com o nosso Deus e Pai, é esta: visitar os órfãos [...] nas suas tribulações" (1:27). Hoje, como aqueles órfãos do primeiro século, crianças de todas as camadas sociais, etnia e ambiente familiar estão sob riscos devido à negligência, tráfico de seres humanos, abuso e drogas dentre outras coisas. Como podemos honrar o Pai que nos ama mostrando o Seu cuidado por esses pequeninos que Jesus acolhe?

WEC

Demonstre o amor de Jesus com as suas ações.

15 DE AGOSTO

A BÍBLIA em UM ANO:
SALMOS 91–93; ROMANOS 15:1-13

Sob suas asas

Quando penso em proteção, não penso automaticamente nas penas de um pássaro. Embora elas pareçam uma forma frágil de proteção, há algo a mais.

As penas de pássaro são um exemplo incrível do projeto de Deus. As penas têm uma parte lisa e uma parte fofa. A parte lisa tem farpas duras com ganchos minúsculos que bloqueiam como se fossem os dentes de um zíper. A parte fofa mantém um pássaro quente. Juntas, ambas protegem o pássaro do vento e da chuva. Mas muitos pássaros-bebês são cobertos com penugem e suas penas ainda não se tornaram inteiramente desenvolvidas. Assim, uma ave-mãe precisa cobri-los no ninho com suas próprias penas para protegê-los do vento e da chuva.

> **LEITURA:**
> **Salmo 91**
>
> Cobrir-te-á com as suas penas, sob suas asas, estarás seguro; a sua verdade é pavês e escudo. v.4

A imagem de Deus que nos cobre com suas penas no Salmo 91:4 e em outras passagens da Bíblia (SALMO 17:8) é de conforto, acolhimento e proteção. A imagem que nos vem à mente é a de uma ave-mãe cobrindo os seus filhotes. Como um pai cujos braços são um lugar seguro para recuar de uma tempestade assustadora ou de uma dor, a presença reconfortante de Deus traz segurança e proteção contra as tempestades emocionais da vida.

Embora atravessemos problemas e angústias, podemos enfrentá-los sem medo, enquanto nossos rostos estão voltados para Deus. Ele é o nosso "refúgio" (91:2,4,9). LMW

Pai Deus, ajuda-me a confiar que tu és maior
do que qualquer medo que eu tenha.

*Quando o medo fizer a esperança se desvanecer, corra para Deus,
o refúgio que você pode alcançar de joelhos.*

16 DE AGOSTO

A BÍBLIA em UM ANO:
SALMOS 94–96; ROMANOS 15:14-33

Não medo, mas fé

"**Meu marido** recebeu uma promoção para trabalhar em outro país, mas eu temia sair de nossa casa, então ele, com muita relutância, recusou a oferta", minha amiga compartilhou comigo. Ela explicou como a apreensão sobre uma mudança tão grande a impediu de aceitar essa nova aventura, e como, às vezes, ela se questionava sobre o que eles tinham perdido por não terem aceitado aquela mudança.

> **LEITURA:**
> **Números 13:25–14:9**
>
> "...o SENHOR é conosco; não os temais..." 14:9

Os israelitas permitiram que as suas ansiedades os paralisassem, quando foram chamados a habitar numa terra rica e fértil de onde fluía "leite e mel" (ÊXODO 33:3). Quando ouviram os relatórios da existência dos poderosos nas grandes cidades (v.27), começaram a temer. A maioria dos israelitas rejeitou o chamado para entrar na Terra Prometida.

Mas Josué e Calebe os incitaram a confiar no Senhor, dizendo: "...o SENHOR é conosco; não os temais". Embora as pessoas ali parecessem grandes, podiam confiar no Senhor para estar com elas.

Minha amiga não recebeu uma "ordem" de se mudar para outro país como os israelitas receberam, no entanto, ela lamentou o fato de ter permitido que o medo fechasse essa oportunidade. E você, enfrenta uma situação terrível? Se estiver enfrentando alguma, saiba que o Senhor está com você e o guiará. Com o infinito amor de Deus, podemos avançar na fé.

ABP

Pai amoroso, não permitas que o meu medo me impeça de seguir-te, pois sei que sempre me amarás e jamais me deixarás.

O medo pode paralisar, mas a fé
nos impulsiona a seguir a Deus.

17 DE AGOSTO

A BÍBLIA em UM ANO:
SALMOS 97-99; ROMANOS 16

A promessa de paz

Há mais de 65 milhões de refugiados em nosso mundo de hoje. São pessoas que tiveram que deixar suas casas devido a conflitos e perseguição e é maior do que nunca. A ONU pediu aos líderes que trabalhassem juntos no acolhimento dos refugiados para que todas as crianças recebam educação, todo adulto encontre um trabalho significativo e toda família um lar.

O sonho de construir casas para refugiados em crise me lembra de uma promessa que Deus fez à nação de Judá quando os impiedosos exércitos assírios ameaçaram suas casas. O Senhor comissionou o profeta Miqueias para avisar o povo de que perderiam seu Templo e sua amada cidade de Jerusalém. Mas Deus também lhes prometeu um belo futuro além dessa perda.

> **LEITURA:**
> **Miqueias 4:1-5**
>
> Mas assentar-se-á cada um debaixo da sua videira e debaixo da sua figueira, e não haverá quem os espante... v.4

Miqueias disse que virá o dia, quando Deus chamará os povos do mundo para si mesmo. A violência acabará. As armas de guerra se tornarão ferramentas agrícolas, e cada pessoa que responder ao chamado de Deus encontrará um lar de paz e uma vida produtiva em Seu reino (4:3,4).

Para muitos no mundo atual, e talvez para você também, um lar seguro continua a ser mais um sonho do que uma realidade. Mas podemos confiar na antiga promessa de Deus de um lar para pessoas de todas as nações, mesmo enquanto esperamos, trabalhamos e oramos para que esses lares de paz se tornem realidade. ALP

Deus, pedimos a paz ao nosso mundo,
e provisão para as necessidades de todos os Teus filhos.

Deus promete aos Seus filhos
um lar de paz em Seu reino.

18 DE AGOSTO

A BÍBLIA em UM ANO:
SALMOS 100-102; 1 CORÍNTIOS 1

Você é original

Cada um de nós é produto original da mão de Deus. Não há homens ou mulheres que surgiram do nada. Ninguém nunca se tornou talentoso, saudável ou brilhante por si mesmo. Foi Deus quem fez cada um de nós. Ele pensou em nós e nos formou com Seu inefável amor.

Deus criou o seu corpo, mente e alma. E Ele não terminou de criá-lo; ainda está fazendo você. Seu único propósito é a nossa maturidade: "...aquele que começou boa obra em vós há de completá-la até ao Dia de Cristo Jesus" (FILIPENSES 1:6). Deus o está tornando mais corajoso, mais forte, mais puro, mais pacífico, mais amoroso, menos egoísta, o tipo de pessoa que você sempre quis ser.

> **LEITURA:**
> **Salmo 100**
>
> Sabei que o SENHOR é Deus; foi ele quem nos fez, e dele somos; somos o seu povo... v.3

"Porque o SENHOR é bom, a sua misericórdia dura para sempre, e, de geração em geração, a sua fidelidade" (v.5). Deus sempre amou você ("para sempre" uma via dupla), e Ele será fiel até o fim.

Você recebeu o amor que dura para sempre e o Deus que jamais desistirá de você. Essa é uma boa razão para ter alegria e apresentar-se "...diante dele com cântico"! (v.2).

Se você não pode sustentar o tom ao entoar uma canção, apenas celebre: "...com júbilo ao SENHOR, todas as terras" (v.1). DHR

> **Pai, sei** que continuas o Teu trabalho em mim
> e ao olhar para trás, vejo e reconheço o crescimento
> que produzes em mim. Obrigado!

*O crescimento espiritual
ocorre quando a fé é cultivada.*

19 DE AGOSTO

A BÍBLIA em UM ANO:
SALMOS 103-104; 1 CORÍNTIOS 2

Do sofrimento à alegria

A **gravidez de** Kelly trouxe complicações, e os médicos estavam preocupados. Durante o longo trabalho de parto, eles decidiram fazer cesárea. Mas apesar da provação, Kelly rapidamente se esqueceu de sua dor quando segurou o seu filho recém-nascido. A alegria substituiu toda a sua angústia.

As Escrituras afirmam esta verdade: "A mulher, quando está para dar à luz, tem tristeza, porque a sua hora é chegada; mas, depois de nascido o menino, já não se lembra da aflição, pelo prazer que tem de ter nascido ao mundo um homem" (v.21). Jesus usou esta ilustração com Seus discípulos para enfatizar que, embora eles se entristecessem porque Ele estaria partindo em breve, essa dor se transformaria em alegria quando o vissem novamente (vv.20-22).

> **LEITURA:**
> **João 16:16-22**
>
> ...vós ficareis tristes, mas a vossa tristeza se converterá em alegria. v.20

Jesus estava se referindo à Sua morte e ressurreição, e ao que se seguiu logo após. Depois de Sua ressurreição, para a alegria dos discípulos, Jesus passou mais 40 dias andando com eles e ensinando-os antes de deixá-los novamente (ATOS 1:3). Mas Jesus não os deixou aflitos. O Espírito Santo os encheria de alegria (JOÃO 16:7-15; ATOS 13:52).

Embora não tenhamos visto Jesus face a face, como cristãos, temos a certeza de que o faremos. Nesse dia, toda a angústia será esquecida. Mas até então, o Senhor nos concede o Seu Espírito (ROMANOS 15:13; 1 PEDRO 1:8,9).

ADK

Senhor, obrigado pelo Espírito Santo
que habita em nós.

*Um dia nossa tristeza
será transformada em alegria!*

20 DE AGOSTO

A BÍBLIA em UM ANO:
SALMOS 105-106; 1 CORÍNTIOS 3

A vez

No funeral de um veterano militar, o ministro meditou sobre onde o falecido poderia estar. Não mostrou aos ouvintes como poderiam conhecer a Deus, mas especulou sobre as coisas que não se encontram nas Escrituras. E eu pensei: *Onde está a esperança?*

Por fim, nos pediu que encerrássemos com um hino, e quando nos levantamos para cantar "Quão Grande és tu", as pessoas começaram a louvar a Deus das profundezas de sua alma. Em segundos, o espírito de todo o recinto já tinha mudado. Surpreendentemente, no terceiro verso minhas emoções dominaram a minha voz.

> LEITURA:
> **Ester 8:11-17**
>
> **Para os judeus houve felicidade, alegria, regozijo e honra.** v.16

Quando eu medito, em Teu amor tão grande,
Teu filho dando ao mundo pra salvar,
Na cruz vertendo o Teu precioso sangue.
Minh'alma pôde assim purificar. (HC 526)

Até cantarmos aquele belo hino, eu me questionava se Deus apareceria ali. Na realidade, Ele nunca desaparece. Um olhar nas páginas do livro de Ester revela essa verdade. Os judeus estavam no exílio, e os poderosos queriam matá-los. No entanto, no momento mais sombrio, um rei ateu concedeu o direito aos israelitas escravizados de se defenderem contra aqueles que procuravam sua morte (vv.11-13). Uma defesa bem-sucedida e uma celebração se seguiram (9:17-19).

Não nos surpreendamos quando Deus demonstra a Sua presença nas palavras de um hino. Afinal, Ele transformou uma tentativa de genocídio em celebração, e a crucificação — em ressurreição e salvação! TLG

Nosso surpreendente Deus muitas vezes
demonstra a Sua presença quando menos o esperamos.

21 DE AGOSTO

A BÍBLIA em UM ANO:
SALMOS 107-109; 1 CORÍNTIOS 4

Aquiete-se...

"**Criamos mais** informações nos últimos 5 anos do que em toda a história humana prévia, e estas chegam até nós o tempo todo", *A mente organizada*, Daniel Levitin (Ed. Objetiva, 2015). Levitin afirma que em "certo sentido, nos tornamos viciados na hiperestimulação", e que as constantes notícias e o conhecimento podem dominar nossa mente. No ambiente atual de bombardeio de mídia, torna-se cada vez mais difícil encontrar tempo para ficar quieto, pensar e orar.

> **LEITURA:**
> **Salmo 46:1-11**
>
> O SENHOR dos Exércitos está conosco; o Deus de Jacó é o nosso refúgio. v.11

O Salmo 46:10 diz: "Aquietai-vos e sabei que eu sou Deus...", lembrando-nos da necessidade de termos tempo para dedicar atenção ao Senhor. Muitas pessoas acham que um "tempo de solitude" é parte essencial de cada dia, um tempo para ler a Bíblia, orar e considerar a bondade e a grandeza de Deus.

Quando nós, como o escritor do Salmo 46, experimentamos a realidade de que "Deus é o nosso refúgio e fortaleza, socorro bem presente nas tribulações" (v.1), isso afasta o nosso medo (v.2), desloca o nosso foco do tumulto do mundo para a paz de Deus, e cria a tranquila confiança de que o nosso Senhor está no controle (v.10).

Não importa quão caótico o mundo possa se tornar ao nosso redor, podemos encontrar quietude e força no amor e poder de nosso Pai Celestial. 🌿

DCM

Pai, trazemos a nossa vida agitada e nossa mente ocupada
em Tua presença, para aprender
a nos aquietar e reconhecer que só tu és Deus.

*Dia a dia, precisamos nos aquietar
e ouvir o Senhor.*

22 DE AGOSTO

A BÍBLIA em UM ANO:
SALMOS 110–112; 1 CORÍNTIOS 5

Maduro para a colheita

No final do verão, fomos para uma caminhada e nos divertimos escolhendo as amoras que cresciam selvagemente, enquanto observávamos os cavalos brincando nas proximidades. Ao apreciar a generosidade do doce fruto plantado por outras pessoas, talvez muitos anos antes, pensei nas palavras de Jesus aos Seus discípulos: "Eu vos enviei para ceifar o que não semeastes…" (v.38).

LEITURA:
João 4:35-38

…**erguei os olhos e vede os campos, pois já branquejam para a ceifa.** v.35

Amo a generosidade do reino de Deus refletido nessas palavras. Ele nos deixa aproveitar os frutos dos trabalhos de outra pessoa, como quando compartilhamos o nosso amor por Jesus com um amigo cuja família, sem nos conhecer, vem orando por esse fruto por anos. Também amo os limites implícitos das palavras de Jesus, pois podemos plantar sementes que nunca colheremos, mas outra pessoa as colherá. Portanto, podemos descansar ao cumprir as tarefas diante de nós, não sendo iludidos em pensar que somos responsáveis pelos resultados. A obra de Deus, afinal, não depende de nós. Ele tem todos os recursos para uma colheita abundante, e temos o privilégio de desempenhar um papel nisso.

Pergunto-me, quais os campos prontos para a colheita que estão diante de você? Diante de mim? Que atendamos à amorosa instrução de Jesus: "erguei os olhos e vede os campos…" (v.35). ABP

Deus, obrigado por Tua grande generosidade em nos confiar
a fazer o Teu trabalho. Que eu esteja alerta
para as oportunidades de compartilhar as Tuas boas-novas.

Podemos colher o que os outros semearam.

23 DE AGOSTO

A BÍBLIA em UM ANO:
SALMOS 113-115; 1 CORÍNTIOS 6

Nossa culpa se foi

Quando eu era criança convidei uma amiga para irmos numa loja de presentes perto de casa. Ela colocou uma caixa de giz de cera em meu bolso e me fez sair da loja sem pagar. A culpa me corroeu por uma semana até eu contar para minha mãe. Minha confissão se misturou com as lágrimas.

Triste por não resistir a ela, devolvi os itens roubados, pedi desculpas, e prometi nunca mais roubar. O proprietário me disse para nunca mais voltar lá, mas mamãe me perdoou e me assegurou de que eu tinha feito o melhor para reparar o erro, e dormi bem naquela noite.

> **LEITURA:**
> **Salmo 32:1-11**
>
> ...Disse: confessarei ao Senhor as minhas transgressões; e tu perdoaste a iniquidade do meu pecado. v.5

O rei Davi também descansou ao ser perdoado por confessar seu pecado (vv.1,2). Ele tinha escondido os seus pecados contra Bate-Seba e Urias (2 SAMUEL 11-12) até que a sua força se tornou "sequidão de estio" (vv.3,4). Davi se recusou a "encobrir" os seus erros e o Senhor apagou sua culpa (v.5). Ele o protegeu "da tribulação" e envolveu-o em "cânticos de livramento" (v.7). Davi regozijou-se porque "o que confia no Senhor, a misericórdia o assistirá" (v.10).

Não podemos escolher as consequências de nossos pecados ou controlar as reações das pessoas, ao confessarmos e buscarmos o perdão. Mas o Senhor nos capacita para desfrutar da liberdade da escravidão do pecado e da paz através da confissão, à medida que Ele confirma que a nossa culpa se foi, para sempre. XED

> **Senhor, ajuda-nos** a crer que nossa culpa foi completamente e para sempre apagada.

Quando Deus perdoa, nossa culpa se acaba.

24 DE AGOSTO

A BÍBLIA em UM ANO:
SALMOS 116–118; 1 CORÍNTIOS 7:1-19

Os interesses dos outros

Meu amigo Jaime trabalha para uma corporação internacional. Nos primeiros dias nessa companhia, um homem veio à sua mesa, iniciou uma conversa, e perguntou-lhe o que ele fazia ali. Após contar-lhe sobre o seu trabalho, Jaime perguntou o seu nome. —Ricardo, respondeu ele. —Prazer em conhecê-lo, disse Jaime. —E o que o senhor faz por aqui? —Oh, sou o dono.

Jaime, de repente, percebeu que aquela conversa casual e humilde era um encontro com um dos homens mais ricos do mundo.

Nesses dias de autoglorificação e celebração do *eu*, esta pequena história pode servir como um lembrete das palavras importantes de Paulo em Filipenses: "Nada façais por partidarismo ou vanglória..." (2:3). As pessoas que voltam a sua atenção para os outros e não para si mesmas têm as características que Paulo menciona.

> **LEITURA:**
> **Filipenses 2:1-11**
>
> ...considerando cada um os outros superiores a si mesmo. Não tenha cada um em vista o que é propriamente seu... vv.3,4

Considerando cada um os outros superiores a si mesmo, demonstramos a humildade de Cristo (v.3). Refletimos Jesus, que "não veio para ser servido, mas para servir" (MARCOS 10:45). Quando tomamos a "natureza de servo" (FILIPENSES 2:7), temos a mentalidade de Jesus (v.5).

À medida que interagirmos com os outros hoje em dia, não olhemos apenas para nossos próprios interesses, "mas também os dos outros" (v.4).

JDB

Jesus, deste-nos o modelo de humildade quando deixaste os esplendores do Céu. Ajuda-nos a praticar a humildade cristã.

Sirva a Deus servindo aos outros.

25 DE AGOSTO

A BÍBLIA em UM ANO:
SALMO 119:1-88; 1 CORÍNTIOS 7:20-40

Seduzidos

No verão de 2016, minha sobrinha me convenceu a jogar *Pokémon Go*, no smartphone, usando a câmera do telefone. O objetivo do jogo é capturar pequenas criaturas chamadas Pokémons. Quando um aparece no jogo, uma bola vermelha e branca também aparece na tela do telefone. Para capturar um Pokémon, o jogador tem que levar a bola em direção a figura com o movimento de um dedo. Os Pokémons são capturados mais facilmente, no entanto, quando se usa uma isca para atraí-los.

LEITURA:
Tiago 1:5,6,12-15

Ao contrário, cada um é tentado pela sua própria cobiça, quando esta o atrai e seduz. v.14

Os personagens Pokémons não são os únicos que podem ser seduzidos. Em sua carta aos cristãos, Tiago, o irmão de Jesus, nos lembra que "...cada um é tentado pela sua *própria* cobiça" (1:14, ÊNFASE ADICIONADA). Em outras palavras, os nossos desejos se unem à tentação para nos atrair por um caminho errado. Embora possamos ser tentados a culpar a Deus ou mesmo a Satanás por nossos problemas, o verdadeiro perigo encontra-se em nosso interior.

Porém, temos boas notícias. Podemos escapar da tentação falando com Deus sobre as coisas que nos tentam. Embora "...Deus não pode ser tentado pelo mal e ele mesmo a ninguém tenta", como Tiago explica em 1:13, Ele entende o nosso desejo humano de fazer o que está errado. Temos somente de pedir a sabedoria que Deus prometeu nos prover (1:1-6).

LMW

Senhor, quando eu for tentado,
mostra-me a porta da fuga.

Ore em todo o momento
quando surgir o desejo de desagradar a Deus.

26 DE AGOSTO

A BÍBLIA em UM ANO:
SALMO 119:89-176; 1 CORÍNTIOS 8

A serpente e o triciclo

Durante anos, contei uma história que aconteceu em Gana, quando meu irmão e eu éramos pequenos. Se bem me lembro, ele tinha estacionado o nosso velho triciclo de ferro sobre uma pequena cobra. O triciclo era muito pesado para a serpente, que permanecia presa sob a roda dianteira.

Mas depois que minha tia e mãe tinham morrido, descobrimos uma carta de mamãe relatando o incidente. Na verdade, *eu* tinha estacionado o triciclo sobre a cobra, e meu irmão correra para contar para mamãe. Seu relato de testemunha ocular, na época do acontecimento, revelou a realidade.

> LEITURA:
> **Lucas 1:1-4**
>
> ...igualmente a mim me pareceu bem, depois de acurada investigação de tudo desde sua origem... v.3

O historiador Lucas revelou a importância dos registros precisos. Explicou-nos como a história de Jesus nos foi transmitida: "os que desde o princípio foram deles testemunhas oculares e ministros da palavra" (v.2). E "...a mim me pareceu bem, depois de acurada investigação de tudo desde sua origem, dar-te por escrito, excelentíssimo Teófilo, [...] para que tenhas plena certeza das verdades em que foste instruído " (vv.3,4). O resultado foi o evangelho de Lucas. E, em sua introdução ao livro de Atos, Lucas disse de Jesus: "...depois de ter padecido, se apresentou vivo, com muitas provas incontestáveis..." (ATOS 1:3).

Nossa fé não é baseada em boatos ou em ilusões. Está enraizada na bem documentada vida de Jesus, que veio para nos dar a paz com Deus. Sua História permanece. 🌿

TLG

Pai, a nossa esperança
está em Teu Filho Jesus.

A fé genuína está enraizada na razão.

27 DE AGOSTO

A BÍBLIA em UM ANO:
SALMOS 120-122; 1 CORÍNTIOS 9

Pesquisando com seriedade

Todos os sábados, a nossa família vai às margens do hipódromo para animar minha filha, enquanto ela corre com sua equipe escolar de cavalgada. Depois de cruzar a linha de chegada, os atletas correm para reunir-se com os seus companheiros de equipe, treinadores e pais. As multidões se unem aos finalizadores, às vezes mais de 300 pessoas, o que torna difícil encontrar uma pessoa entre tantas. Procuramos na multidão, animados, até encontrá-la, ansiosos por abraçar a atleta que viemos assistir: a nossa querida filha.

> **LEITURA:**
> **Isaías 62:1-12**
>
> Chamar-vos-ão Povo Santo, Remidos-Do-Senhor; e tu, Sião, serás chamada Procurada, Cidade-Não-Deserta.
> v.12

Depois de 70 anos de cativeiro na Babilônia, Deus permitiu que os judeus retornassem a Jerusalém e a Judá. Isaías descreve o deleite que Deus tem neles, a obra de preparar as estradas para sua peregrinação e as portas para recebê-los de volta. Deus reafirma a vocação deles como Seu povo santo e restaura a sua honra com um novo nome, Sião, serás chamada Procurada, Cidade-Não-Deserta (v.12), Ele os buscou dos dispersos confins de Babilônia para trazê-los de volta a si.

Como filhos de Israel, nós também somos filhos amados de Deus, a quem Ele busca fervorosamente. Embora o nosso pecado tenha nos afastado dele, o sacrifício de Jesus abre o caminho para o Pai. Ele procura cada um de nós atentamente entre todos os outros, esperando com a expectativa de dar-nos um acolhimento sincero.

KHH

Obrigado, Senhor, por me procurares
enquanto eu estava perdido.

Deus está em busca de Seus queridos filhos.

28 DE AGOSTO

A BÍBLIA em UM ANO:
SALMOS 123–125; 1 CORÍNTIOS 10:1-18

Prestando atenção

John Newton escreveu: " Se, no caminho para casa, uma criança derrubar um centavo, e se, ao dar-lhe outro, eu puder enxugar suas lágrimas, sentirei que fiz algo útil. Ficarei feliz em fazer coisas maiores, mas não negligenciarei as pequenas."

Hoje em dia, não é difícil encontrar alguém que precise de conforto: um caixa de mercado cuidadoso que tem um segundo emprego para dar conta das despesas; um refugiado ansiando por seu país; uma mãe solteira cujas preocupações drenaram sua esperança; um velho solitário que teme não mais ser útil.

> **LEITURA:**
> **Salmo 41:1-3**
>
> **Bem-aventurado o que acode ao necessitado; o SENHOR o livra no dia do mal.** v.1

Mas o que fazer? "Bem-aventurado o que acode ao necessitado…", escreveu Davi (SALMO 41:1). Mesmo que não possamos aliviar a pobreza daqueles que encontramos ao longo do caminho, podemos *considerá-los* — este verbo significa "ter em alta conta, respeitar".

Podemos deixar as pessoas saberem que nos importamos com elas. Podemos tratá-las com cortesia e respeito, embora elas possam ser irritantes ou cansativas. Podemos ouvir as suas histórias com interesse. E podemos ainda orar por eles ou com eles — essa é a atitude mais útil e curativa de todas.

Lembre-se do velho paradoxo que Jesus nos deu quando disse: "…Mais bem-aventurado é dar que receber" (ATOS 20:35). Vale a pena prestar atenção a isso, pois somos mais felizes quando nos entregamos para servir o próximo. Acolha o necessitado. DHR

Pai, concede-nos o amor
para acolher os necessitados.

Só vale a pena viver, quando entregamos a nossa vida por amor.
FREDERICK BUECHNER

A BÍBLIA em UM ANO:
SALMOS 126-128; 1 CORÍNTIOS 10:19-33

Fruta transbordante

Admiro a fruta que cresce no quintal do meu vizinho. As videiras escalam uma cerca comum para produzir grandes cachos de uvas. Galhos pontilhados com ameixas roxas e belas laranjas ficam ao nosso alcance.

Apesar de não as cultivarmos, não plantarmos as sementes nem molharmos o jardim, os vizinhos compartilham a sua safra conosco. Eles cuidam das árvores e permitem que nos deliciemos com uma porção de sua colheita.

> **LEITURA:**
> **Gálatas 5:16-25**
>
> ...eu vos escolhi a vós outros e vos designei para que vades e deis fruto, e o vosso fruto permaneça...
> João 15:16

O fruto das árvores e videiras me lembram de uma outra colheita que me beneficia e também beneficia às pessoas que Deus coloca em minha vida. Essa colheita é fruto do Espírito.

Os cristãos são comissionados para reivindicar os benefícios de viver pelo poder do Espírito Santo (GÁLATAS 5:16-21). À medida que as sementes da verdade de Deus florescem em nosso coração, o Espírito produz um aumento em nossa capacidade de expressar: "...amor, alegria, paz, longanimidade, benignidade, bondade, fidelidade, mansidão, domínio próprio" (vv.22,23).

Uma vez que entregamos nossa vida a Jesus, não precisamos mais ser controlados por nossas inclinações egocêntricas (v.24). Com o tempo, o Espírito Santo pode mudar o nosso pensamento, nossas atitudes e ações. À medida que crescemos e amadurecemos em Cristo, podemos ter a alegria adicional de amar os nossos vizinhos compartilhando os benefícios de Sua colheita generosa. XED

Senhor, cultiva em nosso coração
o fruto do Espírito.

O fruto do Espírito nos transforma para podermos
impactar a vida daqueles que nos rodeiam.

30 DE AGOSTO

A BÍBLIA em UM ANO:
SALMOS 129-131; 1 CORÍNTIOS 11:1-16

Feito limpo

Eu queria saber o que tinha dado errado e abri a nossa máquina lava-louças. Em vez de ver os pratos limpos, vi-os recobertos de pó de calcário. Fiquei na dúvida se a água calcária de nossa área estava causando estragos, ou se a máquina estava quebrada.

A limpeza de Deus, ao contrário da máquina de lavar louças defeituosa, lava todas as nossas impurezas. Vemos no livro de Ezequiel que Deus está chamando o Seu povo de volta para si à medida que o profeta compartilha a mensagem do amor e perdão de Deus. Os israelitas haviam pecado ao proclamar sua fidelidade a outros deuses e outras nações. O Senhor, no entanto, foi misericordioso em recebê-los de volta para si mesmo. Ele prometeu purificá-los "...de todas as vossas imundícies e de todos os vossos ídolos..." (v.25). Ao colocar Seu Espírito neles (v.27), Ele os levaria a um lugar de fecundidade, não de fome (v.30).

> **LEITURA:**
> **Ezequiel 36:24-32**
>
> Então, aspergirei água pura sobre vós, e ficareis purificados... v.25

Como nos dias do profeta Ezequiel, hoje o Senhor nos recebe de volta se nos desviarmos. Quando nos submetemos à Sua vontade e aos Seus caminhos, Ele nos transforma à medida que nos purifica de nossos pecados. Com Seu Espírito Santo habitando em nós, Ele nos ajuda a segui-lo dia a dia.

ABP

Senhor Deus, o sentimento de ser purificado e perdoado é como nenhum outro. Obrigado por me transformares numa nova pessoa. Ensina-me a submeter-me a ti diariamente para que eu possa crescer mais e mais à semelhança de Jesus.

O Senhor nos purifica.

31 DE AGOSTO

A BÍBLIA em UM ANO:
SALMOS 132–134; 1 CORÍNTIOS 11:7-34

A beleza radiante de Deus

São impressionantemente belas as areias brancas e as águas cristalinas da Ilha Lord Howe, na Austrália. Ali nada-se por entre as tartarugas e os peixes cintilantes locais, enquanto os peixes *wrasses* deslizam ao redor, piscando suas cores de néon como um outdoor. Na lagoa, encontrei recifes de corais de peixe-palhaço laranja-claro e peixe-borboleta de listrado amarelo que beijaram minha mão. Extasiado pelo esplendor, adorei a Deus.

> **LEITURA:**
> **Romanos 1:18-25**
>
> ...os atributos invisíveis de Deus, [...] claramente se reconhecem, desde o princípio do mundo... v.20

Paulo dá razão à minha reação. A criação, no seu melhor, revela algo da natureza de Deus (ROMANOS 1:20). As maravilhas dessa ilha me davam um vislumbre de Seu próprio poder e beleza.

Quando o profeta Ezequiel encontrou Deus, ele viu um Ser radiante sentado num trono de safira rodeado por cores gloriosas (EZEQUIEL 1:25-28). O apóstolo João viu algo semelhante: Deus reluzindo como pedras preciosas, cercado por um arco-íris semelhante à esmeralda (APOCALIPSE 4:2,3). Quando Deus se revela, Ele é não apenas bom e poderoso, mas também *belo*. A criação reflete esta beleza da mesma forma que uma obra de arte reflete o seu artista.

Muitos adoram a natureza em vez de Deus (ROMANOS 1:25). Que tragédia! As águas cristalinas da Terra e as criaturas cintilantes nos apontam para Aquele que os criou, que é mais poderoso e belo do que qualquer outra coisa neste mundo. SMV

> **Bendize, ó** minha alma, ao SENHOR!
> Senhor, Deus meu, como tu és magnificente:
> sobrevestido de glória e majestade.
>
> SALMO 104:1

A beleza da criação reflete a beleza do nosso Criador.

1.º DE SETEMBRO

A BÍBLIA em UM ANO:
SALMOS 135-136; 1 CORÍNTIOS 12

A oração e o silêncio de Deus

Diz o ditado: "Deus escreve certo por linhas tortas". Na verdade, é o ser humano que vê tudo torto. As linhas de Deus são sempre retas. Prefiro dizer que Ele escreve certo e o ser humano é que vê as linhas tortas. Nossa percepção é tão limitada que vemos sempre o torto.

O livro de Habacuque nos ajuda a perceber a dificuldade que temos para lidar com o sofrimento e com a injustiça. Esse profeta clama pela justiça de Deus, mas o Senhor parece estar em silêncio.

LEITURA:
Habacuque 1:1-17

"Até quando, Senhor, clamarei eu e tu não me escutarás?..." v.2

Diante das injustiças que acontecem em nosso país, por vezes, você não se cansa de ver o noticiário? Tem hora que a gente perde a paciência! Habacuque reagiu. Sua grande virtude de Habacuque é que em vez de ficar passivamente desanimado e olhando a desgraça ao redor, ele foi buscar a Deus dizendo: "Deus, na minha teologia o Senhor é um Deus que intervém". Talvez o que nos falte, muitas vezes, seja orar com expectativa. Quando oramos assim somos surpreendidos com a intervenção de Deus na história da nossa vida, família e nação.

Talvez seja hora de começarmos a dizer: "Deus, até quando?". O Senhor não se assusta com nossos questionamentos. Ele conhece cada um deles. A angústia derramada no altar de Deus é expressão de fé.

É perigoso pararmos de orar porque podemos estar fazendo isso exatamente na véspera da resposta de Deus. Leve suas dúvidas a Deus e creia que a resposta virá, porque Ele sempre está atento às suas preces. 🌿

LRS

Entrega o teu caminho ao Senhor, confia nele, e o mais ele fará.
SALMO 37:5

2 DE SETEMBRO

A BÍBLIA em UM ANO:
SALMOS 137-139; 1 CORÍNTIOS 13

Não corra sozinho

Meu marido Jack já estava no quilômetro 40, quando sua força falhou. Era a sua primeira maratona e ele estava correndo sozinho. Depois de parar para beber água num posto de hidratação, sentiu-se exausto e sentou-se na grama ao lado da pista. Os minutos passavam, e ele não conseguia se levantar. Estava resignado a abandonar a corrida, quando duas professoras de meia-idade passaram por ele. Embora fossem estranhas, notaram a presença dele e o convidaram a correr com elas. De repente, Jack percebeu que ainda tinha forças para correr mais um pouco. Levantou-se e em companhia delas, terminou a corrida.

> **LEITURA:**
> **Êxodo 17:8-13**
>
> ...visto que temos a rodear-nos tão grande nuvem de testemunhas [...] corramos, com perseverança, a carreira que nos está proposta. Hebreus 12:1

As mulheres que o incentivaram me lembram de Arão e Hur, dois amigos que ajudaram Moisés, o líder dos israelitas, num momento-chave (vv.8-13). Os israelitas estavam sob ataque. Na batalha, eles venciam apenas enquanto Moisés levantava o seu bordão (v.11). Assim, quando a força de Moisés começou a falhar, Arão e Hur ficaram ao lado dele, e sustentavam-lhe as mãos até o pôr do sol (v.12).

Seguir Deus não é um esforço solo. Ele não nos criou para correr sozinhos a maratona da vida. Os companheiros podem ajudar-nos a perseverar em meio às dificuldades, enquanto fazemos o que Deus nos chamou a fazer.

Deus, obrigado por relacionamentos que me encorajam a continuar te seguindo. Ajuda-me a também ser fonte de força para os outros.

ALP

A quem posso encorajar a ser perseverante hoje?

Os amigos nos ajudam a perseverar em seguir a Deus.

3 DE SETEMBRO

A BÍBLIA em UM ANO:
SALMOS 140–142; 1 CORÍNTIOS 14:1-20

Adoração inestimável

Uso a escrita para adorar e servir a Deus, ainda mais agora que a saúde muitas vezes limita a minha mobilidade. Então, quando alguém desfez do que escrevi, fiquei desanimada e, duvidei do valor de minhas pequenas oferendas a Deus.

Com oração, estudo das Escrituras e encorajamento de familiares e amigos, o Senhor reafirmou que somente Ele — não os outros — podem determinar nossos motivos como adoradores e o valor de nossas dádivas a Ele. Pedi ao Doador de todos os dons para me ajudar a desenvolver habilidades e dar oportunidades para compartilhar os recursos que Ele me dá.

> **LEITURA:**
> **Marcos 12:38-44**
>
> ...ela, porém, da sua pobreza deu tudo quanto possuía, todo o seu sustento. v.44

Jesus contradiz os nossos padrões de mérito (vv.41-44). Enquanto os ricos jogavam grandes quantias de dinheiro no gazofilácio do Templo, uma pobre viúva colocava "duas moedinhas de pouco valor" (v.42 NTLH). O Senhor declarou a oferta dela como maior do que a de outros (v.43), embora sua contribuição parecesse insignificante para os que a rodeavam (v.44).

A história da viúva menciona ofertas financeiras, mas cada ato de doação pode expressar adoração e obediência. Como a viúva, honramos a Deus com dons intencionais, generosos e sacrificiais que são parte do todo que Ele já nos deu. Quando apresentamos a Deus o melhor de nosso tempo, talentos ou tesouros com corações motivados pelo amor, o exaltamos com ofertas de adoração inestimável. XED

Senhor, obrigado por
nunca nos comparares com os outros.

Ofertas sacrificiais motivadas pelo nosso amor a Deus
serão sempre expressões inestimáveis de adoração.

4 DE SETEMBRO

A BÍBLIA em UM ANO:
SALMOS 143-145; 1 CORÍNTIOS 14:21-40

Busque a Sua proteção

Allan, um rapaz do bairro, perguntou quando começamos a caminhada pelo rio perto de casa: "Vamos ver algumas cobras? "Nunca vimos antes, mas podemos!", respondi, "Vamos pedir a Deus para nos proteger?, sugeri. "Nós paramos, oramos, e continuamos a andar."

Pouco mais tarde minha esposa, Cari, deu um rápido passo para trás, evitando pisar numa cobra venenosa parcialmente enrolada à sua frente. Esperamos até a cobra sair da trilha. Então paramos e agradecemos a Deus por nada ter acontecido. Acredito que pela pergunta de Allan, Deus nos preparou para esse encontro, e a nossa oração foi parte de Seu cuidado providencial.

LEITURA:
1 Cr 16:11-18,28-36

Perseverai na oração, vigiando com ações de graças. Colossenses 4:2

Nossa experiência com o perigo traz à mente a importância das palavras de Davi: "Buscai o SENHOR e o seu poder, buscai perpetuamente a sua presença" (1 CRÔNICAS 16:11). Este conselho era parte de um salmo que celebrava o retorno da arca da aliança a Jerusalém, e relata a fidelidade de Deus ao Seu povo em suas lutas ao longo da história, lembrando-os de sempre louvá-lo e de "clamar" por Ele (v.35).

O que significa buscar a presença de Deus? Significa voltar o nosso coração a Ele mesmo nos momentos mais mundanos. Às vezes, nossas orações são respondidas de maneira diferente do que pedimos, mas Deus é fiel, venha o que vier. Nosso Bom Pastor dirigirá os nossos caminhos e nos guardará em Sua misericórdia, força e amor.

JBB

Que possamos declarar a nossa dependência nele.

A oração transmite o poder de andar e não desmaiar.
OSWALD CHAMBERS

5 DE SETEMBRO

A BÍBLIA em UM ANO:
SALMOS 146-147; 1 CORÍNTIOS 15:1-28

Um pouco de paraíso

Olhando para fora da janela aberta onde estudo, ouço pássaros chilreando e ouço e vejo o vento soprando suavemente nas árvores. Fardos de feno pontilham o campo recém-cultivado do meu vizinho, e grandes nuvens brancas sobressaem em contraste com o brilhante céu azul.

Estou desfrutando um pouco do paraíso, exceto pelo ruído quase incessante do tráfego que passa perto de nossa propriedade e a leve dor em minhas costas. Uso a palavra *paraíso* levianamente, porque embora nosso mundo fosse uma vez completamente bom, já não o é mais. Quando a humanidade pecou, fomos expulsos do jardim do Éden e a Terra foi "amaldiçoada" (GÊNESIS 3). Desde então, o planeta e tudo o que nele há vai da "escravidão à decadência". O sofrimento, a doença e a morte são o resultado da queda da humanidade em pecado (ROMANOS 8:18-23).

LEITURA:
Rm 8:18-3; Ap 21:1-5

E aquele que está assentado no trono disse: Eis que faço novas todas as coisas... Apocalipse 21:5

No entanto, Deus está fazendo tudo novo. Um dia, a Sua morada estará entre o Seu povo numa criação renovada e restaurada: "novo céu e nova terra" onde "a morte já não existirá, já não haverá luto, nem pranto, nem dor, porque as primeiras coisas passaram" (APOCALIPSE 21:1-4). Até esse dia, podemos desfrutar a beleza deslumbrante de tirar o fôlego que vemos ao nosso redor neste mundo, mas isso é apenas um pequeno antegozo do "paraíso" que desfrutaremos.

ADK

Senhor, obrigado porque neste mundo, às vezes sem beleza devido ao pecado e decadência, nos permites ver vislumbres da beleza de Tua criação.

Deus está fazendo novas todas as coisas.

6 DE SETEMBRO

A BÍBLIA em UM ANO:
SALMOS 148–150; 1 CORÍNTIOS 15:29-58

Entregue a Deus

Na **adolescência**, sentia-me sobrecarregada pelos desafios ou decisões de alto risco, e minha mãe me ensinou os méritos de escrevê-las para entender as perspectivas disponíveis. Quando estava incerta sobre quais matérias específicas estudar, qual trabalho procurar ou como lidar com as realidades assustadoras da idade adulta, aprendi o hábito dela de escrever os fatos básicos, os possíveis cursos de ação e os prováveis resultados. Ao derramar o meu coração nas páginas, eu podia recuar do problema e vê-lo mais objetivamente do que minhas emoções permitiam.

> **LEITURA:**
> **2 Reis 19:9-19**
>
> **Tendo Ezequias recebido a carta das mãos dos mensageiros, leu-a [...], estendeu-a perante o Senhor.** v.14

Assim como minhas anotações me ofereciam uma nova perspectiva, derramar o coração a Deus em oração nos ajuda a ganhar a Sua perspectiva e a nos lembrar de Seu poder. O rei Ezequias fez isso ao receber uma carta assustadora de um adversário sinistro. Os assírios ameaçavam destruir Jerusalém como tinham feito a outras nações. Ele estendeu essa carta perante o Senhor, orando e pedindo que livrasse o povo para o mundo reconhecer que "...só tu és o Senhor Deus" (v.19).

Quando estivermos diante de situações que geram ansiedade, medo ou a profunda consciência de que passar por isso exigirá mais do que temos, sigamos os passos de Ezequias e corramos ao Senhor. Vamos colocar nosso problema diante de Deus e confiar que Ele guiará nossos passos e acalmará o nosso coração. 🌿 KHH

Senhor, tu és a minha fonte
de sabedoria e força! Em ti confio.

Deus é o nosso melhor refúgio
em tempos de angústia.

7 DE SETEMBRO

A BÍBLIA em UM ANO:
PROVÉRBIOS 1–2; 1 CORÍNTIOS 16

Viver no anonimato

Jane Yolen, uma autora que aprecio muito, escreveu num renomado jornal um artigo intitulado: "Tentando ser anônimo" que guardo há muito tempo, onde ela afirma: "Os melhores escritores são os que realmente, no fundo de seus corações, aspiram ao anonimato. A história contada é importante, não necessariamente o contador de histórias."

A história que contamos é sobre Jesus, o Salvador, que deu a Sua vida por nós. Em companhia de outros cristãos, vivemos para Ele e compartilhamos o Seu amor com os outros.

Romanos 12:3-21 descreve a atitude de humildade e amor que como seguidores de Jesus deve permear os nossos relacionamentos uns com os outros. E exorta: "não pense de si mesmo além do que convém; antes, pense com moderação, segundo a medida da fé que Deus repartiu a cada um. [...] Amai-vos cordialmente uns aos outros com amor fraternal, preferindo-vos em honra uns aos outros" (vv.3,10).

> **LEITURA:**
> **Romanos 12:1-13**
>
> Amai-vos cordialmente uns aos outros com amor fraternal, preferindo-vos em honra uns aos outros. v.10

O fato de nos orgulharmos de nossas realizações anteriores pode nos cegar para enxergar os dons dos outros. A arrogância pode envenenar o futuro.

João Batista, cuja missão era preparar o caminho para Jesus disse: "Convém que ele cresça e que eu diminua" (JOÃO 3:30).

Sermos anônimos — um bom lema para todos nós. ANÔNIMO

Confesso-te, Senhor, que tenho muito a aprender sobre humildade. Ajuda-me a colocar-te em Teu lugar de direito em minha vida.

Seja sempre humilde diante de Deus permitindo que Ele seja tudo em todos os momentos de sua vida. OSWALD CHAMBERS

8 DE SETEMBRO

A BÍBLIA em UM ANO:
PROVÉRBIOS 3-5; 2 CORÍNTIOS 1

Levado adiante

Ao encontrar os meus diários da faculdade não pude resistir a relê-los. Lendo minhas anotações, percebi que hoje me sinto diferente. As lutas com a solidão e as dúvidas sobre minha fé eram esmagadoras, mas olhando para trás vejo claramente como Deus me levou a um lugar melhor. Ver como Deus gentilmente me conduziu naqueles dias lembrou-me de que o que parece esmagador hoje, um dia será parte de uma história maior do Seu amor e cura.

> LEITURA:
> **Salmo 30:1-12**
>
> ...Ao anoitecer, pode vir o choro, mas a alegria vem pela manhã. v.5

O Salmo 30 é um salmo de celebração que também, da mesma maneira, reflete sobre o passado com espanto e gratidão pela poderosa restauração de Deus: da doença à cura, da ameaça da morte à vida, do julgamento de Deus ao desfrutar do Seu favor, do luto à alegria (2,3,11).

É um salmo atribuído a Davi, a quem devemos alguns dos lamentos mais dolorosos nas Escrituras. Mas Davi também experimentou restauração tão incrível a ponto de confessar: "...Ao anoitecer, pode vir o choro, mas a alegria vem pela manhã" (v.5). Apesar de toda a dor que ele tinha suportado, Davi descobriu algo ainda maior — a poderosa mão de Deus para curar.

Se você está sofrendo hoje e precisa de encorajamento, relembre-se das vezes em seu passado, quando Deus o levou até um lugar de cura. Ore e confie que Ele o fará novamente. MRB

Senhor, quando as nossas lutas parecem
maiores do que as nossas forças, ajuda-nos a encontrar
conforto e força no que já fizeste por nós.

*Em meio à dor que hoje sentimos,
Deus está agindo amorosamente em direção à restauração e alegria.*

9 DE SETEMBRO

A BÍBLIA em UM ANO:
PROVÉRBIOS 6-7; 2 CORÍNTIOS 2

Olhando para Deus

O autor e pastor Erwin Lutzer relata uma história sobre um apresentador de TV e um menino que estava desenhando um quadro de Deus. Rindo, o apresentador disse: "Você não pode fazer isso porque ninguém sabe como Deus é."

"Eles saberão quando eu terminar!", declarou o garoto.

Podemos nos perguntar: Como Deus é? Bom? Bondoso? Ele se importa? A resposta a essas perguntas é dada por Jesus ao pedido de Filipe: "Senhor, mostra-nos o Pai. [...] Disse-lhe Jesus: Filipe, há tanto tempo estou convosco, e não me tens conhecido? Quem me vê a mim vê o Pai..." (JOÃO 14:8,9).

LEITURA:
João 14:1-12

Replicou-lhe Filipe: Senhor, mostra-nos o Pai, e isso nos basta. v.8

Se você alguma vez quiser ver a Deus — olhe para Jesus. "Este é a imagem do Deus invisível...", disse Paulo (COLOSSENSES 1:15). Leia os quatro evangelhos no Novo Testamento: Mateus, Marcos, Lucas e João. Pense profundamente no que Jesus fez e disse. "Desenhe" a sua imagem mental de Deus enquanto ler. Você vai saber muito mais sobre quem Ele é ao terminar.

Certa vez, meu amigo me disse que o único Deus em quem podia acreditar era aquele que vira em Jesus. Se você pensar bem, acho que concordará. Quando você ler sobre Ele, seu coração saltará, pois embora você não saiba disso, Jesus é o Deus que você tem procurado por toda a sua vida.

DHR

*Senhor, somos propensos a querer que sejas o que não és.
Ajuda-nos a ver-te mais claramente nas páginas das Escrituras.
Ajuda-nos a refletir Teu Filho em nossa vida.*

Quanto mais claramente vemos Deus, mais claramente nos vemos.
ERWIN LUTZER

10 DE SETEMBRO

A BÍBLIA em UM ANO:
PROVÉRBIOS 8–9; 2 CORÍNTIOS 3

Somos as cartas de Cristo

Minha mãe e tias ainda escrevem cartas entre si. Cada semana elas trocam mensagens pessoais com tanta consistência que um dos carteiros se preocupa quando não tem algo para lhes entregar! E relatam as alegrias, mágoas e os acontecimentos diários de amigos e familiares.

Gosto de refletir sobre esse exercício semanal delas. Ajuda-me a apreciar as palavras do apóstolo Paulo de que os seguidores de Jesus são "carta de Cristo", escritas "...não com tinta, mas pelo Espírito do Deus vivente" (v.3). Em resposta aos falsos mestres que queriam desacreditar a sua mensagem (2 CORÍNTIOS 11), Paulo encorajou a igreja em Corinto a continuar seguindo o Deus verdadeiro e vivo como lhes tinha ensinado anteriormente. Ao fazê-lo, descreveu os cristãos como a carta de Cristo, com suas vidas transformadas — testemunho mais poderoso para o Espírito agindo através do ministério de Paulo do que qualquer carta escrita poderia.

> **LEITURA:**
> **2 Coríntios 3:1-6**
>
> **Vós sois a nossa carta, escrita em nosso coração, conhecida e lida por todos os homens.** v.2

Como é maravilhoso que o Espírito de Deus em nós escreva uma história de graça e redenção! Por mais expressivas que sejam as palavras escritas, a nossa vida é o melhor testemunho da verdade do evangelho, pois reflete a nossa compaixão, serviço, gratidão e alegria. Através de nossas palavras e ações, o Senhor espalha o Seu amor vivificante. Que mensagem você pode enviar hoje?

ABP

Senhor, ajuda-me a refletir o Teu amor e bondade
aos que encontrar hoje.

Somos as cartas de Cristo.

11 DE SETEMBRO

A BÍBLIA em UM ANO:
PROVÉRBIOS 10–12; 2 CORÍNTIOS 4

Aquele que compreende

O **capelão da** polícia e dos departamentos de bombeiros em sua comunidade, afastou-se do trabalho por 22 semanas para participar de treinamentos na Academia de Polícia. Queria entender melhor as situações que os agentes enfrentam para a aplicação da lei. Ao investir esse tempo com os cadetes e aprender sobre os intensos desafios dessas profissões, teve mais humildade e empatia. E espera ser mais eficaz ao aconselhar os que lutam com tanto estresse emocional, fadigas e perdas.

> **LEITURA:**
> **João 1:1-18**
>
> E o Verbo se fez carne e habitou entre nós, cheio de graça e de verdade, e vimos a sua glória... v.14

Sabemos que Deus entende as situações que enfrentamos porque Ele nos criou e vê tudo o que nos acontece. Sabemos que Ele entende porque esteve na Terra e viveu como um de nós. Ele "se fez carne e habitou entre nós" na pessoa de Jesus Cristo (v.14).

A vida terrena de Jesus incluiu uma ampla gama de dificuldades. Ele sentiu o calor abrasador do sol, a dor do estômago vazio e a incerteza da falta de moradia. Emocionalmente, Ele suportou a tensão gerada por desentendimentos, a traição e a contínua ameaça da violência.

Jesus experimentou as alegrias da amizade e do amor familiar, e os piores problemas que enfrentamos aqui. Ele oferece esperança. É o Maravilhoso Conselheiro que escuta pacientemente nossas preocupações com perspicácia e cuidado (ISAÍAS 9:6). Ele pode lhe dizer: "Passei por isso e o entendo."

JBS

> **Senhor, obrigado** por te importares comigo e humildemente vires a nós. Entrego-te as minhas preocupações.

*Deus compreende
as lutas que enfrentamos.*

12 DE SETEMBRO

A BÍBLIA em UM ANO:
PROVÉRBIOS 13-15; 2 CORÍNTIOS 5

Dando o primeiro passo

Tham Dashu sentiu que algo estava faltando em sua vida. Então ele começou a ir à igreja, a mesma igreja que sua filha frequentava, mas nunca foram juntos. Em dias anteriores, ele a tinha ofendido, o que levou a um desgaste no relacionamento entre eles. Assim, o pai entrava sorrateiramente enquanto todos cantavam e saía imediatamente após o culto terminar.

Os membros da igreja compartilharam a história do evangelho com ele, mas Dashu sempre rejeitou educadamente o convite para colocar sua fé em Jesus. Ainda assim, continuava indo à igreja.

Um dia Dashu adoeceu gravemente. Sua filha criou coragem e escreveu-lhe uma carta compartilhando como Cristo tinha mudado a vida dela, e procurou reconciliar-se com seu pai. Naquela noite, Dashu colocou sua fé em Jesus e a família reconciliou-se. Poucos dias depois, Dashu morreu e entrou na presença de Jesus — em paz com Deus e com os seus entes queridos.

> **LEITURA:**
> **2 Coríntios 5:11-21**
>
> **...Deus estava em Cristo reconciliando consigo o mundo, [...] e nos confiou a palavra da reconciliação.** v.19

O apóstolo Paulo escreveu que devemos tentar "persuadir" os outros a respeito da verdade, do amor e do perdão de Deus (v.11). Ele disse que "...o amor de Cristo nos constrange" a realizar Sua obra de reconciliação (v.14).

Nossa disposição em perdoar pode ajudar os outros a perceberem que Deus deseja reconciliar-nos com Ele (v.19). Você confia na força de Deus para mostrar-lhes o Seu amor hoje?

PFC

Há alguém com quem você
precisa tentar se reconciliar?

*Nossa disposição em buscar a reconciliação com os outros
mostra-lhes que Deus está pronto para atendê-los.*

Pão Diário

13 DE SETEMBRO

A BÍBLIA em UM ANO:
PROVÉRBIOS 16-18; 2 CORÍNTIOS 6

Permanecer um pouco mais

Durante uma discussão sobre o filme da trilogia *O Senhor dos Anéis*, um adolescente disse que prefere suas histórias em livros ao invés de filmes. Quando perguntado o porquê, o jovem respondeu: "Com o livro, posso ler e permanecer nele o tempo que quiser." Há algo a ser dito sobre o poder de demorar-se num livro, especialmente na Bíblia, e "viver" suas histórias.

Muitas vezes, Hebreus 11 é chamado de "o capítulo de fé" da Bíblia, que menciona 19 pessoas pelo nome. Cada uma delas percorreu um caminho de dificuldade e dúvida, mas escolheu obedecer a Deus. "Todos estes morreram na fé, sem ter obtido as promessas; vendo-as, porém, de longe, e saudando-as, e confessando que eram estrangeiros e peregrinos sobre a terra" (v.13).

> **LEITURA:**
> **Hebreus 11:8-13**
>
> **Todos estes morreram na fé, sem ter obtido as promessas; vendo-as, porém, de longe, e saudando-as...** v.13

É fácil nos apressarmos em nossa leitura da Bíblia sem refletir sobre as pessoas e acontecimentos no texto. Os afazeres que impomos a nós mesmos nos impedem de aprofundarmos na verdade de Deus e do Seu plano para nossa vida. No entanto, quando estamos dispostos a nos demorarmos por algum tempo, nos envolvemos com os dramas da vida real de pessoas que, como nós, escolheram investir sua vida na fidelidade de Deus.

Quando abrimos a Palavra de Deus, é bom nos lembrarmos que podemos "permanecer" nela o tempo que quisermos. 🕊 *DCM*

Pai, obrigado por Tua Palavra escrita
e os exemplos de pessoas que viveram pela fé.
Ajuda-nos a seguir-te como eles fizeram.

*Permaneça na Palavra de Deus
e você encontrará histórias de fé.*

14 DE SETEMBRO

A BÍBLIA em UM ANO:
PROVÉRBIOS 19–21; 2 CORÍNTIOS 7

Nós temos um rei!

Após atacar o meu marido com palavras ofensivas numa situação que não acabou do meu jeito, desprezei a autoridade do Espírito Santo à medida que Ele me lembrava de versículos que revelavam minhas atitudes pecaminosas. Valia a pena alimentar meu teimoso orgulho causando dano ao casamento e desobedecer a Deus? Não. Mas quando pedi perdão ao Senhor e ao meu cônjuge, já tinha deixado um rastro de prejuízos atrás de mim por ignorar os sábios conselhos e viver como se não tivesse que responder a ninguém mais além de mim.

LEITURA:
Juízes 2:11-23

Naqueles dias, não havia rei em Israel; cada um fazia o que achava mais reto. v.25

Houve um tempo em que os israelitas tiveram uma atitude rebelde. Após a morte de Moisés, Josué os levou à Terra Prometida. Eles serviram ao Senhor sob a liderança dele. Mas depois que Josué e a geração que lhe sucedeu morreram, os israelitas esqueceram-se de Deus e do que Ele havia feito (v.10). Rejeitaram a liderança divina e envolveram-se com o pecado (vv.7,11-15).

Tudo melhorou quando o Senhor levantou juízes (vv.16-18), que serviram como reis. Mas quando os juízes morriam, o povo voltava a desafiar a Deus. Vivendo como se não tivessem a quem responder a não ser a si mesmos, eles sofreram consequências devastadoras (vv.19-22). Mas essa não deve ser a nossa realidade. Podemos nos submeter à autoridade soberana do Rei eterno, pois fomos criados para o seguir. Jesus é nosso Juiz vivo e Rei dos reis.

XED

**Jesus, o Rei dos reis,
é digno de nossa obediência.**

*Deus nos dá o poder e o privilégio de desfrutar
das recompensas por fazermos as coisas à maneira dele.*

15 DE SETEMBRO

A BÍBLIA em UM ANO:
PROVÉRBIOS 22-24; 2 CORÍNTIOS 8

Qual é o nome do seu pai?

Comprei meu celular no Oriente Médio e, nessa ocasião, perguntaram meu nome, nacionalidade e endereço. E em seguida também o nome do meu pai. Surpresa, questionei-me por que isso seria importante ali. Sabendo que o nome do meu pai não seria importante para essa compra em minha cultura, mas lá isso era necessário para estabelecer a minha identidade. Em algumas culturas, a ascendência é importante.

Os israelitas acreditavam na importância da ascendência também. Eles estavam orgulhosos do seu patriarca Abraão, e achavam que ser parte do clã de Abraão os tornava filhos de Deus. Sua ascendência humana estava ligada, na opinião deles, à sua família espiritual.

LEITURA:
João 8:39-47

Mas a todos quantos o receberam, deu-lhes o poder de serem feitos filhos de Deus... v.12

Centenas de anos depois, quando Jesus falava aos judeus, Ele demonstrou que isso não era assim. Eles poderiam dizer que Abraão era seu antepassado terrestre, mas se eles não amassem Jesus, o enviado pelo Pai — não faziam parte da família de Deus.

O mesmo se aplica hoje. Não escolhemos nossa família humana, mas podemos decidir a família espiritual a qual pertencemos. Se cremos no nome de Jesus, Deus nos concede o direito de nos tornarmos Seus filhos (JOÃO 1:12).

Quem é o seu Pai espiritual? Você já decidiu seguir a Jesus? Permita que este seja o dia de você confiar em Jesus para o perdão de seus pecados e tornar-se parte da família de Deus. 🌿 KOH

Querido Senhor, tu és o meu Pai celestial e eterno.
Obrigado por Jesus, meu Salvador.

Deus é o nosso Pai Eterno.

16 DE SETEMBRO

A BÍBLIA em UM ANO:
PROVÉRBIOS 25–26; 2 CORÍNTIOS 9

O controle da ira

Fui jantar com uma amiga e ela expressou como estava chateada com um membro em particular da sua família. Mas relutava em dizer qualquer coisa a ele sobre seu hábito irritante de ignorá-la ou zombar dela. Ao tentar confrontá-lo sobre o problema, ele respondeu com comentários sarcásticos. Ela explodiu de raiva com ele. Nenhum deles voltou atrás e a rixa familiar aumentou ainda mais.

> **LEITURA:**
> **Efésios 4:15,26-32**
>
> **Irai-vos e não pequeis; não se ponha o sol sobre a vossa ira.** v.26

Posso entender bem isso, pois lido com a raiva da mesma maneira. E também tenho dificuldade em confrontar outras pessoas. Se um amigo ou membro da família disser alguma coisa, costumo esconder meus sentimentos até que essa pessoa ou alguém venha me dizer ou fazer algo novamente. Depois de um tempo, eu estouro.

Talvez seja por isso que o apóstolo Paulo disse: "Irai-vos e não pequeis; não se ponha o sol sobre a vossa ira" (EFÉSIOS 4:26). Definir um limite de tempo às questões não resolvidas mantém a raiva sob controle. Em vez de remoer o mal, o que se torna um terreno fértil para a amargura, podemos pedir ajuda a Deus para falarmos "a verdade em amor" (EFÉSIOS 4:15).

Você tem problemas com alguém em particular? Em vez de guardar para si, primeiro entregue-o diante de Deus. Ele pode combater o fogo da ira com o poder de Seu perdão e amor. LMW

Pai, por favor, guarda-nos da raiva descontrolada.
Que as palavras que falamos sejam para te honrar.

*É melhor apagar o fogo da raiva
antes que ele saia do controle.*

17 DE SETEMBRO

A BÍBLIA em UM ANO:
PROVÉRBIOS 27–29; 2 CORÍNTIOS 10

Removendo as barreiras

Eu via Maria todas as terças-feiras ao visitar "a Casa": um lar que auxilia ex-prisioneiros a se reintegrarem na sociedade. Minha vida era diferente da dela que saíra da prisão, lutava contra o vício e fora separada de seu filho. Diríamos que ela vivia à margem da sociedade.

Da mesma maneira, Onésimo sabia o que significava viver assim. Como escravo, ele aparentemente havia ofendido o seu mestre cristão, Filemom, e agora estava preso. Na prisão, ele conheceu Paulo e encontrou a fé em Cristo (v.10). Apesar disso, ainda era escravo. Paulo o enviou novamente a Filemom com uma carta pedindo-lhe para receber Onésimo "não como escravo; antes, muito acima de escravo, como irmão caríssimo" (v.16).

> **LEITURA:**
> **Filemom 1:8-16**
>
> ...irmão caríssimo, especialmente de mim e, com maior razão, de ti, quer na carne, quer no Senhor. v.16

Filemom teve de fazer a escolha: Ele poderia tratar Onésimo como seu escravo ou recebê-lo como um irmão em Cristo. Eu também precisava escolher. Veria Maria como ex-condenada e viciada em recuperação ou como uma mulher cuja vida estava sendo transformada pelo poder de Cristo? Maria era minha irmã no Senhor, e tivemos o privilégio de caminhar juntas em nossa jornada de fé.

É fácil permitir que os muros do status socioeconômico, classe ou diferenças culturais nos separem. O evangelho de Cristo remove essas barreiras, mudando a nossa vida e os nossos relacionamentos para sempre.

KAW

Querido Deus, obrigado por removeres as barreiras entre nós e nos tornares membros da Tua família.

O evangelho transforma as pessoas
e os relacionamentos.

18 DE SETEMBRO

A BÍBLIA em UM ANO:
PROVÉRBIOS 30-31; 2 CORÍNTIOS 11:1-15

Observe o maestro

O violinista de renome mundial, Joshua Bell, tem uma maneira incomum de liderar a orquestra que rege. Essa orquestra tem 44 membros. Em vez de conduzi-los com uma batuta, ele o faz, enquanto toca o seu *Stradivarius* com os outros violinistas. Bell afirmou: "Mesmo enquanto estou tocando, posso dar-lhes todos os tipos de orientação e sinais que acho que, nestas alturas, só eles entenderiam. Eles sabem por cada pequeno toque em meu violino, ou pelo levantar na minha sobrancelha, ou na maneira como manejo o arco. Eles sabem o som que eu estou procurando de toda a orquestra."

> **LEITURA:**
> **Hebreus 12:1-3**
>
> ...corramos, com perseverança, a carreira que nos está proposta, [...] olhando firmemente para o Autor e Consumador da fé, Jesus... vv.1,2

Assim como os membros da orquestra observam Joshua Bell, a Bíblia nos instrui a mantermos os nossos olhos em Jesus, nosso Senhor. Depois de enumerar muitos heróis da fé em Hebreus 11, o escritor diz: "Portanto, também nós, visto que temos a rodear-nos tão grande nuvem de testemunhas, desembaraçando-nos de todo peso e do pecado que tenazmente nos assedia, corramos, com perseverança, a carreira que nos está proposta, olhando firmemente para o Autor e Consumador da fé, Jesus... " (vv.1,2).

Jesus prometeu: "...E eis que estou convosco todos os dias até à consumação do século" (MATEUS 28:20). Porque Ele é, temos o incrível privilégio de manter os olhos nele enquanto Ele conduz a música de nossa vida. DCM

Senhor, nós te buscamos neste dia para que possamos seguir a Tua direção e viver em harmonia contigo.

Olhemos para Jesus nosso Salvador
à medida que Ele orienta a nossa vida.

19 DE SETEMBRO

A BÍBLIA em UM ANO:
ECLESIASTES 1–3; 2 CORÍNTIOS 11:16-33

A melhor parte de todos

Quando eu era menino meus irmãos e eu, às vezes, batíamos boca sobre o tamanho da fatia de torta que mamãe nos servia. Um dia, papai observou nossas discussões com uma das sobrancelhas levantada e sorriu para mamãe, dizendo: "Por favor, me dê uma fatia tão grande quanto o seu coração." Meus irmãos e eu assistimos atônitos em silêncio, enquanto a mãe sorria e lhe oferecia a maior fatia de todas.

Se nos concentramos em valorizar as posses alheias, muitas vezes, o resultado é o ciúme. No entanto, a Palavra de Deus eleva o nosso olhar para algo de maior valor do que as posses terrenas. O salmista escreve: "Tu, ó SENHOR Deus, és tudo o que eu tenho; prometo obedecer às tuas leis. De todo o coração..." (SALMO 119:57,58).

> **LEITURA:**
> **Salmo 73:21-28**
>
> **Tanto sei estar humilhado como também ser honrado; [...] e em todas as circunstâncias já tenho experiências...**
> Filipenses 4:12

Inspirado pelo Espírito Santo, o escritor transmitiu a verdade de que nada mais importa do que a proximidade com Deus.

Que melhor porção poderíamos ter do que o nosso amoroso e ilimitado Criador? Nada na Terra pode comparar-se com Ele, e nada pode tirá-lo de nós. O desejo humano é um vazio que jamais se satisfaz; a pessoa pode ter "tudo" no mundo e ainda ser miserável. Mas quando Deus é a nossa fonte de felicidade, ficamos verdadeiramente satisfeitos. Há um espaço em nós que só Deus pode preencher. Só Ele pode nos conceder a paz que satisfaz o nosso coração. 🌿

JBB

Senhor, obrigado, pois só tu podes
satisfazer todas as minhas necessidades.

*Quando somos dele,
Ele é nosso, para sempre.*

20 DE SETEMBRO

A BÍBLIA em UM ANO:
ECLESIASTES 4–6; 2 CORÍNTIOS 12

Vamos terminar a corrida

Precisamos uns dos outros para chegar onde Deus nos quer. Nos Jogos Olímpicos no Rio em 2016, duas atletas na corrida de 5 km se sobressaíram. Aos 3.200 m da corrida, a neozelandesa Nikki Hamblin e a americana Abbey D'Agostino colidiram e caíram. Abbey levantou-se rapidamente e ajudou Nikki. Logo após, as duas atletas terem reiniciado a corrida, Abbey começou a vacilar, pois ferira-se na queda. Agora era a vez de Nikki parar e encorajar a colega atleta a terminar a corrida. Quando Abbey finalmente alcançou a linha de chegada, Nikki a esperava para abraçá-la. Que belo exemplo de mútuo encorajamento!

> **LEITURA:**
> **Eclesiastes 4: 9-12**
>
> **Melhor é serem dois do que um [...]. Porque se caírem, um levanta o companheiro...** vv.9,10

Isso me lembra uma passagem na Bíblia: "Melhor é serem dois do que um [...] Porque se caírem, um levanta o companheiro; ai, porém, do que estiver só; pois, caindo, não haverá quem o levante..." (vv.9,10). Como atletas em uma corrida espiritual, precisamos uns dos outros — talvez ainda mais, pois não competimos uns contra os outros, mas como membros da mesma equipe. Haverá momentos em que hesitaremos e precisaremos de alguém para nos levantar. Outras vezes, alguém poderá precisar de nosso encorajamento através de nossas orações ou nossa presença.

A corrida espiritual não deve ser feita sozinha. Deus o está orientando a ser como Nikki ou Abbey na vida de alguém? Responda ao Seu convite hoje, e prossigamos nesta corrida! ✒

PFC

Pai, obrigado pelo
encorajamento que vem de ti.

Senhor, ajuda-me a
encorajar os outros nesta jornada.

21 DE SETEMBRO

A BÍBLIA em UM ANO:
ECLESIASTES 7–9; 2 CORÍNTIOS 13

A oração diária

O **cantor e** compositor Robert Hamlet escreveu a canção: *Lady Who Prays for Me* (A mulher que ora por mim) como homenagem à sua mãe, que orou por seus filhos todas as manhãs antes que eles fossem para a parada do ônibus. Ao ouvir essa canção, uma jovem prometeu orar com o seu filho pequeno. O resultado foi reconfortante! Pouco antes de seu filho sair pela porta, sua mãe orou por ele. Cinco minutos depois ele voltou. [...] trazendo as crianças do ponto de ônibus com ele! Sua mãe ficou surpresa e perguntou o que estava acontecendo. O menino respondeu: "Suas mães não oraram com eles."

> **LEITURA:**
> **Efésios 6:18,19**
>
> ...com toda oração e súplica, orando em todo tempo no Espírito e para isto vigiando com toda perseverança... v.18

Em Efésios, Paulo nos exorta a orar com "súplica, orando em todo tempo no Espírito..." (6:18). Demonstrar a nossa dependência diária de Deus é essencial numa família, já que muitas crianças aprendem primeiramente a confiar em Deus enquanto observam a fé genuína nas pessoas mais próximas a si (2 TIMÓTEO 1: 5). Não há melhor maneira de ensinar a maior importância da oração do que orar *por* e *com* nossos filhos. É uma das maneiras pelas quais eles começam a sentir a necessidade convincente de achegar-se pessoalmente a Deus na fé.

Quando apresentamos às crianças o modelo da "fé sincera em Deus" (PROVÉRBIOS 22:6; 2 TIMÓTEO 1:5) damos a elas uma dádiva especial, uma garantia de que Deus é parte sempre presente de nossa vida e continuamente nos ama, cuida e protege. CHK

Ajuda-me a depender
somente de ti.

*As orações diárias
diminuem as preocupações do cotidiano.*

22 DE SETEMBRO

A BÍBLIA em UM ANO:
ECLESIASTES 10-12; GÁLATAS 1

Doce e azedo

O **nosso filho** pequeno mordeu um limão, enrugou o nariz, estendeu a língua, apertou os olhos, e disse: "azedo".

Rindo, peguei o resto do limão, para jogá-lo no lixo.

Xavier correu pela cozinha, gritando: "mais!". Seus lábios se enrugaram com cada mordida de suco, e eu estremeci quando ele me entregou a casca e foi embora.

Meu paladar reflete a minha preferência pelos momentos doces na vida. Minha preferência por evitar as coisas amargas me lembra a esposa de Jó, que parece ter compartilhado a minha aversão ao azedume do sofrimento.

> **LEITURA:**
> **Jó 2:1-10**
>
> ...temos recebido o bem de Deus e não receberíamos também o mal?... v.10

Jó certamente não se deleitava em dificuldades ou problemas, mas honrou a Deus em meio as circunstâncias difíceis (JÓ 1:1-22). Quando feridas dolorosas afligiam o corpo de Jó, ele suportou a agonia (2:7,8). Sua esposa lhe disse para desistir de Deus (v.9), mas Jó respondeu confiando no Senhor em meio ao sofrimento e aflições (v.10).

É natural preferir evitar as "amarguras" na vida. Podemos até ser propensos a atacar Deus quando estivermos machucados. Mas o Senhor usa as provações, ensinando-nos a como confiar, depender e nos render a Ele à medida que nos capacita a perseverar em meio aos momentos difíceis. E, como Jó, não precisamos desfrutar do sofrimento para aprender a saborear a inesperada doçura dos momentos amargos, a qual traz o fortalecimento divino de nossa fé.

XED

Nosso sofrimento nunca é desperdiçado
quando a nossa confiança permanece em Deus.

*Deus usa o sofrimento
para fortalecer a nossa fé.*

23 DE SETEMBRO

A BÍBLIA em UM ANO:
CÂNTICO DOS CÂNTICOS 1-3; GÁLATAS 2

Simão disse

Refuge Rabindranath trabalha com a juventude no Sri Lanka há mais de 10 anos. Muitas vezes, ele interage com os jovens tarde da noite: brincando, ouvindo, aconselhando e ensinando-os. Ele gosta de trabalhar com os jovens, mas isso pode ser desanimador quando, às vezes, alguns se afastam da fé. Nesses momentos, ele se sente um pouco como Simão Pedro em Lucas 5.

Simão tinha trabalhado a noite toda, mas sem pegar nem um peixe, e sentiu-se desanimado e cansado. No entanto, quando Jesus lhe disse: "...lançai as vossas redes para pescar", Simão lhe respondeu: "...sob a tua palavra lançarei as redes" (vv.4,5).

> **LEITURA:**
> **Lucas 5:1-11**
>
> Respondeu-lhe Simão: Mestre, [...] nada apanhamos, mas sob a tua palavra lançarei as redes. v.5

A obediência de Simão é notável. Como pescador experiente, ele sabia que os peixes se movem para o fundo do lago quando o sol está acima, e as redes que eles usavam não poderiam ir fundo suficientemente para pegá-los.

Sua vontade de confiar em Jesus foi recompensada. Ele não só teve uma grande pesca, mas compreendeu melhor a pessoa de Jesus. Deixou de chamá-lo de "Mestre" (v.5) para chamá-lo de "Senhor" (v.8). De fato, "ouvir Sua voz" muitas vezes, nos permite ver as obras de Deus em primeira mão e a nos aproximarmos mais dele.

Talvez Deus o esteja chamando para lançar as suas redes novamente. Que respondamos ao Senhor como Simão: "...sob a tua palavra lançarei as redes".

PFC

Pai, ajuda-nos a te obedecer e a aprender mais
sobre o que significa andar ao Teu lado.

---

*Nossa obediência a Deus nos guiará através do desconhecido
e nos atrairá para mais perto dele.*

24 DE SETEMBRO

A BÍBLIA em UM ANO:
CÂNTICO DOS CÂNTICOS 4-5; GÁLATAS 3

Vivendo em tendas

Cresci num lugar conhecido por seus belos lagos e gostava de acampar para apreciar as maravilhas da criação de Deus. Mas dormir numa tenda frágil não era a minha parte favorita dessa experiência, especialmente quando chovia durante a noite e a barraca tinha goteiras que deixavam o saco de dormir encharcado.

Admiro um dos heróis de nossa fé que passou *cem anos* em tendas. Quando tinha 75 anos, Abraão ouviu o chamado de Deus para deixar seu país para que o Senhor pudesse fazer dele uma nova nação (vv.1,2). Abraão obedeceu, confiando que Deus cumpriria a Sua promessa. E no restante dos seus dias, até morrer aos 175 anos (GÊNESIS 25:7), ele viveu em tendas longe de seu país de origem.

> **LEITURA:**
> **Gênesis 12:4-9**
>
> **Passando dali para o monte ao oriente de Betel, armou a sua tenda...** v.8

Talvez não tenhamos o mesmo chamado que Abraão para viver como nômade, mas mesmo ao amarmos e servirmos neste mundo e às pessoas nele, ainda assim, podemos ansiar por ter um lar, por ter raízes aqui na Terra. E como Abraão, quando o vento açoitar a nossa frágil cobertura ou a chuva encharcar a "nossa tenda", poderemos olhar com fé para a cidade vindoura, "da qual Deus é o arquiteto e edificador" (HEBREUS 11:10). E, como este servo, podemos ter a esperança de que Deus está agindo para renovar a Sua criação, preparando "uma pátria superior, isto é, celestial (v.16).

ABP

Deus, tu és o nosso abrigo e alicerce.
Que possamos confiar em ti nas grandes e pequenas coisas.

Deus concede uma sólida base
para a nossa vida.

25 DE SETEMBRO

A BÍBLIA em UM ANO:
CÂNTICO DOS CÂNTICOS 6–8; GÁLATAS 4

Separado, mas não abandonado

Senti um nó na garganta ao dizer adeus à minha sobrinha que mudou de nosso Estado para fazer pós-graduação numa universidade distante. Embora ela já estivesse ausente por 4 anos na graduação, ainda morávamos relativamente perto e nos reuníamos facilmente. Ela agora moraria muito mais longe, e não mais nos encontraríamos regularmente para conversar. Eu precisava confiar que Deus cuidaria dela.

LEITURA:
Atos 20:17-20,35-38

Agora, pois, encomendo-vos ao Senhor e à palavra da sua graça, que tem poder para vos edificar... v.32

Paulo deve ter sentido o mesmo ao despedir-se dos anciãos da igreja em Éfeso. Tendo estabelecido a igreja e ensinado ali por 3 anos, concluíra que eles lhe eram tão próximos quanto a sua família. Agora que partia para Jerusalém, não os veria novamente.

Mas o apóstolo tinha um conselho de despedida para os efésios. Embora já não mais o tivessem como seu mestre, não precisavam se sentir abandonados. Deus continuaria a treiná-los através da "palavra da sua graça" (ATOS 20:32) para liderar a igreja. Ao contrário de Paulo, Deus estaria sempre com eles.

Sejam os filhos que lançamos do ninho ou famílias e amigos que se mudam — dizer adeus pode ser muito difícil. Eles partem para longe de nossa influência para suas novas experiências. Quando largamos as mãos deles, podemos confiar que Deus as tem nas Suas. Ele pode continuar a moldá-los e a satisfazer as suas verdadeiras necessidades, mais do que jamais poderíamos. ❧

LMW

Senhor, ajuda-nos a confiar que o Teu cuidado
se estende aos que amamos e estão longe de nós.

Embora estejamos longe dos que amamos,
eles nunca estão longe de Deus.

26 DE SETEMBRO

A BÍBLIA em UM ANO:
ISAÍAS 1-2; GÁLATAS 5

De vazio a completo

Conta-se a história de um pobre rapaz do campo que tirou o boné para honrar o rei. Um boné idêntico apareceu instantaneamente em sua cabeça, incitando a ira do rei pelo que parecia ser desrespeito. Bartolomeu retirava boné após boné ao ser escoltado à punição no palácio. Os bonés eram cada vez mais sofisticados, com joias preciosas e plumas de penas. O 500º chapéu causou inveja ao rei, que o perdoou e comprou-lhe o chapéu por 500 peças de ouro. Por fim, a cabeça do rapaz ficou descoberta; e ele foi para casa livre e com dinheiro para sustentar sua família.

> **LEITURA:**
> **2 Reis 4:1-7**
>
> **Cheias as vasilhas, [...] o azeite parou.** v.6

Uma viúva veio a Eliseu com problemas financeiros, temendo que seus filhos fossem vendidos como escravos para pagar suas dívidas (2 REIS 4). Seu único bem era uma botija de azeite. Deus multiplicou esse azeite para encher vasilhames emprestados suficientes para liquidar as dívidas, além de atender suas necessidades diárias (v.7).

Deus providenciou financeiramente para a viúva, da mesma forma que Ele me oferece a salvação. Fui destruída pelo pecado, mas Jesus pagou a minha dívida — e oferece-me a vida eterna! Sem Jesus, somos como aquele pobre, menino do campo, sem meios de pagar o nosso Rei pelas ofensas contra Ele. Deus supre milagrosamente o maravilhoso resgate para nós, e garante que aqueles que confiam nele terão vida abundante para sempre. KOH

Obrigado, Senhor, por pagar a minha dívida
por meio do sacrifício de Jesus Cristo.

O sacrifício de Jesus
paga por nossa dívida espiritual.

27 DE SETEMBRO

A BÍBLIA em UM ANO:
ISAÍAS 3-4; GÁLATAS 6

Roupas adequadas ao clima

Ao remover a etiqueta de uma roupa de inverno, sorri ao ler nela: "AVISO: Este produto inovador fará você querer permanecer ao ar livre." Quando se está vestido adequadamente para o clima, a pessoa pode sobreviver e até mesmo ser bem-sucedida sob duras condições climáticas.

O mesmo princípio é verdadeiro em nossa vida espiritual. Como seguidores de Jesus, nossa vestimenta espiritual para todas as ocasiões foi prescrita pelo Senhor em Sua Palavra, a Bíblia. "*Revesti-vos*, pois como eleitos de Deus, santos e amados, de ternos afetos de misericórdia, de bondade, de humildade, de mansidão, de longanimidade [...]. Assim como o Senhor vos perdoou, assim também perdoai vós" (vv.12,13, ÊNFASE ADICIONADA).

> **LEITURA:**
> **Colossenses 3:8-17**
>
> ...acima de tudo isto, porém, esteja o amor, que é o vínculo da perfeição. v.14

As vestimentas que Deus oferece, como a bondade, humildade e mansidão, permitem que enfrentemos a hostilidade e o criticismo com paciência, perdão e amor. Eles nos dão sustentação nas tempestades da vida.

Quando enfrentamos situações adversas em casa, na escola ou no trabalho, a "vestimenta" que Deus nos diz para usar nos protege e permite que façamos a diferença positiva: "acima de tudo isto, porém, esteja o amor, que é o vínculo da perfeição" (v.14).

Revestir-se de acordo com as orientações de Deus não muda as condições adversas, mas equipa o que se mantém revestido pelo poder do Senhor. 🍃

DCM

Pai, ajuda-me a revestir-me de amor
e a preparar-me para enfrentar as adversidades.

Bondade é o óleo que remove a aspereza da vida.

28 DE SETEMBRO

A BÍBLIA em UM ANO:
ISAÍAS 5–6; EFÉSIOS 1

Quando eu não podia orar

Descobri que precisava de cirurgia de coração aberto. E fiquei surpreso e abalado, pensando na possibilidade de morrer. Quais relacionamentos deveria consertar? Assuntos financeiros a resolver? Mesmo que a cirurgia fosse bem-sucedida, levaria meses até voltar ao trabalho. Havia algo que pudesse ser feito antes disso? A quem repassar meu trabalho? Era o momento de orar e agir.

Mas eu não tinha energia nem para isso. Tudo parecia estar além de minha força. Quando tentava orar, meus pensamentos me faziam adormecer. Foi frustrante. Eu não podia trabalhar e nem sequer podia pedir a Deus para me deixar viver para que eu pudesse passar mais tempo com minha família!

> **LEITURA:**
> **Romanos 8:22-26**
>
> ...porque não sabemos orar como convém, mas o mesmo Espírito intercede por nós [...] com gemidos inexprimíveis. v.26

A incapacidade de orar foi o que mais me incomodou. Mas o Criador sabia que isso estava acontecendo comigo. E lembrei-me de que Ele tem duas alternativas para esses momentos em nossa vida: a oração do Espírito Santo por nós quando não podemos orar (v.26); e a oração dos outros em nosso favor (TIAGO 5:16; GÁLATAS 6:2).

Que consolo saber que o Espírito Santo, naquele momento, levava as minhas preocupações perante o Pai! Que dádiva ouvir dos amigos e da família como oravam por mim! Daí veio outra surpresa: Quando meus amigos e familiares me perguntavam sobre os motivos para orar, Deus ouvia as respostas que eu lhes dava como se também fossem as minhas orações.

RKK

Deus nos ouve até mesmo
quando nos sentimos fracos para invocá-lo.

Deus sempre ouve
os clamores dos Seus filhos.

29 DE SETEMBRO

A BÍBLIA em UM ANO:
ISAÍAS 7-8; EFÉSIOS 2

Fé revigorante

Nosso filho lutou com o vício da heroína, e se você tivesse me dito que Deus um dia usaria nossa experiência para encorajar outras famílias que enfrentam essas batalhas, eu teria dificuldade em acreditar. Deus extrai o bem de circunstâncias difíceis que nem sempre são fáceis de enxergarmos quando passamos por elas.

O apóstolo Tomé também não esperava que Deus tirasse o bem do maior desafio de sua fé — a crucificação de Jesus. Tomé não estava com os outros discípulos quando Jesus lhes apareceu após a ressurreição e, em sua profunda dor, insistiu: "...Se eu não vir nas suas mãos o sinal dos cravos, e ali não puser o dedo, e não puser a mão no seu lado, de modo algum acreditarei" (JOÃO 20:25). Porém, mais tarde, quando Jesus apareceu a todos os discípulos juntos, das dúvidas de Tomé, o Espírito de Deus inspiraria uma notável declaração de fé. Quando Tomé exclamou: "Senhor meu e Deus meu!" (v.28), ele estava tendo o discernimento de que Jesus era realmente Deus encarnado, bem à sua frente. Esta ousada confissão de fé encorajou e inspirou os cristãos em cada século que se seguiu.

> **LEITURA:**
> **João 20:24-29**
>
> Guardemos firme a confissão da esperança, sem vacilar, pois quem fez a promessa é fiel.
> Hebreus 10:23

Nosso Deus é capaz de revigorar a fé em nosso coração, mesmo nos momentos em que menos esperamos. Podemos sempre esperar a Sua fidelidade. Nada é muito difícil para Ele! *JBB*

Obrigado, Senhor, pois o e Teu amor é mais forte
do que as nossas maiores dificuldades — até mesmo
de nossas piores dúvidas ou medos!

*Deus pode mudar nossas dúvidas
em ousadas declarações de fé.*

30 DE SETEMBRO

A BÍBLIA em UM ANO:
ISAÍAS 9-10; EFÉSIOS 3

Novo: dentro e fora

Alguns anos atrás, um editor cometeu um grande erro. Um livro já estava no mercado por vários anos, e era hora de reeditá-lo. O autor reescreveu o livro para atualizá-lo. Mas quando a revisão foi publicada, houve um problema. A editora publicou o livro com uma nova capa, mas imprimiu a edição não atualizada dentro.

A capa era nova, mas o conteúdo era antigo e desatualizado. Esta "reimpressão" não trazia nenhuma novidade.

Às vezes, esse tipo de coisa acontece com as pessoas. Elas percebem que as mudanças precisam ser feitas. As coisas estão indo na direção errada. Assim, eles podem aparentar uma mudança exterior sem, contudo, fazer mudanças no interior. Podem mudar um comportamento exterior, sem perceber que é somente Deus quem pode nos mudar o interior.

> **LEITURA:**
> **João 3:1-8,13-16**
>
> ...Em verdade, em verdade te digo que, se alguém não nascer de novo, não pode ver o reino de Deus. v.3

Em João 3, Nicodemos percebeu isso porque Jesus veio "de Deus" (v.2). Ele oferecia algo muito diferente. O que Jesus disse a Nicodemos fez com que este percebesse que o Senhor não oferecia nada menos do que um renascimento (v.4): Ele precisava "nascer de novo", para ser totalmente transformado (v.7).

Essa mudança vem somente pela fé em Jesus Cristo. É quando "as coisas antigas já passaram; eis que se fizeram novas" (2 CORÍNTIOS 5:17). Você precisa de uma mudança? Coloque sua fé em Jesus. Ele é o único que muda o seu coração e torna todas as coisas novas.

JDB

Jesus já o transformou? Peça ao Senhor para renová-lo interiormente.

Somente Deus pode nos transformar em novas criaturas.

1.º DE OUTUBRO

A BÍBLIA em UM ANO
ISAÍAS 11–13; EFÉSIOS 4

Como os cedros do Líbano

Anos atrás, quando fui diagnosticado com câncer, eu vi a cortina da vida se fechando diante de mim. Não questionei Deus, mas lhe disse que não estava entendendo tudo aquilo.

Na Bíblia há um relato sobre uma aliança entre o Salomão e Hirão, rei de Tiro, em que este forneceu a madeira de cedro, conhecido como a árvore de Deus, para a construção do Templo.

LEITURA:
1 Reis 5:1-12

"O justo[...]crescerá como o cedro do Líbano." Salmo 92:12

Para que revestissem o Santo dos santos e as colunas do Templo, essas árvores imensas sucumbiam ao golpe do machado, seus troncos rolavam montanha abaixo, golpeados por rochas e outras árvores, se desfigurando em sua superfície até chegar ao mar. Dali eram levados em jangadas pelos mares e, por fim, arrastados montanhas acima até Jerusalém. Os marceneiros, então, iniciavam o entalhe da madeira, e o rude tronco era transformado em perfeitas tábuas.

Ao ser polido, talhado aqui e ali, o cedro perdia parte do seu volume. Isso era necessário para que fosse usado na presença plena de Deus. Da mesma forma, estamos sendo talhados para que possamos perceber a presença de Deus em nossa vida.

Olhe para todo o sofrimento do cedro antes que este cumprisse o seu propósito. Concentre a sua mente no plano de Deus e diga: "Senhor, age em minha vida como os cedros do Líbano. Em meio a tudo o que tenho vivido, me apego na promessa de que tens um propósito para mim, e creio que isso é verdade absoluta em minha vida." 🌱

MU

Jesus diz: "...O que eu faço não o sabes agora; compreendê-lo-ás depois". JOÃO 13:7

2 DE OUTUBRO

A BÍBLIA em UM ANO
ISAÍAS 14-16; EFÉSIOS 5:1-16

O parceiro perfeito da oração

Poucos sons são tão belos como o de alguém que o ama orando por você. Ao ouvir a oração de um amigo com a compaixão e discernimento dado por Deus, é como se um pouco do Céu estivesse tocando a Terra.

É bom saber que, pela bondade de Deus para conosco, nossas orações também podem tocar o Céu. Às vezes, quando oramos, podemos lutar com palavras e sentimentos de inadequação, mas Jesus ensinou Seus seguidores que devemos "orar sempre e nunca esmorecer" (LUCAS 18:1). A Palavra de Deus nos mostra que uma das razões pelas quais podemos fazer isso é que o próprio Jesus "está à direita de Deus e também intercede por nós" (V.34).

> **LEITURA:**
> **Romanos 8:31-34**
>
> É Cristo Jesus quem morreu [...] o qual está à direita de Deus e também intercede por nós. v.34

Jamais oramos sozinhos, porque Jesus está orando por nós. Ele nos ouve quando oramos, e fala ao Pai em nosso favor. Não precisamos nos preocupar com a eloquência de nossas palavras, porque ninguém nos entende melhor do que Jesus. Ele nos ajuda em todos os sentidos, apresentando as nossas necessidades diante de Deus. Ele também sabe quando as respostas que pedimos não serão boas para nós, tratando cada pedido ou preocupação com perfeita sabedoria e amor.

Jesus é o perfeito parceiro de oração — o amigo que intercede por nós com imensurável bondade. Suas orações por nós são belas, além das palavras, e devem nos encorajar a orar sempre com gratidão. JBB

Jesus, obrigado por intercederes por mim com amor.
Ajuda-me a amar e servir-te com minhas orações hoje.

*Não há maior privilégio
do que orar com Jesus.*

3 DE OUTUBRO

A BÍBLIA em UM ANO
ISAÍAS 17-19; EFÉSIOS 5:17-33

Concebido em crise

Marcos recorda que em sua infância o seu pai reuniu a família e informou-os de que o carro deles tinha quebrado e que ficariam sem dinheiro no final do mês. O pai de Marcos orou, e pediu à família que esperassem a resposta do Senhor.

Hoje, ele lembra como a ajuda de Deus foi surpreendente. Um amigo consertou o carro, chegaram cheques inesperados e apareceu comida à porta da casa. Foi fácil louvar a Deus e a gratidão da família se fortaleceu em meio à crise.

> **LEITURA:**
> **Salmo 57**
>
> ...à sombra das tuas asas me abrigo, até que passem as calamidades. v.1

O Salmo 57 inspira ricamente as canções de adoração. Quando Davi declarou: "Sê exaltado, ó Deus, acima dos céus..." (v.11), poderíamos imaginá-lo olhando para um magnífico céu noturno do Oriente ou talvez adorando no tabernáculo. Mas, na verdade, Davi, temeroso por sua vida, escondera-se numa caverna.

"Acha-se a minha alma entre leões...", disse esse salmista. Os animais "ávidos de devorar" eram "os filhos dos homens; lanças e flechas são os seus dentes, espada afiada, a sua língua" (v.4). O louvor dele foi concebido em meio à crise. Embora encurralado por inimigos que desejavam sua morte, ele pôde escrever estas surpreendentes palavras: "Firme está o meu coração, ó Deus, [...] entoarei louvores" (v.7).

Seja qual for a crise que enfrentarmos hoje, busquemos a ajuda de Deus. E vamos louvá-lo enquanto esperamos confiantes em Seu cuidado infinitamente criativo por nós. 🌱   *TLG*

Senhor, agradecemos por Tua bondade e misericórdia.

A próxima crise que você enfrentar será
uma oportunidade a mais para confiar no Deus infalível.

4 DE OUTUBRO

A BÍBLIA em UM ANO
ISAÍAS 20-22; EFÉSIOS 6

Interrupções divinas

Os **especialistas** concordam que a quantidade de tempo consumida a cada dia por interrupções é inacreditável. Seja no trabalho ou em casa, um telefonema ou uma visita inesperada podem facilmente nos desviar do nosso objetivo principal.

Não gostamos de interrupções em nossas rotinas diárias, especialmente quando causam inconveniências ou mudança de planos. Mas Jesus lidou com o que parecia ser interrupções de maneira muito diferente. Vez após vez nos evangelhos, vemos o Senhor parar o que está fazendo para ajudar alguém em necessidade.

> LEITURA:
> **Lucas 18:35-43**
>
> [Jesus] perguntou-lhe: Que queres que eu te faça? Respondeu ele: Senhor, que eu torne a ver. vv.40,41

Enquanto Jesus estava a caminho de Jerusalém onde seria crucificado, um cego implorando ao lado da estrada clamou: "Jesus, Filho de Davi, tem compaixão de mim!" (LUCAS 18:35-38). Alguns na multidão o repreenderam para calar-se, mas ele continuou clamando ao Senhor. Jesus parou e perguntou ao homem: "Que queres que eu te faça? Respondeu ele: Senhor, que eu torne a ver. Então, Jesus lhe disse: Recupera a tua vista; a tua fé te salvou" (vv.41,42).

Quando os nossos planos são interrompidos por alguém que realmente precisa de ajuda, podemos pedir ao Senhor sabedoria sobre como responder com compaixão. O que chamamos de interrupção pode ser um compromisso divino que o Senhor programou para aquele dia. DMC

Senhor Jesus, enche-nos da Tua sabedoria e compaixão
para que possamos responder como tu fizeste às pessoas necessitadas.

*As interrupções
podem ser oportunidades para servir.*

A BÍBLIA em UM ANO
ISAÍAS 23–25; FILIPENSES 1

Pairando sobre nós

A filha da Isabel retornou de uma viagem ao exterior, sentindo-se mal. Quando a sua dor se tornou insuportável, Isabel e seu marido a levaram para o pronto-socorro. Os médicos e as enfermeiras a atenderam e após algumas horas, uma das enfermeiras disse a Isabel: "Ela vai ficar bem! Vamos cuidar bem dela e irá se curar." Nesse momento, Isabel sentiu-se inundada de paz e amor. Enquanto preocupava-se ansiosamente por sua filha, percebeu que o Senhor é o Pai perfeito que nutre os Seus filhos, trazendo-nos o conforto em tempos difíceis.

> **LEITURA:**
> **Dt 32:7-12**
>
> ...e cuidou dele, guardou-o como a menina dos olhos. Como a águia [...] voeja sobre os seus filhotes... vv.10,11

Em Deuteronômio, o Senhor lembrou a Seu povo sobre o tempo em que eles vagavam no deserto. Deus cuidou deles como um pai amoroso que cuida dos seus filhos jovens. Ele nunca os deixou, e "Como a águia [...] voeja sobre os seus filhotes, estende as asas e, tomando-os, os leva sobre elas" (32:11). Ele queria que se lembrassem de que, embora experimentassem dificuldades e conflitos no deserto, Ele não os abandonou.

É possível que enfrentemos desafios de muitos tipos, mas podemos nos consolar e sermos encorajados na certeza de que o nosso Deus nunca nos deixará. Quando sentirmos que estamos caindo, o Senhor, como uma águia, estenderá as Suas asas para nos acolher (v.11), trazendo-nos a paz. 🍂   ABP

> **Deus, que** a minha confiança repouse em ti,
> e que eu compartilhe o Teu amor com os outros.

Nosso Deus paira sobre nós com amor.

Se eu soubesse...

ndo ao trabalho, escutei a música *Dear Younger Me* (Querido eu jovem), que pergunta: Se pudesse voltar, sabendo o que sabe hoje, o que diria ao seu "eu" mais jovem? Ao ouvi-la, pensei nas dicas de sabedoria e advertências que daria a mim mesmo mais jovem e menos sábio. Em algum momento, a maioria de nós já pensou em como poderíamos fazer as coisas de maneira diferente — se pudéssemos fazê-las de novo.

> **LEITURA:**
> **1 Pedro 1:3-9**
>
> Bendito o Deus [...] que, [...] nos regenerou para uma viva esperança, mediante a ressurreição de Jesus... v.3

A canção ilustra que, embora nosso passado possa nos encher de arrependimentos, as nossas experiências moldam quem somos. Não podemos voltar atrás ou mudar as consequências de nossas escolhas ou de nosso pecado. Mas louvemos a Deus, pois não precisamos carregar os pesados fardos e erros do passado conosco, por causa do que Jesus fez! "Bendito o Deus e Pai de nosso Senhor Jesus Cristo, que, segundo a sua muita misericórdia, nos regenerou para uma viva esperança, mediante a ressurreição de Jesus Cristo dentre os mortos" (1 PEDRO 1:3).

Se nos voltarmos para Ele com fé e tristeza por nossos pecados, Ele nos perdoará. A partir desse momento, somos feitos novos e começamos o processo de sermos espiritualmente transformados (2 CORÍNTIOS 5:17). Independentemente do que fizemos (ou não), somos perdoados por causa do que *Ele fez*. Podemos avançar, tirando o máximo do hoje e antecipando um futuro com Ele. Em Cristo, somos livres! ❖

ADK

Senhor, estou grato por estar livre
dos fardos do passado.

Deixe os seus pesados fardos com Deus.

7 DE OUTUBRO

A BÍBLIA em UM ANO
ISAÍAS 28–29; FILIPENSES 3

Quão mais?

Quando casei, pensei que logo teria filhos, mas isso não ocorreu, e a dor da infertilidade me prostrou. Muitas vezes clamei a Deus: "Até quando?" Sabia que Ele podia mudar minhas circunstâncias. Por que não mudava?

Você está esperando em Deus? E se pergunta: Até quando, Senhor, antes que a justiça prevaleça em nosso mundo? Antes que exista a cura para o câncer? Quando não terá mais dívidas?

O profeta Habacuque estava bem familiarizado com esse sentimento. No século 7 a.C. ele clamou ao Senhor: "Até quando, Senhor, clamarei eu, e tu não me escutarás? Gritar-te-ei: Violência! E não salvarás? Por que me mostras a iniquidade e me fazes ver a opressão..." (1:2,3). Ele orou por um longo tempo, lutando para compreender como o Deus justo e poderoso permitiria que a maldade, a injustiça e a corrupção continuassem em Judá. Quanto a ele, Deus já deveria ter agido. *Por que Deus não fazia algo?*

> **LEITURA:**
> **Habacuque 1:2-11**
>
> **Até quando, Senhor, clamarei eu, e tu não me escutarás? Gritar-te-ei: Violência! E não salvarás?** v.2

Há dias em que também sentimos como se Deus não estivesse fazendo nada. Como Habacuque, continuamente perguntamos a Deus: "Até quando?"

No entanto, não estamos sozinhos. Como ouviu Habacuque, Deus ouve os nossos clamores. Devemos continuar a lançar nossos fardos ao Senhor porque Ele cuida de nós, e nos ouve e, em Seu tempo, nos dará a resposta. 🍂   KW

Senhor, obrigado por ouvir os meus clamores e sei que responderás de acordo com os Teus planos e propósitos que são perfeitos.

*Não se desespere por causa do mal;
a última palavra será de Deus.*

8 DE OUTUBRO

A BÍBLIA em UM ANO
ISAÍAS 30–31; FILIPENSES 4

Suficiente

Quando meu marido e eu fomos solicitados a acolher um grupo pequeno em nosso lar, minha primeira reação foi recusar. Senti-me inadequada. Não tínhamos lugares para todos, a nossa casa era pequena e sem espaço suficiente. Não sabia se tínhamos as habilidades para mediar os assuntos. Estava preocupada que me pedissem para preparar comida, pois me faltava vontade e dinheiro. Senti como se não tivéssemos condições "suficientes" e incapaz de aceitar o desafio. Mas queríamos servir a Deus e a comunidade, então, apesar dos temores, aceitamos. Nos 5 anos seguintes, tivemos grandes alegrias ao acolher novos grupos.

> **LEITURA:**
> **2 Reis 4:42-44**
>
> **Então, lhos pôs diante; comeram, e ainda sobrou, conforme a palavra do SENHOR.** v.44

Observo a mesma relutância e dúvida no homem que trouxe pão ao servo de Deus, Eliseu. O profeta Eliseu o instruiu a dar ao povo, mas ele questionou se 20 pães alimentariam 100 homens. Parece que ele foi tentado a reter a comida porque, em sua compreensão humana, não seria suficiente. No entanto, foi *mais* do que o suficiente (2 REIS 4:44), pois Deus aceitou essa dádiva, entregue em obediência, e a multiplicou.

Quando nos sentimos inadequados, ou pensamos que o que temos para oferecer não é o suficiente, vamos nos lembrar de que Deus nos pede para darmos o que temos em fiel obediência, é Ele quem o torna "o suficiente".

KAW

Senhor, quando temo que o que tenho para dar
é insuficiente, ajuda-me a entregar-te assim mesmo
e a confiar em ti para torná-lo o "suficiente".

*Uma oferta entregue
em fiel obediência é suficiente.*

9 DE OUTUBRO

A BÍBLIA em UM ANO
ISAÍAS 32-33; COLOSSENSES 1

De minhocas à guerra

Era a primeira pescaria de Célio, de 10 anos, e ele olhava receoso para o balde de iscas parecendo hesitar em começar. Finalmente, ele disse ao meu marido: "Ajude-me, eu-T-P-D-M!". Então, meu marido lhe perguntou qual era o problema, Célio respondeu: "T-P-D-M! — Tenho pavor de minhocas!" Seu medo o incapacitava para agir.

O medo pode paralisar os homens crescidos também. Gideão deve ter ficado com medo quando o anjo do Senhor veio a ele enquanto estava "malhando o trigo no lagar, para o pôr a salvo dos midianitas" (v.11). O anjo lhe disse que ele tinha sido escolhido por Deus para liderar o Seu povo na batalha (vv.12-14).

> LEITURA:
> Juízes 6:11-16,36-40
>
> Porém o SENHOR lhe disse: Paz seja contigo! Não temas! Não morrerás! v.23

Qual foi a resposta de Gideão? "Ai, Senhor meu! Com que livrarei Israel? Eis que a minha família é a mais pobre em Manassés, e eu, o menor na casa de meu pai" (v.15). Depois de ter se assegurado da presença do Senhor, Gideão ainda parecia temeroso e pediu sinais de que Deus o usaria para salvar Israel como Ele tinha prometido (vv.36-40). E Deus atendeu aos pedidos de Gideão. Os israelitas tiveram sucesso na batalha e tiveram paz por 40 anos.

Todos nós temos medos de vários tipos, desde minhocas até a guerras. A história de Gideão nos ensina que podemos estar confiantes de que se Deus nos pede para fazer algo, Ele nos dará a força e o poder para efetuá-lo. 🌿

AMC

Senhor, obrigado pela garantia
de que estás conosco.

*Para afastar o medo da sua vida,
coloque a sua fé no Deus vivo.*

10 DE OUTUBRO

A BÍBLIA em UM ANO
ISAÍAS 34-36; COLOSSENSES 2

Chamada para despertar!

Durante os anos em que eu viajava com frequência e ficava todas as noites numa cidade diferente, eu sempre programava o serviço de despertador quando dormia em hotéis. Além do meu alarme pessoal, eu precisava de um telefone estridente para me ajudar a sair da cama e me movimentar pela manhã.

No livro do Apocalipse, as cartas do apóstolo João às sete igrejas na província da Ásia contêm uma chamada para despertarmos espiritualmente. Para a igreja em Sardes, ele enviou esta mensagem do próprio Jesus: "...Conheço as tuas obras, que tens nome de que vives e estás morto. Sê vigilante e consolida o resto que estava para morrer, porque não tenho achado íntegras as tuas obras na presença do meu Deus" (vv.1,2).

> **LEITURA:**
> **Apocalipse 3:1-6**
>
> **Sê vigilante [...] porque não tenho achado íntegras as tuas obras na presença do meu Deus.** v.2

No meio da fadiga espiritual, podemos deixar de perceber a letargia que rasteja em nosso relacionamento com Deus. Mas o Senhor nos diz: "Lembra-te, pois, do que tens recebido e ouvido, guarda-o e arrepende-te" (v.3).

Muitos acham que separar um tempo extra todas as manhãs para ler a Bíblia e conversar com o Senhor em oração os ajuda a permanecerem espiritualmente alertas. Não é uma obrigação, mas uma alegria investir tempo com Jesus e saber que Ele nos prepara para o que está à nossa frente naquele dia. DMC

Senhor, permite-nos ouvir e
responder ao Teu chamado de despertar hoje.

É uma alegria investir tempo com Jesus!

11 DE OUTUBRO

A BÍBLIA em UM ANO
ISAÍAS 37–38; COLOSSENSES 3

Sol com duas asas

Durante 5 anos, um antigo selo de barro permaneceu no Instituto de Arqueologia de Jerusalém. Ele fora desenterrado na parte sul da antiga muralha daquela cidade, e o exame inicial não conseguiu estabelecer a importância do objeto de quase 3 mil anos. Porém um pesquisador examinou cuidadosamente as letras no selo, e fez uma grande descoberta. Na inscrição, escrita em hebraico antigo, lê-se: "Pertence a Ezequias, rei de Judá."

> LEITURA:
> **Isaías 38:1-8**
>
> **...Ouvi a tua oração e vi as tuas lágrimas...** v.5

Em seu centro há um sol com duas asas rodeado por duas imagens que simbolizam a vida. Os arqueólogos acreditam que o rei Ezequias começou a usar este selo como símbolo da proteção de Deus depois que o Senhor o curou de uma doença que ameaçava a sua vida (vv.1-8). Ezequias suplicou ao Senhor para curá-lo. E Deus ouviu a sua oração e lhe deu um sinal de que realmente faria o que Ele havia prometido, dizendo: "eis que farei retroceder dez graus a sombra lançada pelo sol declinante…" (v.8).

Este artefato arqueológico nos dá um lembrete encorajador de que as pessoas na Bíblia estavam aprendendo, como nós, a invocar o Senhor que nos ouve quando pedimos por Sua ajuda. E mesmo quando as Suas respostas não são o que desejamos ou esperamos, podemos ter a certeza de que Ele é compassivo e poderoso. Aquele que ordena o movimento do Sol certamente pode mover-se em nosso coração.

PFC

Deus, ajuda-me a crer em Teu poder e amor,
e a buscar a Tua ajuda sempre.

Clame a Deus. Ele quer ouvi-lo.

12 DE OUTUBRO

A BÍBLIA em UM ANO
ISAÍAS 39-40; COLOSSENSES 4

O bom Pastor

Sentei-me no quarto do hospital com meu marido, esperando ansiosamente. Nosso filho submetia-se a uma cirurgia corretiva do olho e movida pela preocupação, senti frio na barriga. Tentei orar, pedindo a Deus que me desse a Sua paz. Enquanto folheava minha Bíblia, pensei em Isaías 40, e procurei essa passagem familiar, me questionando se algo novo me tocaria.

Enquanto a lia, perdi o fôlego, pois as palavras de tantos anos atrás me lembraram que o Senhor: "Como um pastor cuida do seu rebanho [...] ele juntará os carneirinhos, e os carregará no colo" (v.11). Naquele momento, minha ansiedade se dissipou, pois percebi que o Senhor estava nos segurando, guiando e cuidando. *Era isso exatamente o que eu precisava, Senhor*, respirei em silêncio. Senti-me envolvida pela paz de Deus durante e após a cirurgia (que felizmente foi bem).

> **LEITURA:**
> **Isaías 40:6-11**
>
> ...ele juntará os carneirinhos, e os carregará no colo...
> v.11 (NTLH)

O Senhor prometeu a Seu povo através do profeta Isaías que Ele seria o seu pastor, guiando-os em sua jornada diária e dando-lhes conforto. Nós também podemos usufruir do Seu cuidado carinhoso quando lhe expomos nossas ansiedades e buscamos o Seu amor e paz. Sabemos que Ele é o nosso Bom Pastor, que nos acolhe junto ao Seu coração e nos envolve em Seus braços eternos. ABP

Senhor Jesus, obrigado pelo dom do Teu amor sacrificial
e pela paz que ultrapassa todo o entendimento.

O Bom Pastor cuida das Suas ovelhas.

13 DE OUTUBRO

A BÍBLIA em UM ANO
ISAÍAS 41-42; 1 TESSALONICENSES 1

Um novo nome

O teólogo Mark Labberton escreveu um artigo sobre o poder que conferimos ao "nominar" as pessoas pensando em suas individualidades. Disse ele: "Ainda sinto o impacto de um amigo músico que um dia me chamou de 'musical'. Jamais alguém tinha me chamado assim. Eu não tocava qualquer instrumento musical nem era solista. Mas nessa observação, me senti acolhido e reconhecido. Meu amigo percebeu, validou e apreciou algo verdadeiro em mim."

> **LEITURA:**
> **João 1:35-42**
>
> ...Olhando Jesus para ele, disse: Tu és Simão, o filho de João; tu serás chamado Cefas (que quer dizer Pedro). v.42

Talvez Simão sentiu isso quando Jesus lhe deu um novo nome. Após André estar convencido de que Jesus era o Messias, ele imediatamente encontrou seu irmão Simão e o trouxe a Jesus (vv.41,42). Jesus olhou em sua alma e autenticou e apreciou algo profundamente verdadeiro em Simão. Sim, Jesus viu o fracasso e a natureza impetuosa que lhe trariam problemas. Mas além disso, viu nele o potencial para se tornar um líder na Igreja. E o chamou de Cefas, o aramaico para Pedro — rocha (MATEUS 16:18).

Acontece o mesmo conosco. Deus vê o nosso orgulho, ira e falta de amor pelos outros, mas Ele também sabe quem somos em Cristo. Ele nos chama justificados e reconciliados (ROMANOS 5:9,10), perdoados, santos e amados (COLOSSENSES 2:13;3:12); escolhidos e fiéis (APOCALIPSE 17:14). Lembre-se de como Deus o vê e permita que isso defina quem você é.

MLW

Senhor, obrigado por me conheceres plenamente,
e amar-me como nenhum outro.
Ajuda-me a ver os outros através dos Teus olhos.

*Ninguém pode roubar
a sua identidade em Cristo.*

14 DE OUTUBRO

A BÍBLIA em UM ANO
ISAÍAS 43–44; 1 TESSALONICENSES 2

Realizado por Deus

Certa tarde, ao final do almoço na casa de minha irmã, ela disse à minha sobrinha de 3 anos, Anita, que era a hora da soneca. O rostinho dela se encheu de temor. E com lágrimas, disse: "A tia Mônica ainda não me segurou no colo!" Minha irmã sorriu e disse: "Ok, ela pode te segurar primeiro. Quanto tempo você precisa, 5 minutos?".

Enquanto eu a segurava, estava grata por como, sem sequer tentar, ela me lembra o que significa amar e ser amado. Às vezes, acho que esquecemos que a nossa jornada de fé é aprender a experimentar o amor de Deus mais plenamente do que imaginamos (EFÉSIOS 3:18). Quando perdemos esse foco, podemos nos encontrar, como o irmão mais velho na parábola de Jesus sobre o filho pródigo, tentando desesperadamente conquistar a aprovação de Deus enquanto perdemos tudo o que Ele já nos deu (LUCAS 15:25-32).

> **LEITURA:**
> **Salmo 131**
>
> ...fiz calar e sossegar a minha alma; como a criança desmamada se aquieta nos braços de sua mãe... v.2

O Salmo 131 é uma oração que pode nos ajudar a nos tornarmos "como crianças" (MATEUS 18:3) e a deixarmos de lutar com nossa mente sobre o que não entendemos (SALMO 131:1). Em vez disso, investindo o nosso tempo na presença do Senhor, podemos retornar a um lugar de paz (v.2), encontrando a esperança que precisamos (v.3) em Seu amor — tão calmo e tranquilo — como se fôssemos crianças novamente nos braços maternos (v.2). MRB

> **Senhor, somos** gratos por aqueles que nos lembram
> o que significa amar e ser amado.
> Ajuda-nos a estar sempre enraizados em Teu amor.

*Como crianças, podemos aprender
a descansar no amor de Deus.*

15 DE OUTUBRO

A BÍBLIA em UM ANO
ISAÍAS 45–46; 1 TESSALONICENSES 3

O cuidado com a Criação

Quando as trutas conhecidas como "grandes marrons" estão desovando e começando o seu ritual de assentamento de outono, é possível vê-las escavando seus ninhos em águas rasas.

Os bons pescadores sabem que os peixes estão desovando e tentam não os perturbar. Evitam andar por sobre os cascalhos onde podem pisotear os ovos, ou vadear rio acima dos ninhos onde podem deslocar os detritos e vir a sufocá-los. E eles não pescam estas trutas, embora seja tentador fazê-lo enquanto elas descansam perto de seus ninhos.

> **LEITURA:**
> **Gênesis 1:26-31**
>
> Os céus são os céus do Senhor, mas a terra, deu-a ele aos filhos dos homens.
> Salmo 115:16

Estas precauções fazem parte de uma ética que rege a pesca responsável. Mas há uma causa mais profunda e melhor.

As Escrituras enfatizam o fato de que Deus nos deu a Terra (GÊNESIS 1:28-30), para que dela desfrutemos, mas devemos fazer isso como pessoas que a amam.

Gosto de refletir sobre o trabalho das mãos de Deus: uma perdiz chamando outra no desfiladeiro, um alce alfa gritando à procura de fêmeas, um rebanho de antílope ao longe, uma truta de ribeiro e sua epiderme cor-de-rosa caleidoscópico, uma lontra mãe brincando em um córrego com seus filhotes. Amo muito tudo isso, pois me foram dadas para o meu deleite, fruto do grande amor de meu Pai.

E o que eu amo, protejo. 🍂

DHR

> **Pai, tu** nos colocaste aqui para desfrutar e refletir sobre a Tua maravilhosa criação. Que tudo o que fizeste nos lembre da Tua bondade, amor e cuidado.

O cuidado com a criação honra o Criador.

16 DE OUTUBRO

A BÍBLIA em UM ANO
ISAÍAS 47-49; 1 TESSALONICENSES 4

Quarto 5020

Jay Bufton transformou seu quarto de hospital num farol. O esposo, pai, professor de Ensino Médio e treinador estava morrendo de câncer aos 52 anos. O seu quarto, 5020, tornou-se um farol de esperança para os amigos, familiares e funcionários. Por sua atitude alegre e fé consistente, os enfermeiros queriam ser selecionados para ajudá-lo e o visitavam nas horas de folga.

Mesmo quando seu corpo, uma vez atlético, estava se deteriorando, cumprimentava sempre com um sorriso e encorajamento. Certo amigo disse: "Sempre que o visitava, ele era otimista, positivo e cheio de esperança. Mesmo enfrentando o câncer e a morte, vivia a sua fé."

> **LEITURA:**
> **Gênesis 50:15-20**
>
> Vós, na verdade, intentastes o mal contra mim; porém Deus o tornou em bem, para fazer, como vedes agora... v.20

No funeral dele, o orador destacou com um significado especial o número do quarto dele. Leu o versículo em Gênesis 50:20, no qual José diz que, embora seus irmãos o tivessem vendido como escravo, Deus virou a mesa e " o tornou em bem, para fazer [...] que se conserve muita gente em vida". O câncer invadiu a vida de Bufton, mas por reconhecer que isto vinha da mão de Deus, ele podia dizer que "todas as coisas cooperam para o bem" (ROMANOS 8:28). Por esse motivo, Bufton podia usar esta experiência como uma porta aberta para falar aos outros sobre Jesus.

Que legado de confiança inabalável em nosso Salvador, mesmo quando a morte lhe batia à porta! Que testemunho de confiança em nosso confiável e bom Deus! 🕮   *DHR*

Senhor, ajuda-nos a falar do Teu amor sempre.

*Pela graça de Deus, podemos ter
o nosso melhor testemunho nos piores momentos.*

17 DE OUTUBRO

A BÍBLIA em UM ANO
ISAÍAS 50–52; 1 TESSALONICENSES 5

Influência invisível

Numa galeria de arte vi uma obra-prima chamada "O Vento", que mostrava uma tempestade se movendo por uma área arborizada. Árvores altas e finas se inclinavam à esquerda e os arbustos oscilavam na mesma direção.

O Espírito Santo é capaz de influenciar os cristãos em direção à bondade e à verdade de Deus. Se seguimos com o Espírito, podemos esperar nos tornarmos mais corajosos e mais amorosos. Também nos tornaremos mais exigentes sobre como lidar com os nossos desejos (2 TIMÓTEO 1:7).

> **LEITURA:**
> **1 Ts 5:16-24**
>
> **Não extingais o Espírito.**
> 1 Tessalonicenses 5:19

Em algumas situações, no entanto, o Espírito nos impele com vigor ao crescimento e mudança espiritual, mas respondemos com um "não". Obstruir continuamente essa convicção é aquilo que as Escrituras chamam de apagar o Espírito (1 TESSALONICENSES 5:19). Ao longo do tempo, as coisas que uma vez consideramos errado não parecem mais ser tão ruins.

Quando nosso relacionamento com Deus parece distante e desconectado, pode ser porque a convicção do Espírito tem sido repetidamente ignorada. Quanto mais tempo isso acontece, mais difícil é ver a raiz do problema. Felizmente, podemos orar e pedir a Deus para nos mostrar o nosso pecado. Se nos afastarmos do pecado e voltarmos a nos comprometer com Ele, Deus nos perdoará e avivará o poder e a influência de Seu Espírito em nós. JBS

Deus, mostra-me quando resisti ao Teu Santo Espírito.
Ajuda-me a ouvir-te quando me falas.

*Ceder ao Espírito Santo
conduz à vida abençoada.*

18 DE OUTUBRO

A BÍBLIA em UM ANO
ISAÍAS 53-55; 2 TESSALONICENSES 1

Um encontro com pedras

Depois de séculos de guerra e destruição, a moderna Jerusalém é construída sobre os seus próprios escombros. Durante uma visita, caminhamos pela Via Dolorosa, a rota que a tradição diz que Jesus seguiu em Seu caminho para a cruz. O dia estava quente, então paramos para descansar e descemos para o porão fresco do Convento das Irmãs de Sião. Lá, fiquei intrigado com a visão de antigas pedras de pavimentação descobertas durante uma construção recente. Eram gravadas com os jogos praticados por soldados romanos nos momentos de folga.

LEITURA:
Isaías 53:1-6

Mas ele foi traspassado pelas nossas transgressões e moído pelas nossas iniquidades... v.5

Essas pedras em particular, embora sejam provavelmente de um período posterior a Jesus, me fizeram refletir sobre minha vida espiritual. Como um soldado entediado passando o tempo em momentos ociosos, eu tinha me tornado complacente e indiferente a Deus e aos outros. Fiquei comovido ao lembrar de que, perto dali, o Senhor foi espancado, zombado, insultado e abusado quando tomou todo o meu fracasso e rebelião sobre si.

"Mas ele foi traspassado pelas nossas transgressões e moído pelas nossas iniquidades; o castigo que nos traz a paz estava sobre ele, e pelas suas pisaduras fomos sarados" (ISAÍAS 53:5).

Meu encontro com as pedras ainda me fala da graça amorosa de Jesus que é maior do que todo o meu pecado. DCM

Senhor Jesus, em Teu grande sacrifício por nós,
encontramos perdão, cura e esperança.
Obrigado por vivermos hoje e eternamente em Teu amor.

Nosso pecado é grande,
porém a graça de Deus é maior!

19 DE OUTUBRO

A BÍBLIA em UM ANO
ISAÍAS 56–58; 2 TESSALONICENSES 2

Nós temos o poder!

O **barulho me** assustou, reconhecendo o som, corri à cozinha. Eu tinha ligado a cafeteira *vazia*. Desconectei o aparelho e segurei no cabo da jarra. Depois a toquei no fundo para garantir que não estava muito quente para colocar sobre a pia. A superfície lisa queimou as pontas dos meus dedos, empolando minha pele macia.

Quando meu marido cuidou da ferida, balancei a cabeça, dizendo: "sabia que estava quente e nem sei por que toquei a jarra".

Minha resposta lembrou-me da reação de Paulo a uma questão mais séria nas Escrituras — a natureza do pecado.

> **LEITURA:**
> **Romanos 7:14-25**
>
> **Se vivemos no Espírito, andemos também no Espírito.**
> Gálatas 5:25

O apóstolo admite que não sabe por que ele faz coisas que sabe que não deve fazer e não quer fazer (ROMANOS 7:15). Afirmando que as Escrituras determinam o certo e o errado (v.7), ele reconhece a verdadeira e complexa guerra que constantemente travamos entre a carne e o espírito na luta contra o pecado (vv.15-23). Confessando suas próprias fraquezas, Paulo propõe esperança para a vitória agora e para sempre (vv.24,25).

Quando entregamos a nossa vida a Cristo, Ele nos concede o Seu Espírito Santo que nos capacita a escolher fazer o que é certo (8:8-10). À medida que Ele nos capacita a obedecer à Palavra de Deus, podemos evitar o pecado abrasador que nos separa da vida abundante que Deus promete aos que o amam. ❦   XED

Senhor, obrigado por quebrares as correntes que nos prendiam a uma vida controlada por nossa natureza pecaminosa.

*O Espírito Santo nos transforma
por meio do Seu amor e por Sua graça.*

20 DE OUTUBRO

A BÍBLIA em UM ANO
ISAÍAS 59–61; 2 TESSALONICENSES 3

Quando a beleza jamais acaba

Gosto muito de montanhas superaltas. Sempre que estou na borda de uma delas, vejo pinceladas novas da obra de Deus de tirar o meu fôlego.

Mesmo que seja apenas uma imensa "cratera" no chão, a grandeza dos vales e montanhas me fazem refletir sobre o Céu. Uma criança de 12 anos me perguntou: "Será que o Céu será monótono? Você não acha que vamos nos cansar de louvar a Deus o tempo todo?" "Mas se uma "cratera no chão" pode ser tão esmagadoramente bela, que não podemos deixar de lhe olhar, só podemos imaginar a alegria que um dia teremos ao ver a própria Fonte da beleza — nosso amoroso Criador — em toda a primitiva maravilha da nova criação.

> **LEITURA:**
> Salmo 27:1-4
>
> **Porque a tua graça é melhor do que a vida; os meus lábios te louvam.** 63:3

Davi expressou este anseio quando escreveu: "Uma coisa peço ao Senhor, e a buscarei: que eu possa morar na Casa do Senhor todos os dias da minha vida, para contemplar a beleza do Senhor e meditar no seu templo" (27:4). Não há nada mais belo do que a presença de Deus, que se aproxima de nós nesta Terra à medida que o buscamos pela fé, ansiando por vê-lo face a face.

Nesse dia, jamais cansaremos de louvar nosso incrível Senhor, porque nunca chegaremos ao fim de novas e revigorantes descobertas da Sua extraordinária bondade e das maravilhas das obras de Suas mãos. Cada momento em Sua presença trará uma revelação deslumbrante de Sua beleza e Seu amor.

JBB

Formoso Salvador, ajuda-me a buscar-te todos os dias
e viver em Tua presença e Teu amor.

*Fomos criados para
deleitarmos em Deus para sempre.*

21 DE OUTUBRO

A BÍBLIA em UM ANO
ISAÍAS 62–64; 1 TIMÓTEO 1

Seu lugar seguro

Minha filha e eu estávamos nos organizando para participar de uma reunião de toda a família. Como ela estava nervosa sobre a viagem, me ofereci para dirigir. "OK. Mas me sinto mais segura em meu carro. Você pode dirigi-lo?", ela perguntou. Presumi que ela preferia o seu veículo mais espaçoso do que o meu compacto, e respondi: " O meu é muito apertado?" "Não, apenas sinto que o meu carro é o meu lugar seguro. De alguma forma sinto-me protegida indo nele."

LEITURA:
Provérbios 18:10-11

Torre forte é o nome do Senhor, à qual o justo se acolhe e está seguro. v.10

O comentário dela me desafiou a considerar o meu "lugar seguro" pessoal. Imediatamente pensei em Provérbios 18:10: "Torre forte é o nome do Senhor, à qual o justo se acolhe e está seguro." Nos tempos do Antigo Testamento, as muralhas e a torre de vigia de uma cidade alertavam sobre o perigo de fora e protegia os seus cidadãos. O argumento do escritor é que o nome de Deus, que representa Seu caráter, pessoa e tudo o que Ele é, oferece proteção verdadeira ao Seu povo.

Certos lugares prometem segurança em momentos que parecem perigosos. Um telhado resistente em meio à tempestade. Um hospital que oferece cuidados médicos. O abraço de um ente querido.

Qual é o seu "lugar seguro"? Onde quer que procuremos segurança, é a presença de Deus conosco naquele lugar que nos concede a força e a proteção que realmente precisamos. 🌿   *ELM*

Querido Deus, sejam quais forem as nossas preocupações,
ao pensarmos em ti, encontramos segurança em Tua presença.

*Deus é um lugar seguro
em meio às tempestades da vida.*

22 DE OUTUBRO

A BÍBLIA em UM ANO
ISAÍAS 65-66; 1 TIMÓTEO 2

Amor de outro tipo

Há anos uma igreja começou como um ministério para ex-prisioneiros em transição para voltar à sociedade. Hoje, ela floresce com pessoas vindas de todas as esferas da vida. Aprecio-a muito porque me lembra de como imagino que o Céu será — cheio de pessoas diferentes, pecadores redimidos ligados pelo amor de Jesus.

> **LEITURA:**
> **João 15:9-17**
>
> O meu mandamento é este: que vos ameis uns aos outros, assim como eu vos amei. v.12

Às vezes, porém, me pergunto se a igreja não se parece mais com um clube exclusivo do que um refúgio seguro para pecadores perdoados. Como as pessoas gravitam naturalmente em grupos de "um certo tipo" e se ajuntam em torno daquelas com quem se sentem confortáveis, os que estão fora desse círculo sentem-se marginalizados. Mas não é isso o que Jesus tinha em mente quando disse a Seus discípulos: "...ameis uns aos outros, assim como eu vos amei" (v.12). A Sua Igreja deveria ser uma extensão do Seu amor compartilhado mutuamente com todos.

Se estiverem sofrendo, as pessoas rejeitadas podem encontrar o refúgio amoroso, conforto e perdão em Jesus, não devem esperar menos do que isso da Igreja. Então, vamos demonstrar o amor de Jesus a todos que encontramos, especialmente àqueles que consideramos diferentes. Todos ao nosso redor são pessoas que Jesus quer amar através de nós. Que alegria quando as pessoas se unem para adorar juntos em amor — é um pedaço do Céu que podemos usufruir aqui na Terra!

JMS

Senhor, conduz-me a alguém que eu possa amar como tu me amaste.

Compartilhe o amor de Cristo
uns com os outros.

23 DE OUTUBRO

A BÍBLIA em UM ANO
JEREMIAS 1–2; 1 TIMÓTEO 3

De irmão para irmão

Meu irmão e eu, temos menos de um ano de diferença, fomos muito "competitivos" enquanto crescíamos (leia-se: briguentos!). Papai entendia. Ele tinha irmãos. Mamãe? Não muito.

Nossa história poderia muito bem levar o título "Rivalidade entre irmãos". Caim e Abel (4); Isaque e Ismael (21:8-10); José, Benjamim e os demais (37). Mas em questão de animosidade entre irmãos é difícil superar Jacó e Esaú.

Jacó, o irmão gêmeo de Esaú o tinha enganado duas vezes, então Esaú quis matá-lo (27:41). Décadas depois, eles se reconciliaram (33). Mas a rivalidade continuou entre os seus descendentes, as nações de Edom e Israel. Quando o povo de Israel se preparou para entrar na Terra Prometida, Edom os encontrou com ameaças e um exército (NÚMEROS 20:14-21). Muito mais tarde, quando os cidadãos de Jerusalém fugiram das forças invasoras, Edom exterminou os refugiados (OBADIAS 1:10-14).

> **LEITURA:**
> **Gênesis 33:1-11**
>
> Novo mandamento vos dou: que vos ameis uns aos outros; assim como eu vos amei...
> João 13:34

Felizmente para nós, a Bíblia não contém apenas o triste relato do nosso fracasso, mas também a história da redenção. Jesus mudou tudo, dizendo a Seus discípulos: "Novo mandamento vos dou: que vos ameis uns aos outros..." (JOÃO 13:34). Dessa maneira, Ele nos mostrou o que isso significa morrendo por nós.

Hoje mais idosos, meu irmão e eu somos bem próximos. Quando respondemos ao perdão que Deus oferece, a Sua graça pode transformar nossas rivalidades em amor fraternal. 🌺 TLG

Senhor, transforma-nos com o Teu amor.

A rivalidade entre irmãos é natural.
O amor de Deus é sobrenatural.

24 DE OUTUBRO

A BÍBLIA em UM ANO
JEREMIAS 3-5; 1 TIMÓTEO 4

Jesus disfarçado

Quando uma amiga cuidava de sua sogra incapacitada, perguntou-lhe o que mais desejava. Sua sogra disse: "Que meus pés sejam lavados." Minha amiga admitiu que odiava essa tarefa! "Cada vez que ela me pedia isso, eu ficava ressentida, e pedia a Deus que ela não notasse."

Mas certo dia a atitude de murmuração dela mudou num instante. E contou-me o que aconteceu quando ela preparou a bacia, a toalha, e ajoelhou-se aos pés da sogra: "Olhei para cima, e por um momento senti como se estivesse lavando os pés do próprio Jesus. Ele estava disfarçado de minha sogra." Depois disso, minha amiga se sentiu honrada em lavar os pés de sua sogra.

**LEITURA:
Mateus 25:31-40**

Em verdade vos afirmo que, sempre que o fizestes a um destes meus pequeninos irmãos, a mim o fizestes. v.40

Quando ouvi esse relato comovente, pensei na história que Jesus ensinou sobre o fim dos tempos, quando Ele estava nas encostas do monte das Oliveiras. O Rei acolhe os Seus filhos e filhas em Seu reino, dizendo-lhes que quando visitavam os doentes ou alimentavam os famintos: "sempre que o [faziam] a um destes meus pequeninos irmãos, a mim o [faziam]" (v.40). Nós também servimos o próprio Jesus quando visitamos os encarcerados ou damos roupas aos necessitados.

Hoje, você pode imitar minha amiga, que agora quando conhece alguém novo se questiona: "Será que é o próprio Jesus disfarçado?" ❧

ABP

Senhor Jesus, tu podes transformar a mais simples das tarefas.
Ajuda-me a amar os outros em Teu nome.

*Quando servimos aos outros,
servimos a Jesus.*

25 DE OUTUBRO

A BÍBLIA em UM ANO
JEREMIAS 6–8; 1 TIMÓTEO 5

Sobrevivendo ao deserto

Na **década** de 1960, o *Kingston Trio* lançou uma música chamada "Desert Pete". A canção retrata um vaqueiro sedento que está atravessando o deserto e encontra uma bomba manual. Ao lado dela, o 'Pedro do deserto' deixou uma nota que incita o leitor a não beber a água na jarra à esquerda, mas a utilizar o seu conteúdo para acionar a bomba manual do poço de água.

O vaqueiro resiste à tentação de beber e usa a água como instrui a nota. Em recompensa por sua obediência, ele recebe água em abundância, refrescante e que satisfaz. Se não tivesse agido por fé, teria bebido apenas um jarro de água morna que não o satisfaria.

Isso me lembra a jornada de Israel pelo deserto. Quando a sede deles tornou-se esmagadora (ÊXODO 17:1-7), Moisés buscou o Senhor. Foi-lhe dito para golpear a rocha de Horebe com o seu bordão. Moisés creu e obedeceu, e a água jorrou da pedra.

Infelizmente, Israel não seguiria consistentemente o exemplo de fé de Moisés. Em última análise, "…a palavra que ouviram não lhes aproveitou, visto não ter sido acompanhada pela fé naqueles que a ouviram" (v.2).

Às vezes, a vida pode parecer um deserto árido. Mas Deus pode saciar nossa sede espiritual nas circunstâncias mais improváveis. Quando, pela fé, cremos nas promessas da Palavra de Deus, podemos experimentar rios de água viva e graça para as nossas necessidades diárias.

HDF

> **LEITURA:**
> **Êxodo 17:1-7**
>
> …mas a palavra que ouviram não lhes aproveitou, visto não ter sido acompanhada pela fé naqueles que a ouviram. Hebreus 4:2

Ajuda-nos a confiar em ti, Senhor,
pois és tudo o que o nosso coração deseja.

*Somente Jesus, a Água Viva, pode satisfazer
a nossa vida sedenta por Deus.*

Pão Diário

26 DE OUTUBRO

A BÍBLIA em UM ANO
JEREMIAS 9–11; 1 TIMÓTEO 6

Excessivamente melhor

Meu aniversário é um dia depois do de minha mãe. Quando eu era adolescente lutava para pensar num presente que a agradasse e coubesse em meu orçamento. Ela sempre recebia meus presentes com apreço, e no dia do meu aniversário, ela me entregava o presente que me comprara. Sem falhas, seu presente sempre superou amplamente o meu. Sua intenção não era diminuir o que eu tinha lhe dado. Ela simplesmente dava generosamente a partir de seus recursos, que excedia em muito os meus.

LEITURA:
1 Crônicas 17:1-15

Esse me edificará casa; e eu estabelecerei o seu trono para sempre. v.12

Meu desejo de presentear a minha mãe, lembra-me do desejo de Davi em construir uma morada para Deus. Impelido pelo contraste entre o seu palácio e a tenda onde Deus se manifestava, Davi desejava construir um Templo para o Senhor. Em vez de conceder-lhe esse desejo, Deus respondeu, dando a Davi uma dádiva muito melhor. Prometeu-lhe que não só um dos seus filhos, Salomão, construiria o templo (v.11), mas que a partir de Davi, o Senhor construiria uma dinastia. Essa promessa começou com Salomão, mas teve o seu cumprimento final em Jesus, cujo trono foi de fato estabelecido "para sempre" (v.12). Davi queria dar-lhe de seus recursos finitos, mas Deus lhe prometeu algo infinito.

Como Davi, que possamos sempre ser movidos a ofertar a Deus por gratidão e amor. E que possamos ver sempre o quanto mais abundantemente Ele nos deu em Jesus. KHH

Pai, agradeço pela Tua imensurável dádiva em Jesus Cristo.
O Teu amor me inunda.

*O presente de Deus para nós em Jesus Cristo
excede todas as dádivas.*

27 DE OUTUBRO

A BÍBLIA em UM ANO
JEREMIAS 12–14; 2 TIMÓTEO 1

Deus provê

Pela janela vejo os esquilos correndo contra o inverno para enterrarem suas nozes em lugares seguros e acessíveis, e a comoção deles me diverte. Um rebanho inteiro de cervos pode atravessar o nosso quintal sem fazer barulho, mas um esquilo soa como uma invasão.

As duas criaturas são diferentes de outra maneira também. Os cervos não se preparam para o inverno. Quando neva, eles comem tudo o que podem encontrar ao longo do caminho (incluindo arbustos ornamentais em nosso quintal). Mas os esquilos morreriam de fome se seguissem esse exemplo, e seriam incapazes de encontrar comida adequada.

LEITURA:
Dt 24:19-22

O que lavra a sua terra será farto de pão... Provérbios 12:11

Isso representa as maneiras como Deus cuida de nós. Ele nos capacita a trabalhar e economizar para o futuro, e atende nossa necessidade quando os recursos são escassos. Deus nos dá estações de abundância para que possamos nos preparar para as estações de necessidade (PROVÉRBIOS 12:11). E nos conduz através de lugares perigosos para pastos verdejantes (SALMO 23).

Deus também nos supre, instruindo aqueles com abundância para compartilhar com os que estão em necessidade (DEUTERONÔMIO 24:19). Então, quando se trata de provisão, a mensagem da Bíblia é esta: Trabalhemos enquanto pudermos, economizemos o que pudermos, compartilhando o que pudermos e confiando em Deus para suprir nossas necessidades. JAL

Senhor, ajuda-nos a não temer ou duvidar
da promessa de que satisfarás as nossas necessidades.

*Nossas necessidades nunca esgotarão
o suprimento de Deus.*

28 DE OUTUBRO

A BÍBLIA em UM ANO
JEREMIAS 15-17; 2 TIMÓTEO 2

Enraizado em Deus

Quando os meus amigos se mudaram para uma nova casa, eles plantaram glicínias perto de sua cerca e aguardavam com expectativa a flor de lavanda que apareceria após cinco anos de crescimento. Ao longo de duas décadas eles apreciaram esta planta, cuidadosamente podando e cuidando. Mas, de repente, as glicínias morreram, pois os seus vizinhos tinham derramado um pouco de herbicida pelo outro lado da cerca. O veneno penetrou nas raízes da glicínia e as plantas pereceram, ou assim eles pensavam. Para surpresa deles, no ano seguinte, alguns brotos surgiram pelo chão.

> **LEITURA:**
> **Jeremias 17:5-8**
>
> Porque ele é como a árvore plantada junto às águas [...] mas a sua folha fica verde... v.8

Vemos a imagem de árvores florescendo e perecendo quando o profeta Jeremias as relaciona com o povo de Deus que confia no Senhor ou ignora Seus caminhos. Aqueles que seguem a Deus enviam as suas raízes ao solo próximo da água e dão fruto (JEREMIAS 17:8), mas os que seguem seus próprios corações serão como um arbusto no deserto (vv.5,6). O profeta anseia que o povo de Deus confie no Deus verdadeiro e vivo, e que seja "uma árvore plantada junto à água" (v.8).

Sabemos que o nosso "Pai é o agricultor" (JOÃO 15:1) e que nele podemos confiar e ter esperança (JEREMIAS 17:7). Que possamos segui-lo com todo o nosso coração enquanto damos frutos que permanecem.

ABP

Amado Senhor, quero seguir-te completamente,
seja em tempos de seca ou de abundância. Ajuda-me
a buscar-te por ajuda e esperança.

Quando seguimos a Deus,
Ele nos faz florescer.

Pão Diário

29 DE OUTUBRO

A BÍBLIA em UM ANO
JEREMIAS 18-19; 2 TIMÓTEO 3

Contagem de confiança

Antes de meu marido e eu entregarmos a nossa vida a Cristo, tínhamos considerado o divórcio. Mas depois de nos comprometermos a amar e obedecer a Deus, comprometemo-nos mutuamente de novo. Buscamos conselhos sábios e convidamos o Espírito Santo a nos transformar individualmente e como casal. Nosso Pai nos ajuda a desenvolver habilidades de comunicação saudáveis, e nos ensina a amar e a confiar nele — e um ao outro — apesar das circunstâncias.

> **LEITURA:**
> **Dt 1:21-33**
>
> ...o SENHOR, teu Deus, te colocou esta terra diante de ti. [...] Não temas e não te assustes. v.21

Estamos nos aproximando da celebração de nosso 25.º aniversário de casamento e ocasionalmente me esqueço de tudo o que Deus tem feito em e através de nossas provações. Às vezes, luto com profundo medo e ansiedade do desconhecido em vez de confiar no que Deus faz.

Moisés encorajou os israelitas a avançar na fé para que pudessem desfrutar da sua herança. Mas o povo de Deus exigiu detalhes sobre o que estaria à frente e o que receberiam antes de se comprometerem a confiar nele por seu futuro (vv.21,22-33).

Os cristãos não são imunes a sucumbir ao medo ou à ansiedade. Preocupar-nos sobre as dificuldades que podemos ou não encontrar pode nos impedir de depender da fé, e prejudicar o nosso relacionamento com Deus e com os outros. Mas o Espírito Santo pode nos ajudar a ter confiança na fidelidade do Senhor, e nos capacitar com corajosa confiança na confiabilidade de Deus ontem, hoje e sempre. ❧

XED

Senhor, sou grato por cumprires
as Tuas promessas.

*A fidelidade de Deus no passado
prova a Sua confiabilidade eterna.*

30 DE OUTUBRO

A BÍBLIA em UM ANO
JEREMIAS 20-21; 2 TIMÓTEO 4

Desvendando os mistérios

Sempre gostei da inteligência e da percepção do criador de *Peanuts*, Charles Schulz. Uma das ilustrações favoritas desenhadas por ele apareceu num livro sobre jovens na igreja. Mostra um jovem segurando a Bíblia e dizendo a um amigo no telefone: "Acho que dei o primeiro passo para desvendar os mistérios do Antigo Testamento... Estou começando a lê-lo!"

O Salmo 119 transborda com o desejo do escritor em entender e experimentar o poder da Palavra de Deus a cada dia. "Quanto amo a tua lei! É a minha meditação, todo o dia!" (v.97). Esta ávida perseguição conduz à crescente sabedoria, compreensão e obediência ao Senhor (vv.98-100).

> **LEITURA:**
> **Salmo 119:97-104**
>
> Por meio dos teus preceitos, consigo entendimento; por isso, detesto todo caminho de falsidade. v.104

A Bíblia não contém uma fórmula mágica para "desvendar os mistérios" em suas páginas. O processo é mais do que mental e requer uma reação ao que lemos. Embora algumas passagens possam permanecer intrigantes para nós, podemos aceitar as verdades que entendemos claramente e dizer ao Senhor: "Quão doces são as tuas palavras ao meu paladar! Mais que o mel à minha boca. Por meio dos teus preceitos, consigo entendimento; por isso, detesto todo caminho de falsidade" (vv.103,104).

Uma maravilhosa jornada de descoberta nos aguarda na Palavra de Deus. DCM

Senhor, obrigado pela Bíblia que nos concede a sabedoria e compreensão para aplicar o Teu caminho em nosso viver.

Ao ler e seguirmos a Palavra de Deus iniciamos uma jornada diária de descobertas do Seu amor e poder.

31 DE OUTUBRO

A BÍBLIA em UM ANO
JEREMIAS 22–23; TITO 1

História de Rute

Rute não consegue contar sua história sem chorar. Em meados dos seus anos 80 anos, já está bem dependente, e talvez não pareça ser uma figura central na vida de nossa igreja. Ela depende de outros para caronas, e por morar sozinha, não tem um enorme círculo de influência.

Mas quando ela nos conta a sua história de salvação ela se destaca como um notável exemplo da graça de Deus. Quando estava na casa dos 30 anos, certa noite, uma amiga a convidou para ir a uma reunião. Rute não sabia que ouviria um pregador. "Não teria ido se eu soubesse", diz ela, pois já tinha "religião", e não estava lhe fazendo nenhum bem. Mas ela foi, e ouviu as boas-novas sobre Jesus naquela noite.

> **LEITURA:**
> **Romanos 10:1-13**
>
> ...**Todo aquele que invocar o nome do Senhor será salvo.** v.13

Agora, mais de 50 anos depois, ela chora lágrimas de alegria quando fala de como Jesus transformou a sua vida. Naquela noite, ela se tornou uma filha de Deus. Sua história jamais envelhece.

Não importa se a nossa história é semelhante à dela ou não. O que importa é que tomemos o simples passo de colocar nossa fé em Jesus e Sua morte e ressurreição. O apóstolo Paulo disse: "Se, com a tua boca, confessares Jesus como Senhor e, em teu coração, creres que Deus o ressuscitou dentre os mortos, serás salvo" (v.9).

Isso foi o que ela fez. Você também pode fazer o mesmo. Jesus redime, transforma e nos concede nova vida. ❡

JDB

Pai Celestial, busco o significado da vida sem sucesso.
Coloco minha fé em Jesus Cristo e no que Ele fez
morrendo na cruz por meus pecados, e confio nele hoje.

*Pertencer a Cristo
não é reabilitação; é recriação.*

1.º DE NOVEMBRO

A BÍBLIA em UM ANO
JEREMIAS 24–26; TITO 2

No abrir e fechar de olhos

No **seminário,** aprendi que deveria ficar próximo ao caixão para dirigir um culto fúnebre. Porém, na primeira vez que tive de fazê-lo, eu ainda tinha medo de defunto. Fiquei imaginando como me "livrar" da situação. Pedi à família que se aproximasse de seu falecido. Assim, eles formaram um paredão que me impedia de ver o morto. Depois da cerimônia fui elogiado por permitir aos familiares ficarem próximos ao caixão. O que pensaram ser cuidado pastoral, na realidade era fruto de meu medo.

LEITURA:
1Ts 4:13-18

...estaremos para sempre com o Senhor. Consolai-vos, pois, uns aos outros com estas palavras. vv.17,18

Nosso texto bíblico aponta para 4 conclusões:

A morte é inevitável. No momento em que fomos gerados, Jesus estipulou nosso prazo de validade.

A tristeza é incomparável. A dor dessa perda é absolutamente solitária. A mulher que perde seu marido não sabe como sofre o filho que perdeu o pai. A dor é proporcional ao relacionamento.

A esperança é invencível. Jesus vai voltar. Os céus celebrarão quando Deus disser: "É hoje!". Os anjos descerão, prenderão todos os demônios e abrirão todos os túmulos. Todos os que se entregaram a Cristo ressuscitarão e subirão para se encontrar com o Senhor. Que dia glorioso!

O consolo é inefável. O Senhor nos consola, hoje, por meio do Espírito, da Palavra e da Igreja e depois nos consolará para sempre no Céu.

Como servos de Deus que vivamos à luz da Sua vinda que pode acontecer a qualquer momento. Essa esperança ameniza nossas dores. ✿

JPS

Jesus tira a dor que lateja em nosso coração
e nos consola por amor do Seu nome.

2 DE NOVEMBRO

A BÍBLIA em UM ANO
JEREMIAS 27-29; TITO 3

O ministério do luto

Em 2002, alguns meses depois que minha irmã e seu marido morreram em um acidente, um amigo me convidou para o estudo "Convivendo com o luto" em nossa igreja. Relutantemente, concordei em participar da primeira sessão, mas sem a intenção de voltar. Para minha surpresa, descobri um grupo de pessoas atenciosas que tentavam enfrentar as perdas significativas em sua vida procurando a ajuda de Deus e dos outros. Voltei semanalmente à medida que trabalhava em mim, a aceitação e a paz através desse compartilhamento da dor.

> **LEITURA:**
> **Atos 7:54–8:2**
>
> Alguns homens piedosos sepultaram Estêvão e fizeram grande pranto sobre ele. 8:2

Como a perda repentina de um amado ou amigo, a morte de Estêvão — uma testemunha dinâmica para Jesus, trouxe choque e tristeza para as pessoas da Igreja Primitiva (ATOS 7:57-60). Diante da perseguição, "...homens piedosos sepultaram Estêvão e fizeram grande pranto sobre ele" (8:2). Esses homens de fé fizeram duas coisas juntos: enterraram-no, num ato de finalização e perda, e lamentaram profundamente por ele, demonstrando a tristeza que compartilhavam.

Como seguidores de Jesus, não precisamos lamentar nossas perdas sozinhos. Podemos alcançar com sinceridade e amor aqueles que sofrem, e podemos aceitar com humildade a preocupação daqueles que estão ao nosso lado.

À medida que sofremos juntos, podemos crescer na compreensão e na paz que nos pertence em Jesus Cristo, que conhece a nossa mais profunda tristeza. 🌿

DCM

> **Pai, ajuda-nos** a "chorar com os que choram"
> e a amadurecer juntos em Teu amor e conforto.

*Ministrar a quem está vivenciando o luto
ajuda a trazer cura à dor no coração.*

3 DE NOVEMBRO

A BÍBLIA em UM ANO
JEREMIAS 30-31; FILEMOM

Bebê poderoso

A primeira vez que o vi, chorei. Ele parecia um recém-nascido perfeito dormindo em seu berço. Mas nós sabíamos que ele jamais acordaria. Não até estar nos braços de Jesus.

Aquele bebê lutou pela vida durante vários meses. E em certo momento, a sua mãe nos informou da morte dele num e-mail de cortar o coração. Ela escreveu sobre "a dor profunda, tão profunda dentro de você que o faz gemer". Em seguida comentou: "Por meio daquela pequena vida, Deus esculpiu profundamente a Sua obra de amor em nosso coração. Que vida poderosa essa criança viveu!"

> **LEITURA:**
> **Salmo 13**
>
> Até quando, SENHOR? Esquecer-te-ás de mim para sempre? [...] confio na tua graça... vv.1,5

Poderosa? Como ela podia dizer isso?

Este precioso menino desta família mostrou-lhes, e a nós também, que devemos depender de Deus para tudo. Especialmente quando as coisas vão terrivelmente mal! A dura e reconfortante verdade é que Deus nos alcança em meio à nossa dor. Ele conhece a dor de perder um Filho.

Em nosso mais profundo pesar, voltamo-nos para as canções de Davi porque ele escreve sobre o seu próprio sofrimento. "Até quando estarei eu relutando dentro de minha alma, com tristeza no coração..." (v.2). "...Ilumina-me os olhos, para que eu não durma o sono da morte" (v.3). Porém, Davi podia entregar os seus questionamentos a Deus. "No tocante a mim, confio na tua graça; regozije-se o meu coração na tua salvação" (v.5). Só Deus concede o significado verdadeiro aos acontecimentos trágicos que enfrentamos. 🌿

TLG

Peça a Deus a Sua perfeita paz.

Deus pode fazer o máximo com o que pensamos ser o mínimo.

6 DE NOVEMBRO

A BÍBLIA em UM ANO
JEREMIAS 37–39; HEBREUS 3

Nossas orações, o tempo de Deus

Às vezes, Deus tem o Seu tempo para responder as nossas orações, e isso nem sempre é fácil de entender.

Essa era a situação de Zacarias, um sacerdote a quem o anjo Gabriel um dia apareceu perto do altar, no Templo em Jerusalém. Gabriel lhe disse: "...não temas, porque *a tua oração foi ouvida*; e Isabel, tua mulher, te dará à luz um filho, a quem darás o nome de João" (LUCAS 1:13, GRIFO DO AUTOR).

Zacarias provavelmente pedira por um filho a Deus anos antes, e agora lutava com a mensagem do anjo a Isabel, visto que ela estava além da idade prevista para engravidar. Ainda assim, o Senhor respondeu a sua oração.

> **LEITURA:**
> **Lucas 1:5-17**
>
> Ora, àquele que é poderoso para fazer infinitamente mais do que tudo quanto pedimos ou pensamos, conforme o seu poder que opera em nós.
> Efésios 3:20

A memória de Deus é perfeita. Ele é confiável para lembrar-se de nossas orações não só por anos, mas por gerações além da nossa vida. Ele jamais as esquece e pode respondê-las muito tempo depois de lhe pedirmos. Às vezes, a Sua resposta é "não", outras "espere". Mas Ele sempre a concede com amor. Os caminhos de Deus estão além dos nossos, mas podemos confiar que são bons.

Zacarias aprendeu exatamente isso. Ele pediu por um filho, e Deus lhe deu ainda mais. Seu filho, João, cresceu e tornou-se o profeta que anunciaria a chegada do Messias.

A experiência de Zacarias demonstra uma verdade fundamental que deve nos encorajar quando oramos: o tempo de Deus raramente é o nosso, mas sempre vale a pena esperar. *JBB*

Forte Salvador, obrigado por ouvires minhas orações
e fazeres mais do que posso imaginar!

*Quando não podemos ver a mão de Deus agindo,
ainda assim podemos confiar em Seu amor.*

7 DE NOVEMBRO

A BÍBLIA em UM ANO
JEREMIAS 40-42; HEBREUS 4

Segundas chances

"**C**omo você pode ser tão amável se nem me conhece?"
Por tomar algumas decisões erradas, Linda tinha sido encarcerada numa prisão num país que não era o seu. Durante 6 anos, ela permaneceu presa, e ao ser libertada, não tinha para onde ir. Ela pensou que sua vida tinha acabado! Enquanto sua família juntava dinheiro para comprar sua passagem para casa, um bondoso casal lhe ofereceu hospedagem, alimentação e uma mão amiga. Linda sentiu-se tão tocada pela bondade deles que ouviu com boa vontade quando lhe falaram sobre as boas-novas de que há um Deus que a amava e queria lhe dar uma segunda chance.

LEITURA:
Rute 4:13-17

...não tem deixado a sua benevolência...
Rute 2:20

Linda me lembra de Noemi, uma viúva na Bíblia que perdeu o marido e dois filhos em uma terra estrangeira e pensou que sua vida estava acabada (RUTE 1). No entanto, o Senhor não tinha se esquecido dela, e através do amor de sua nora e a compaixão de um homem piedoso chamado Boaz, Noemi viu o amor de Deus e recebeu uma segunda chance (4:13-17).

O mesmo Deus cuida de nós hoje. Por meio do amor dos outros, podemos ser lembrados da presença do Senhor. Podemos ver a graça de Deus por meio da mão de pessoas que mal conhecemos. Mas acima de tudo, Deus está disposto a nos dar um recomeço. Nós apenas precisamos, como Linda e Noemi, ver a mão de Deus em nossa vida cotidiana e perceber que Ele nunca cessa de nos demonstrar Sua bondade. 🕆 *KOH*

Querido Senhor, obrigado
por deixar-nos recomeçar sempre.

Deus nos concede segundas-chances.

8 DE NOVEMBRO

A BÍBLIA em UM ANO
JEREMIAS 43–45; HEBREUS 5

Pense antes de falar

Cheung estava chateado com sua esposa por não verificar as direções para chegar ao restaurante onde jantariam, pois queriam encerrar suas férias com uma deliciosa refeição antes de voltarem para casa. Agora além de atrasados, perderiam essa refeição. Frustrado, Cheung criticou a esposa pelo mau planejamento.

Mais tarde, ele se arrependeu de suas palavras, pois tinha sido muito áspero com ela. E reconheceu que ele mesmo poderia ter verificado as direções e, além disso, não a tinha agradecido pelos outros sete dias de excelente planejamento.

LEITURA:
Salmo 141

Põe guarda, SENHOR, à minha boca; vigia a porta dos meus lábios. v.3

Somos como ele, propensos a explodir quando nos irritamos e a proferir palavras sem controle. Como precisamos orar como o salmista: "Põe guarda, SENHOR, à minha boca; vigia a porta dos meus lábios" (v.3).

Mas como fazer isso? Veja esta dica útil: Pense antes de falar. As suas palavras são boas, úteis e compassivas (EFÉSIOS 4:29-32)?

Por guarda à nossa boca exige que a mantenhamos fechada, quando estivermos irritados e que procuremos a ajuda do Senhor para dizer as palavras certas no tom certo ou, talvez, calarmos. Quando se trata de controlar a nossa fala, é algo para toda a vida. Felizmente, Deus está agindo em nós, dando-nos a "...vontade dele, tanto no pensamento como nas ações" (FILIPENSES 2:13, NTLH).

Deus sempre age em nós para que obedeçamos à Sua vontade, no pensamento e nas ações.

PFC

Senhor, dá-nos sabedoria
para saber quando calar.

Palavras agradáveis são como favo de mel:
doces para a alma e medicina para o corpo. PROVÉRBIOS 16:24

Pão Diário

9 DE NOVEMBRO

A BÍBLIA em UM ANO
JEREMIAS 46–47; HEBREUS 6

Um bom final

À medida que as luzes se apagaram e nos preparamos para assistir a *Apollo 13*, meu amigo disse baixinho: "Vergonha, todos morreram!" Assisti ao filme sobre a nave de 1970 com apreensão, esperando ver tragédia, e só perto dos créditos finais percebi estar enganado. Não conhecia nem lembrava o fim da história verdadeira, que, apesar de os astronautas terem enfrentado muitas dificuldades, sobreviveram.

> **LEITURA:**
> **Apocalipse 22:1-5**
>
> ...Nela, estará o trono de Deus e do Cordeiro. Os seus servos o servirão, contemplarão a sua face... vv.3,4

Em Cristo, podemos conhecer o final da história, também estaremos vivos ao chegar ao lar. Com isso quero dizer que viveremos para sempre com o nosso Pai celestial, como está escrito no livro de Apocalipse. O Senhor vai criar um "novo céu e uma nova terra" quando fizer todas as coisas novas (21:1,5). Nessa nova cidade, o Senhor Deus acolherá o Seu povo para viver com Ele, sem medo e sem a noite. Temos esperança, pois conhecemos o fim da história.

Que diferença isso faz? Ele pode transformar momentos de extrema dificuldade, como acontece quando as pessoas enfrentam a perda de um ente querido ou mesmo a sua própria morte. Embora recuemos ante o pensamento de morrer, ainda assim, podemos acolher a alegria da promessa da eternidade. Ansiamos pela cidade onde já não haverá qualquer maldição, onde viveremos para sempre à luz de Deus (22:5).

ABP

Senhor Jesus Cristo, concede-nos a esperança inesgotável para que descansemos em Tuas promessas.

Deus promete ao Seu povo uma história com final feliz.

10 DE NOVEMBRO

A BÍBLIA em UM ANO
JEREMIAS 48-49; HEBREUS 7

A mão de consolo

A enfermeira anotou: "O paciente é belicoso."

Naquele momento, ela não sabia que eu estava tendo uma reação alérgica, após ter despertado de uma complicada cirurgia do coração. Desesperado e com um tubo na garganta, meu corpo começou a tremer violentamente, forçando contra as tiras nos meus braços, que estavam lá para me impedir de retirar o tubo de respiração. Foi um episódio assustador e doloroso. A auxiliar de enfermagem ao lado direito da minha cama simplesmente segurou a minha mão. Foi um movimento inesperado, e me pareceu especialmente suave. Comecei a relaxar, o que ajudou meu corpo a parar de tremer tanto.

> **LEITURA:**
> **2 Coríntios 1:3-7**
>
> **Bendito seja o Deus e Pai de nosso Senhor Jesus Cristo, [...] que nos conforta em toda a nossa tribulação...** vv.3,4

Tendo experimentado isso com outros pacientes, ela sabia que segurar a minha mão me traria conforto. Foi um exemplo real de como Deus usa a Sua mão de consolo quando os Seus filhos sofrem.

O conforto é uma ferramenta poderosa e especial para qualquer cuidador, e Paulo nos diz em 2 Coríntios 1:3,4 que é uma parte importante da caixa de ferramentas de Deus. Não somente isso, mas Deus multiplica o impacto de Seu conforto, chamando-nos a relembrar do consolo que Ele nos concede para encorajar os outros em situações semelhantes (vv.4-7). É apenas mais um sinal do Seu grande amor; e que podemos compartilhar com os outros, às vezes, no mais simples dos gestos. RKK

Obrigado, Pai, pelo conforto que nos concedes,
diretamente ou através dos atos de Teus filhos.

*Gestos simples podem trazer
poderoso conforto.*

11 DE NOVEMBRO

A BÍBLIA em UM ANO
JEREMIAS 50; HEBREUS 8

A boa Terra

O astronauta **Bill** Anders, tripulante da *Apollo 8*, em 1968, descreveu a visão da paisagem lunar, enquanto orbitava ao redor da Lua. Descreveu-a como "um horizonte de mau agouro, pouco atraente para o futuro." Em seguida, a tripulação se revezou na leitura de Gênesis 1:1-10 para o mundo que os assistia. Após o comandante Frank Borman terminar de ler o versículo 10: "E Deus viu que o que havia feito era bom", ele despediu-se com as palavras: "Deus abençoe todos vocês, todos vocês na boa Terra.

O capítulo de abertura da Bíblia insiste em dois fatos:

A criação é obra de Deus. A frase "E disse Deus..." ressoa por todo o capítulo. O magnífico mundo em que vivemos é o resultado do Seu trabalho criativo. Tudo que se segue na Bíblia reforça essa mensagem de Gênesis 1. Por trás de toda a história, há a presença de Deus.

A criação é boa. Outra frase ressoa suavemente, como um sino, ao longo de todo este capítulo. "E viu Deus que isso era bom." Muita coisa mudou desde o primeiro momento da criação. Gênesis 1 descreve o mundo como Deus o queria, antes de qualquer deterioração. Qualquer beleza que vemos na natureza hoje, é uma leve lembrança do estado primitivo que Deus criou.

Os astronautas da *Apollo 8* viram a Terra como um círculo colorido brilhante pendurado sozinho no espaço. Parecia impressionantemente bonito e ao mesmo tempo frágil. Parecia o cenário de Gênesis 1. 🌿

PDY

> **LEITURA:**
> **Gênesis 1:1-10**
>
> Aí Deus disse:
> — Que a água que está debaixo do céu se ajunte [...]. E Deus viu que o que havia feito era bom. vv.9,10

"Ao Senhor pertence a terra e tudo o que nela se contém."
SALMO 24:1

No princípio, criou Deus os céus e a terra.
GÊNESIS 1:1

12 DE NOVEMBRO

A BÍBLIA em UM ANO
JEREMIAS 51-52; HEBREUS 9

Qual é o melhor presente?

Meu marido celebrou mais uma década de seu aniversário e pensei muito sobre qual a melhor maneira de homenageá-lo nesta ocasião importante. Discuti com nossos filhos algumas ideias para me ajudarem a decidir sobre o que seria melhor, pois queria que a celebração refletisse a importância de uma nova década e, como ele é precioso em nossa família. Queríamos que o nosso presente demonstrasse a importância desse marco na vida dele.

> **LEITURA:**
> **2 Crônicas 2:1-10**
>
> **Vou construir um Templo enorme, pois o nosso Deus é maior do que todos os outros deuses.** v.5

O rei Salomão queria dar a Deus um presente muito maior do que um "grande aniversário" mereceria. Ele desejava construir um Templo que fosse digno da presença de Deus. Para garantir matérias-primas, enviou mensagens ao rei de Tiro, e lhe escreveu que o Templo seria enorme, "...pois o nosso Deus é maior do que todos os outros deuses" (v.5). Reconheceu que a imensa bondade de Deus excede em muito o que jamais poderia ser construído por mãos humanas, no entanto, propôs-se a cumprir essa tarefa por amor e adoração.

Nosso Deus é realmente maior do que todos os outros deuses. Ele tem feito grandes maravilhas em nossa vida, e incentiva-nos a trazer-lhe uma preciosa oferta de amor, independentemente do seu valor externo. Salomão sabia que a sua dádiva não seria suficiente para o que Deus merece, mas assim mesmo, com alegria, colocou sua oferta diante do Senhor. Podemos fazer isso também.

KHH

Senhor, Teu valor é incomparável.
Que as minhas ofertas sejam agradáveis aos Teus olhos.

*A dádiva mais preciosa
que podemos dar a Deus é o nosso amor.*

13 DE NOVEMBRO

A BÍBLIA em UM ANO
LAMENTAÇÕES 1-2; HEBREUS 10:1-18

Generosidade multiplicada

Cíntia foi entregar uma pizza e surpreendeu-se, pois estava diante de uma igreja. Ao entrar para entregar a pizza foi recebida pelo pastor.

"É justo dizer que a vida não tem sido fácil para você?", perguntou-lhe o pastor. Cíntia concordou. E com isso, ele trouxe dois pratos de ofertas que os membros da igreja tinham doado. Então, colocou aproximadamente 3 mil reais, como gorjeta, na sacola que embalava a caixa da pizza. Sem o conhecimento dela, o pastor tinha solicitado ao gerente da pizzaria para enviar o motorista que tivesse mais problemas financeiros. Cíntia sentiu-se atordoada, sabendo que agora poderia pagar algumas contas.

> LEITURA:
> **2 Coríntios 8:1-9**
>
> ...E nesse novo serviço de amor queremos também que façam mais do que os outros. v.7

Os primeiros cristãos em Jerusalém enfrentaram a pobreza e uma igreja os ajudou prontamente. Embora eles mesmos tivessem necessidades, os cristãos macedônios ofertaram sacrificialmente, considerando-se por isso, privilegiados (vv.1-4). Paulo citou essa generosidade como exemplo para os coríntios, e para nós. Quando usamos a nossa abundância para abastecer a necessidade de quem mais precisa, refletimos a presença de Jesus em nós. Ele deu as Suas riquezas para atender a nossa pobreza espiritual (v.9).

Cíntia contou a todos os seus clientes sobre a bondade dessa igreja naquele dia, e, seguindo esse exemplo, ela doou o restante de suas gorjetas daquele dia para outras pessoas necessitadas. SMV

Um ato de generosidade foi multiplicado
e Cristo foi glorificado.

*A nossa generosidade atende
às necessidades dos outros e glorifica a Jesus.*

14 DE NOVEMBRO

A BÍBLIA em UM ANO
LAMENTAÇÕES 3–5; HEBREUS 10:19-39

Grande amor

Recentemente, cuidamos pela primeira vez de nossa neta, Moriah, de quase 2 anos durante a noite, sem a companhia dos seus irmãos mais velhos. Esbanjamos atenção, amor e tempo exclusivo para ela, e nos divertimos fazendo as coisas que ela gosta de fazer. No dia seguinte, após deixá-la em casa, nos despedimos e fomos à porta. Sem uma palavra, Moriah pegou sua mochila e começou a seguir-nos.

A imagem está gravada em minha memória: Moriah com fraldas e as sandálias trocadas pronta para partir com os avós novamente. Toda vez que penso nisso, sorrio. Ela estava ansiosa para ir conosco, pronta para receber mais atenção individualizada.

> **LEITURA:**
> **1 João 3:1-8**
>
> **...é grande o amor do Pai por nós! [...] que somos chamados de filhos de Deus e somos, de fato, seus filhos.** v.1

Embora ainda não seja capaz de verbalizar isso, ela se sente amada e valorizada. O nosso amor por Moriah é um retrato do amor que Deus tem por nós, Seus filhos. "Vejam como é grande o amor do Pai por nós! O seu amor é tão grande, que somos chamados de filhos de Deus e somos, de fato, seus filhos" (1 JOÃO 3:1).

Quando cremos em Jesus como nosso Salvador, nos tornamos Seus filhos e começamos a entender o amor generoso que Ele nos concedeu ao morrer por nós (v.16). Desejamos agradá-lo naquilo que dizemos e fazemos (v.6) e amá-lo, ansiosos para investir algum tempo com Ele.

ADK

Senhor, obrigado por Teu imenso amor
e ajuda-nos a ser exemplos desse amor a todos os que encontramos.

*Como é imenso e profundo
o amor do Pai por nós!*

15 DE NOVEMBRO

A BÍBLIA em UM ANO
EZEQUIEL 1-2; HEBREUS 11:1-19

Quanto mais!

Em outubro de 1915, durante a Primeira Guerra Mundial, Oswald Chambers chegou ao centro de treinamento militar perto do Cairo, Egito, para servir como capelão aos soldados ingleses. Quando ele anunciou um culto religioso numa noite da semana, 400 homens lotaram o auditório para ouvi-lo pregar sobre: "Qual o benefício da oração?". Mais tarde, ao conversar individualmente com os homens que queriam encontrar Deus em meio à guerra, Chambers frequentemente citava Lucas 11:13, "Vocês, mesmo sendo maus, sabem dar coisas boas aos seus filhos. Quanto mais o Pai, que está no céu, dará o Espírito Santo aos que lhe pedirem?"

O dom gratuito de Deus através de Seu Filho, Jesus, é o perdão, a esperança e Sua presença viva em nossa vida por meio do Espírito Santo. "Pois todo o que pede recebe; o que busca encontra; e a quem bate, abrir-se-lhe-á" (v.10).

> **LEITURA:**
> **Lucas 11:5-13**
>
> Vocês, mesmo sendo maus, sabem dar coisas boas aos seus filhos. Quanto mais o Pai, que está no céu, dará o Espírito Santo aos que lhe pedirem! v.13

Em 15 de novembro de 1917, Oswald Chambers morreu inesperadamente de uma apendicite supurada. Para homenageá-lo, um soldado que conheceu a fé em Cristo pelo ministério dele comprou uma escultura de mármore de uma Bíblia com a mensagem de Lucas 11:13 em sua página aberta e a colocou ao lado da sepultura desse pastor: "...Quanto mais o Pai, que está no céu, dará o Espírito Santo aos que lhe pedirem!".

Esta incrível dádiva de Deus está disponível para cada um de nós hoje.

DCM

Querido Pai, agradecemos-te
pelo grande dom do Espírito Santo que habita em nós.

*O Espírito Santo, dádiva de Deus,
deseja habitar em cada um de nós.*

16 DE NOVEMBRO

A BÍBLIA em UM ANO
EZEQUIEL 3-4; HEBREUS 11:20-40

Em Sua Presença

O monge do século 17, Irmão Lawrence, que trabalhava como cozinheiro em sua comunidade, orava: "Ó meu Deus, concede-me a Tua graça para eu permanecer em Tua presença. Ajuda-me em meu trabalho. A ti seja todo o meu querer." Enquanto ele trabalhava, continuava falando com Deus, para ouvir Sua direção e dedicar seu trabalho a Ele. Mesmo quando estava ocupadíssimo, usava os intervalos de relativa calma para pedir por graça divina. Não importa o que estivesse acontecendo, ele buscava e encontrava o amor de seu Criador.

> **LEITURA:**
> **Salmo 89:1-17**
>
> **Feliz o povo que te adora com canções e que vive na luz da tua presença!** v.15 (NTLH)

Como o Salmo 89 confessa, a resposta adequada ao Criador de tudo—, que governa os oceanos, adorado pelas legiões de anjos, é oferecer a nossa vida completamente a Ele. Quando entendemos a beleza de quem é Deus, queremos adorá-lo com canções e viver na luz da presença do Senhor "o dia todo" (vv.15,16 NTLH).

Quer estejamos em lojas ou aeroportos ou aguardando algo minuto a minuto, a nossa vida está cheia de momentos como estes, momentos em que poderíamos nos irritar. Mas estes podem ser os momentos em que recuperamos o fôlego e vemos tais oportunidades como pausas para aproveitarmos para aprender a viver "na luz da tua presença!" (v.15).

Os momentos "desperdiçados" de nossa vida, quando precisamos esperar, quando adoecemos ou nos questionamos sobre o que fazer a seguir, são as pausas para podermos refletir sobre a presença de Deus em nós. 🌿

HM

Pai, queremos te honrar!

*Cada momento pode ser vivido
na presença de Deus.*

17 DE NOVEMBRO

A BÍBLIA em UM ANO
EZEQUIEL 5–7; HEBREUS 12

Servir e ser servido

Marilyn estava doente há semanas, e muitos a tinham encorajado nesse tempo difícil. Ela se preocupava: *Como pagarei tantas gentilezas?* Certo dia, ela deparou-se com essas palavras: "Ore para que as pessoas desenvolvam a humildade, permitindo-se não só a servir, mas também a serem servidos." De repente, ela percebeu que não havia necessidade de equilíbrio entre esses dois itens, mas apenas precisava ser grata e permitir que outros experimentassem a alegria de servir.

LEITURA:
Filipenses 4:10-19

...renovastes a meu favor o vosso cuidado; o qual também já tínheis antes, mas vos faltava oportunidade. v.10

Em Filipenses 4, o apóstolo Paulo expressou sua gratidão por todos aqueles que se associaram a ele em sua "tribulação" (v.14). Ele dependeu de pessoas para apoiá-lo na pregação e ensino do evangelho. Compreendeu que os presentes que lhe eram ofertados, quando estava em necessidade eram, simplesmente, uma extensão do amor das pessoas por Deus: "Recebi [...] o que me veio de vossa parte como aroma suave, como sacrifício aceitável e aprazível a Deus" (v.18).

Pode não ser fácil ser o que recebe, especialmente se somos o primeiro a ajudar outras pessoas. Mas com humildade, podemos permitir que Deus, gentilmente, cuide de nós por uma variedade de meios quando precisamos de auxílio.

Paulo escreveu: "Meu Deus suprirá [...] cada uma das vossas necessidades" (v.19). Ele aprendeu isso em meio às provações. Deus é fiel e Sua provisão para nós não tem limites. ❧

CHK

Senhor, que possamos graciosamente
dar e receber ajuda.

Receba amor. Dê amor. Repita.

18 DE NOVEMBRO

A BÍBLIA em UM ANO
EZEQUIEL 8–10; HEBREUS 13

Esconde-esconde

"**Ninguém me** vê!"

Quando as crianças mais novas brincam de "esconde-esconde", às vezes, acreditam que são invisíveis apenas por cobrir seus olhos. Se elas não o veem, assumem que você também não as vê. Por mais ingênuo que isso nos pareça, agimos igual com Deus. Quando desejamos fazer algo errado, nossa tendência é afastar Deus disso, à medida que seguimos nosso próprio caminho voluntariamente.

O profeta Ezequiel descobriu isso na visão que Deus lhe deu para o Seu povo exilado na Babilônia. O Senhor lhe disse: "Viste, filho do homem, o que os anciãos da casa de Israel fazem nas trevas, cada um nas suas câmaras pintadas de imagens? Pois dizem: O Senhor não nos vê..." (EZEQUIEL 8:12). Mas Deus não perde nada, e a visão de Ezequiel era prova disso. No entanto, apesar de terem pecado, Deus ofereceu esperança ao Seu povo arrependido dizendo: "Dar-vos-ei coração novo e porei dentro de vós espírito novo..." (36:26).

> LEITURA:
> **Ezequiel 8**
>
> **Bendito o Deus [...] que, segundo a sua muita misericórdia, nos regenerou para uma viva esperança, mediante a ressurreição de Jesus Cristo...** 1 Pedro 1:3

Para nós, Deus convergiu o quebrantamento e rebelião do pecado com a Sua misericórdia na cruz, pagando o preço final por isso. Através de Jesus Cristo, Deus não só nos oferece um novo começo, mas também age em nós para mudar o nosso coração à medida que o seguimos. Como Deus é bom! Quando estávamos perdidos e nos escondendo em nossa pecaminosidade, Deus aproximou-se através de Jesus, que "veio [nos] buscar e salvar" (LUCAS 19:10; ROMANOS 5:8).

JBB

Obrigado por Tua bondade, Senhor.

Deus nos conhece e nos ama completamente.

19 DE NOVEMBRO

A BÍBLIA em UM ANO
EZEQUIEL 11-13; TIAGO 1

Admirando obras-primas

Meu pai fabrica aljavas customizadas para os arqueiros transportarem suas flechas. Ele esculpe figuras da vida selvagem em pedaços de couro, antes de costurar os materiais juntos.

Ao vê-lo criar uma de suas obras de arte, observei suas mãos cuidadosas pressionando a lâmina afiada sobre o couro flexível, criando várias texturas. Depois, ele molhava um pano num corante carmim e cobria o couro com toques compassados, ampliando a beleza de sua criação.

> LEITURA:
> **Salmo 139:11-18**
>
> **Pois tu formaste o meu interior, tu me teceste no seio de minha mãe.** v.13

Ao admirar a destreza dele com artesanatos, percebi o quanto não reconheço e aprecio a criatividade de meu Pai celestial manifesta em outros e em mim. Ao refletir sobre a magnífica obra do Senhor, lembrei-me da afirmação do rei Davi de que Deus criou o nosso "interior", e que somos "assombrosamente maravilhoso[s]" (vv.13,14).

Podemos louvar nosso Criador com confiança, pois as Suas obras "são admiráveis" (v.14). E nos encorajar a respeitar mais a nós mesmos e aos outros, especialmente ao lembrarmos de que o Criador do Universo nos conhecia por dentro e por fora e planejou os nossos dias "quando nem um deles havia ainda" (vv.15,16).

Como o couro maleável esculpido pelas mãos hábeis de meu pai, somos belos e valiosos porque somos criações únicas de Deus. Cada um de nós foi intencionalmente projetado para ser único e obra-prima amada por Deus, e para refletir a Sua magnificência. *XED*

Senhor, queremos refletir
a Tua criatividade.

*Deus cria magistralmente cada pessoa
com exclusividade e propósito.*

20 DE NOVEMBRO

A BÍBLIA em UM ANO
EZEQUIEL 14–15; TIAGO 2

Entre na fila

Nossa antiga cerejeira parecia estar morrendo, então chamei um agrônomo que a declarou: "indevidamente estressada" e precisando de cuidados imediatos. "Entre na fila," minha esposa murmurou para a árvore, enquanto se afastava. Tinha sido uma semana daquelas!

Na verdade, todos nós temos semanas de ansiedade, cheia de preocupações sobre a nossa cultura à deriva, nossos filhos, casamento, empresas, finanças, saúde pessoal e bem-estar. No entanto, quando Jesus disse: "...a minha paz vos dou" (v.27), Ele nos assegurou de que podemos ter a paz, apesar das circunstâncias perturbadoras.

> **LEITURA:**
> **João 14:15-27**
>
> Deixo-vos a paz, a minha paz vos dou; não vo-la dou como a dá o mundo. Não se turbe o vosso coração, nem se atemorize. v.27

Os dias de Jesus estavam repletos de angústia e desordem: Ele estava rodeado de inimigos e era incompreendido por Sua família e amigos. Muitas vezes nem tinha onde reclinar a cabeça. No entanto, não havia vestígios de ansiedade ou irritabilidade em Seu comportamento. Ele possuía uma calma interior e tranquila. *Esta é a paz que Ele nos concedeu* — liberdade da ansiedade em relação ao passado, presente e futuro. A paz que Ele demonstrou; a Sua paz.

Em quaisquer circunstâncias, sejam elas terríveis ou triviais, podemos buscar a presença de Jesus em oração. A Ele, podemos apresentar nossos temores e medos. E Paulo ainda nos assegura que a paz de Deus virá e "...guardará o vosso coração e a vossa mente em Cristo Jesus" (FILIPENSES 4:7).

DHR

Jesus, mesmo que tenhamos tido
uma "semana daquelas", ansiamos por Tua paz.

*Em meio aos problemas,
podemos encontrar a paz em Jesus.*

21 DE NOVEMBRO

A BÍBLIA em UM ANO
EZEQUIEL 16-17; TIAGO 3

"Sementes de helicóptero"

Quando nossos filhos eram jovens, eles amavam apanhar as "sementes de helicópteros" que caíam das árvores bordo de prata do vizinho. Cada semente se assemelha a uma asa. No final da primavera, elas giram para o chão como lâminas do rotor de um helicóptero. O propósito das sementes não é voar, mas cair no solo e crescer como árvores.

Antes de Jesus ser crucificado, Ele disse aos Seus seguidores: "...É chegada a hora de ser glorificado o Filho do Homem. Em verdade, em verdade vos digo: se o grão de trigo, caindo na terra, não morrer, fica ele só; mas, se morrer, produz muito fruto" (vv.23,24).

Embora os discípulos de Jesus queriam que Ele fosse honrado como o Messias, Ele veio para dar Sua vida para que pudéssemos ser perdoados e transformados pela fé nele. Como seguidores de Jesus, ouvimos as Suas palavras: "Quem ama a sua vida perde-a; mas aquele que odeia a sua vida neste mundo preservá-la-á para a vida eterna. Se alguém me serve, siga-me, e, onde eu estou, ali estará também o meu servo. E, se alguém me servir, o Pai o honrará" (vv.25,26).

As "sementes de helicópteros" podem servir de alusão ao milagre de Jesus, o Salvador, que morreu para que pudéssemos viver para Ele. *DCM*

> **LEITURA:**
> **João 12:23-33**
>
> Em verdade, em verdade vos digo: se o grão de trigo, caindo na terra, não morrer, fica ele só; mas, se morrer, produz muito fruto. v.24

Senhor Jesus, estamos maravilhados com o Teu amor.
Dá-nos a graça de te servir hoje.

*Jesus nos chama para entregarmos
a nossa vida ao Seu serviço.*

22 DE NOVEMBRO

A BÍBLIA em UM ANO
EZEQUIEL 18-19; TIAGO 4

Celebre com júbilo

Eu estava procurando por uma igreja para frequentar e uma amiga me convidou para o culto em sua igreja. A congregação cantou uma música que eu amava. Cantei com entusiasmo, lembrando o conselho do diretor do coral de que fiz parte para "projetar a voz!"

Quando o marido de minha amiga virou-se para mim e disse: "Você realmente cantou alto", não era um elogio! Depois disso, eu monitorei meu tom, certificando-me de que cantava mais suave do que as pessoas ao meu redor, preocupada se as pessoas ao redor estavam julgando o meu tom de voz.

> LEITURA:
> **Salmo 98**
>
> **Celebrai com júbilo ao S**ENHOR**, todos os confins da terra; aclamai, regozijai-vos e cantai louvores.** v.4

Mas um domingo, notei uma mulher ao meu lado que parecia cantar com adoração, sem preocupação. Sua adoração me lembrou do entusiasmo e espontaneidade que Davi demonstrou em sua vida. Davi sugere que todos os confins da terra devem aclamar, regozijar e cantar louvores em adoração (v.4).

Lemos em Salmo 98:1 que devemos adorar com alegria, lembrando-nos das maravilhas que Deus tem feito. Ao longo do salmo, Davi narra essas maravilhas: a fidelidade e a justiça de Deus para todas as nações, Sua misericórdia e salvação. O nosso coração pode encher-se de louvor se permanecermos em quem Deus é no que Ele fez.

Que "coisas maravilhosas" Deus tem feito em sua vida? O Dia de Ação de Graças é o momento perfeito para recordar as Suas obras maravilhosas e agradecer ao Senhor. Levante a sua voz e cante!

LMW

Senhor, obrigado por quem és
e pelo que fizeste.

*A adoração retira o foco de nós
e coloca-o onde ele pertence — em Deus.*

23 DE NOVEMBRO

A BÍBLIA em UM ANO
EZEQUIEL 20-21; TIAGO 5

Nosso poderoso Deus

Certo dia à beira-mar, eu me deliciei em assistir alguns *kite surfistas* saltando ao longo da água, movidos pela força do vento. Quando um deles veio à praia, perguntei-lhe se a experiência era tão difícil quanto parecia. "Não, realmente é mais fácil do que o surf regular, porque você aproveita o poder do vento", disse.

Depois, enquanto caminhava pelo mar, pensando na capacidade do vento não só para impulsionar os surfistas, mas também para chicotear meu rosto com o meu cabelo, parei para refletir sobre o nosso Deus, o Criador. Como vemos no livro de Amós do Antigo Testamento, Ele "forma os montes" e "cria o vento" e "faz da manhã trevas" (v.13).

LEITURA:
Amós 4:12,13

Porque é ele quem forma os montes, e cria o vento, [...] SENHOR, Deus dos Exércitos, é o seu nome. v.13

Através deste profeta, o Senhor lembrou o Seu povo de Seu poder ao chamá-los de volta para si. Por não terem obedecido ao Senhor, Deus disse que se revelaria a eles (v.13). Embora vejamos o Seu julgamento aqui, sabemos por outra parte da Bíblia do Seu amor sacrificial ao enviar Seu Filho para nos salvar (JOÃO 3:16).

A força do vento neste dia de ventania no sul da Inglaterra me lembrou da enorme imensidão do Senhor. Se você sente o vento hoje, pare e reflita sobre o nosso Deus Todo-poderoso. ABP

Pai, obrigado por Teu poder e amor.
Ajuda-nos a confiar diariamente em ti.

Deus por meio do Seu amor
criou o mundo. Exalte-o!

24 DE NOVEMBRO

A BÍBLIA em UM ANO
EZEQUIEL 22–23; 1 PEDRO 1

O verdadeiro lar do coração

Tivemos um cão da raça *West Highland Terrier*. Eles são pequenos, resistentes, bons para entrar em túneis ou buracos onde se envolvem com o "inimigo" em seu covil. A nossa *terrier* há muitas gerações distante de sua origem, ainda mantém esse instinto herdado geneticamente. Certa ocasião, ela ficou obcecada por algum "bicho" debaixo de uma rocha no quintal. Nada a dissuadia. Ela cavou até fazer um enorme túnel sob a rocha.

> **LEITURA:**
> **Eclesiastes 3:10,11**
>
> **Tudo fez Deus formoso no seu devido tempo; também pôs a eternidade no coração do homem...** v.11

Agora reflita: Por que nós, seres humanos, procuramos, procuramos, procuramos? Por que devemos escalar montanhas ainda não escaladas, praticar esportes em pistas muito verticais? Descer as corredeiras mais difíceis e perigosas, desafiar as forças da natureza? Parte disso é o desejo por aventura e prazer, mas é muito mais. É o anseio que o Senhor implantou em nós. Não podemos *não* querer encontrar Deus.

Não sabemos disso, é claro. Só sabemos que ansiamos por algo. "Você não sabe o que é que você quer", Mark Twain disse: "mas você quer tanto que você poderia quase morrer por isso".

É em Deus que o nosso coração encontra um lar. Como disse Agostinho em uma de suas citações mais famosas: "Fizeste-nos, Senhor, para ti, e o nosso coração anda inquieto enquanto não descansa em ti."

E o que é o coração? Um vazio profundo dentro de nós que só Deus pode preencher.

DHR

Ajuda-me, Senhor, a reconhecer meu profundo anseio por ti.
Enche-me com o conhecimento de ti.

*Sob todos os nossos desejos
há um profundo anseio por Deus.*

25 DE NOVEMBRO

A BÍBLIA em UM ANO
EZEQUIEL 24-26; 1 PEDRO 2

Sendo seres humanos

Quando **precisava** definir seu papel numa comunidade que às vezes desrespeitava a lei, um delegado não mostrava sua credencial nem respondia indicando a sua função. Em vez disso, dizia: "Somos seres humanos que trabalham com seres humanos em crise."

Sua humildade em declarar-se igual aos seus semelhantes, me lembra de Pedro ao escrever aos cristãos do primeiro século que sofriam sob a perseguição romana: "...sede todos de igual ânimo, compadecidos, fraternalmente amigos, misericordiosos, humildes" (v.8). Talvez Pedro estivesse dizendo que a melhor resposta para os seres humanos em crise é "ser" humano, estar ciente de que somos todos iguais. Afinal, não é isso que o próprio Deus fez quando enviou Seu Filho que se tornou humano para nos ajudar? (FILIPENSES 2:7).

> **LEITURA:**
> **1 Pedro 2:11-17; 3:8,9**
>
> **Finalmente, sede todos de igual ânimo, compadecidos, fraternalmente amigos, misericordiosos, humildes.** 1 Pedro 3:8

Olhando apenas ao nosso coração pecaminoso, é tentador nos desprezarmos como humanos. Mas e se considerarmos nossa humanidade parte de nossa oferta neste mundo? Jesus nos ensina a viver plenamente como servos reconhecendo que somos todos iguais. Deus nos criou como "humanos", à Sua imagem e redimidos por Seu amor incondicional.

Hoje encontramos pessoas com várias lutas. Imagine a diferença que poderíamos fazer ao respondermos humildemente, como seres humanos que trabalham em conjunto com outros seres humanos em crise. *ELM*

Pai, ajuda-nos a sermos humildes ao interagirmos
uns com os outros, de ser humano para ser humano.

*Conhecer a Deus e
conhecer-se a si mesmo produz humildade.*

26 DE NOVEMBRO

A BÍBLIA em UM ANO
EZEQUIEL 27-29; 1 PEDRO 3

Deus sabe

Denise encontrou uma jovem magoada em sua igreja, sentiu-se movida e decidiu ajudá-la, aconselhando-a e orando com ela. Denise tornou-se a sua mentora. No entanto, alguns líderes da igreja não notaram os esforços dela e designaram outra pessoa para acompanhar aquela mulher. Ninguém, comentavam, parecia estar cuidando dela.

LEITURA:
Mateus 6:1-4

...e teu Pai, que vê em secreto, te recompensará. v.4

Denise não esperava qualquer crédito, mas sentiu-se desanimada. "É como se eu não a estivesse ajudando", disse-me.

Um dia, no entanto, a jovem disse a Denise que estava grata por seu conforto. Isso a encorajou, pois era como se Deus lhe dissesse: "Sei que você a auxilia." Denise ainda se encontra com a mulher regularmente.

Às vezes, nos sentimos desvalorizados quando os nossos esforços não são reconhecidos. As Escrituras, no entanto, nos lembram de que Deus sabe o que estamos fazendo. Ele vê o que os outros não enxergam. E Deus se agrada, quando servimos por Sua causa — não pelo louvor do homem.

Talvez seja por isso que Jesus nos deu um exemplo, dizendo-nos que fizéssemos a nossa doação "em segredo", pois o "teu Pai, que vê em secreto, te recompensará" (MATEUS 6:4). Não precisamos esperar o reconhecimento e louvor de outras pessoas. Podemos nos confortar sabendo que Deus reconhece quando somos fiéis em servi-lo e aos outros também. 🌿

LK

Senhor, perdoa-me quando quero o reconhecimento
e o louvor dos outros. Ajuda-me a servir-te somente para Tua glória.

Deus vê tudo o que fazemos por Ele.

27 DE NOVEMBRO

A BÍBLIA em UM ANO
EZEQUIEL 30-32; 1 PEDRO 4

Conhecendo melhor

Quando o nosso filho adotivo estrangeiro veio para casa, eu estava ansiosa para compartilhar amor e recompor o que tinha faltado em sua vida, pois ele tinha um déficit nutricional. Mas apesar dos esforços e consultas com especialistas, ele cresceu muito pouco. Após quase três anos, descobrimos que ele tinha intolerâncias alimentares graves. Com esse cuidado, ele cresceu 12,7 cm em poucos meses. Eu sofria pelo tempo em que, inconscientemente, o alimentei com comidas que prejudicavam seu crescimento, e me alegrava com a melhora na saúde dele!

> **LEITURA:**
> **2 Reis 22:1-4,8-13**
>
> **Tendo o rei ouvido as palavras do Livro da Lei, rasgou as suas vestes.** v.11

Suspeito que Josias sentiu o mesmo ao descobrir o Livro da Lei perdido no Templo por anos. Assim como eu sofria por ter involuntariamente impedido o crescimento de meu filho, Josias sofreu por ter ignorado as mais completas e melhores intenções de Deus para Seu povo (2 REIS 22:11). Ele foi elogiado por fazer o que era certo aos olhos do Senhor (v.2), e aprendeu a honrar a Deus melhor, após encontrar o Livro da Lei. Com esse conhecimento, ele levou o povo a adorar, de novo, como Deus os havia instruído (23:22,23).

À medida que aprendemos a honrar a Deus, podemos lamentar os caminhos em que ficamos aquém da Sua vontade para nós. No entanto, podemos ser consolados por Ele nos curar, restaurar e conduzir à compreensão mais profunda. KHH

Deus, obrigado por me mostrares como viver
da maneira que te agrada. Ajuda-me a te honrar e obedecer.

Deus nos concede um novo começo.

28 DE NOVEMBRO

A BÍBLIA em UM ANO
EZEQUIEL 33-34; 1 PEDRO 5

Colheita e Ação de Graças

Há milhares de anos, Deus falou diretamente a Moisés e instituiu um novo festival para Seu povo. Em Êxodo 23:16, segundo o registro de Moisés, Deus disse: "Guardarás a Festa da Sega, dos primeiros frutos do teu trabalho, que houveres semeado no campo...".

Hoje, países de todo o mundo fazem algo semelhante, celebrando a abundância da terra. Em Gana, África, as pessoas celebram o Festival Yam como um evento de colheita. No Brasil, os cristãos celebram o Dia de Ação de Graças como um momento de gratidão pelas culturas que produziram seus alimentos. Na China, existe o Festival do Meio Outono (Lua). Nos Estados Unidos e Canadá: *Thanksgiving*.

> LEITURA:
> Gênesis 8:15; 9:3
>
> Guardarás a Festa da Sega, dos primeiros frutos do teu trabalho, que houveres semeado no campo... Êxodo 23:16

Para entender o objetivo de uma celebração de colheita, lembremo-nos de Noé logo após o dilúvio. Deus lembrou a Noé e a sua família — e a nós — de Sua provisão para que pudéssemos sobreviver neste mundo. A Terra teria as estações, a luz do dia e a escuridão e "sementeira e a ceifa" (GÊNESIS 8:22). Nossa gratidão pela colheita, que nos sustenta, vai toda para Deus.

Não importa onde você vive ou como comemora a generosidade de sua terra, aproveite o tempo de hoje para expressar gratidão a Deus, pois não teríamos colheita para celebrar sem o Seu grande projeto criativo. 🌿

JDB

Querido Deus, obrigado pela maravilhosa maneira que criaste este mundo: com as estações, o tempo da colheita e tudo o que precisamos para existir. Por favor, aceita a nossa gratidão.

A gratidão reflete o sentimento de um coração alegre.

O poder da empatia

Coloque o macacão *R70i Age Suit* e você imediatamente se sentirá 40 anos mais velho, com a visão prejudicada, perda de audição e mobilidade reduzida. O macacão foi projetado para ajudar os cuidadores a entender melhor seus pacientes. Um repórter vestiu um deles e escreveu: "A experiência é inesquecível, e às vezes angustiante, lançou luz não apenas sobre o envelhecimento, mas também como o equipamento de realidade virtual pode ensinar empatia e moldar nossas percepções sobre o mundo que nos rodeia."

> **LEITURA:**
> **Hb 2:14-18; 13:1-3**
>
> **Lembrai-vos dos encarcerados, como se presos com eles...** 13:3

Empatia é o poder de compreender e compartilhar os sentimentos de outro. Durante um tempo de severa perseguição contra os seguidores de Jesus, o escritor de Hebreus exortou os irmãos a lembrarem-se "...dos encarcerados, como se presos com eles; dos que sofrem maus tratos, como se, com efeito, vós mesmos em pessoa fôsseis os maltratados" (13:3).

Isto é exatamente o que nosso Salvador fez por nós. Jesus foi humano como nós, "...semelhante aos irmãos, para ser misericordioso e fiel sumo sacerdote nas coisas referentes a Deus e para fazer propiciação pelos pecados do povo. Pois, naquilo que ele mesmo sofreu, tendo sido tentado, é poderoso para socorrer os que são tentados" (2:17,18).

Cristo, o Senhor, que se tornou como nós, nos chama a estar com os outros "como se presos com eles" durante seu tempo de necessidade.

DCM

Jesus, dá-nos graça para
ter empatia pelos necessitados.

*Cristo nos chama a sentir com os outros
como se estivéssemos em seu lugar.*

30 DE NOVEMBRO

A BÍBLIA em **UM ANO**
EZEQUIEL 37-39; 2 PEDRO 2

Imperfeito, mas amado

No **Japão,** os alimentos são imaculadamente preparados e embalados, devem ter bom sabor e boa aparência também. Muitas vezes me pergunto se compro a comida ou a embalagem! Devido à ênfase japonesa na boa qualidade, produtos com defeitos leves são descartados. Mas nos últimos anos, os produtos *wakeari* "por uma razão" ganharam popularidade, eles não são jogados fora, mas vendidos a preço inferior, por exemplo, uma rachadura num biscoito de arroz o torna *wakeari*. Esse também é um termo para pessoas que são, obviamente, menos do que perfeitas.

LEITURA:
Lucas 7:36-50

Mas Deus prova o seu próprio amor para conosco pelo fato de ter Cristo morrido por nós, sendo nós ainda pecadores. Romanos 5:8

Jesus ama a todos, inclusive os *wakeari* que a sociedade despreza. Quando uma mulher de vida pecaminosa soube que Jesus estava comendo na casa de um fariseu, ela foi até lá e se ajoelhou aos pés do Mestre, chorando (LUCAS 7:37,38). O fariseu rotulou-a como "pecadora" (v.39), mas Jesus a aceitou. E falou gentilmente com ela, assegurando-lhe de que os seus pecados tinham sido perdoados (v.48).

Jesus ama as pessoas imperfeitas, e isso nos inclui. E a maior demonstração de Seu amor por nós é: "ter Cristo morrido por nós, sendo nós ainda pecadores" (v.8). Como receptores de Seu amor, que possamos ser canais desse amor para as pessoas falhas ao nosso redor, para que também saibam que são amadas por Deus apesar de suas imperfeições. 🌱

AL

Senhor, abre o meu coração aos outros em aceitação e amor
para que estes possam conhecer a preocupação de Jesus por eles.

*As pessoas despedaçadas
são reconstruídas pelo amor de Deus.*

Pão Diário

1.º DE DEZEMBRO

A BÍBLIA em UM ANO
EZEQUIEL 40-41; 2 PEDRO 3

Vaso na mão do Oleiro

É dezembro e todos já começaram a planejar a vida para o próximo ano. E como será? Continuaremos a ser o que fomos este ano? Por mais que tenha havido coisas boas, se formos sinceros, teremos de admitir: nem tudo foi tão bom. Deixamos a desejar em muitas áreas.

A mensagem de Jeremias nos traz esperança: Somos vasos nas mãos do Oleiro. E Ele fará de nós um vaso novo. Com isso aprendemos duas lições. Primeiro, precisamos saber que somos frágeis. A começar pelo nosso físico — Deus nos criou do pó. No entanto, nossa fragilidade também está no campo moral. Vivemos dias de relativismo, em que cada um é e faz o que quer. Isso gera angústia, pois o ser humano precisa de parâmetros. Também somos espiritualmente frágeis — cremos, mas não tanto quanto deveríamos crer. Muitas vezes "balançamos", manquejamos.

> LEITURA:
> **Jeremias 18:1-6**
>
> ...eis que, como o barro na mão do oleiro, assim sois vós na minha mão... v.3

A segunda lição que aprendemos é que precisamos confiar na fidelidade do Senhor. Quando Jeremias desceu à casa do oleiro, este "estava entregue à sua obra sobre as rodas" (v.3). Da mesma forma, Deus se entrega à Sua obra que é nos fazer e refazer. Sua especialidade é fazer vasos de honra, e Ele o faz conforme a Sua vontade e em amor. Deus tem o controle de todas as coisas. Precisamos nos entregar à Sua ação e não sermos tão relutantes.

Que o próximo ano seja realmente muito feliz para você! E que sejamos vasos moldáveis nas mãos do Senhor, confiando sempre em Sua fidelidade. 🌿

JMF

Deus não junta cacos. Ele nos amolece
e faz de nós um vaso novo.

2 DE DEZEMBRO

A BÍBLIA em UM ANO
EZEQUIEL 42-44; 1 JOÃO 1

Presunto e ovos

Na fábula "o porco e a galinha", os dois animais discutem sobre a possibilidade de abrir um restaurante juntos. Ao planejar seu menu, a galinha sugere que sirvam presunto e ovos. O porco rapidamente diz: "Não, obrigado. Eu estaria comprometido e você só estaria envolvida."

Embora o porco não se importasse de colocar-se no prato, sua compreensão de compromisso me ensina como seguir melhor a Deus com todo o meu coração.

> **LEITURA:**
> **2 Crônicas 16:1-9**
>
> ...quanto ao Senhor, seus olhos passam por toda a terra, para mostrar-se forte para com aqueles cujo coração é totalmente dele. v.9

Para proteger o seu reino, Asa, o rei de Judá, empenhou-se em romper um tratado entre os reis de Israel e Síria. Para isso, enviou tesouros pessoais, com "prata e ouro dos tesouros da Casa do Senhor" para obter favor com Ben-Hadade, o rei da Síria (v.2). Ben-Hadade concordou, e aliaram suas forças repelindo Israel.

Mas Hanani, o profeta de Deus, chamou Asa de tolo por confiar na ajuda humana em vez de em Deus que tinha entregue outros inimigos anteriormente em suas mãos. Hanani afirmou: "...seus olhos passam por toda a terra, para mostrar-se forte para com aqueles cujo coração é totalmente dele..." (v.9).

Ao enfrentarmos nossas próprias batalhas e desafios, lembremo-nos de que Deus é o nosso melhor aliado. Ele nos fortalece quando nos dispomos e nos comprometemos a "servi-lo" com sinceridade. KHH

Senhor, quero confiar mais plenamente em ti.
Às vezes, vejo apenas ao meu redor. Por favor, ajuda-me
a olhar para cima e a confiar mais em ti.

Quando nos entregamos completamente a Deus,
Ele age por meio de nós o tempo todo. OSWALD CHAMBERS

3 DE DEZEMBRO

A BÍBLIA em UM ANO
EZEQUIEL 45–46; 1 JOÃO 2

Esperando

"**Quanto tempo** demora até o Natal?" Quando meus filhos eram pequenos, perguntavam isso sem parar. Embora usássemos um calendário do Advento para contar os dias, eles achavam essa espera torturante.

É fácil reconhecermos a luta da criança com a espera, mas podemos subestimar o desafio que isso pode causar para todo o povo de Deus. Lembre-se daqueles que receberam a mensagem do profeta Miqueias, que predisse que de Belém viria um "que há de reinar em Israel" (v.2) que "se manterá firme e apascentará o povo na força do SENHOR" (v.4). O cumprimento inicial desta profecia ocorreu quando Jesus nasceu em Belém (MATEUS 2:1), após o povo ter esperado cerca de 700 anos. Mas algumas profecias ainda estão por se cumprir. Aguardamos com esperança o retorno de Jesus, quando todo o povo de Deus habitará seguro, porque "...será ele engrandecido até aos confins da terra" (MIQUEIAS 5:4). Então nos alegraremos muito, pois nossa longa espera terá terminado.

> **LEITURA:**
> **Miqueias 5:2-4**
>
> E tu, Belém-Efrata [...] de ti me sairá o que há de reinar em Israel... v.2

A maioria de nós acha difícil essa espera, mas podemos confiar que Deus honrará Suas promessas de estar conosco enquanto esperamos (MATEUS 28:20). Pois, quando Jesus nasceu na pequena Belém, Ele veio para termos vida em abundância (JOÃO 10:10) — vida sem condenação. Apreciemos a Sua presença conosco hoje, enquanto esperamos ansiosamente o Seu retorno.

ABP

Deus Pai, esperamos, confiantes,
enquanto ansiamos pela paz.

*Esperamos pelas promessas de Deus,
crendo que elas se cumprirão.*

4 DE DEZEMBRO

A BÍBLIA em UM ANO
EZEQUIEL 47-48; 1 JOÃO 3

Natal nos jardins

Cerca de 230 pessoas vivem no bloco 72 do Condomínio MacPherson em meu bairro em Singapura. Cada um tem sua história de vida. Num dos andares reside uma senhora idosa cujos filhos cresceram, casaram e se mudaram. A pouca distância dela está um jovem casal com um casal de filhos. E andares abaixo vive um jovem militar. Ele já esteve na igreja antes; talvez a visite novamente no dia de Natal. Eu conheci essas pessoas no Natal passado, quando a nossa igreja fez serenatas pelo bairro para espalhar a alegria de Natal.

> LEITURA:
> **Lucas 1:68-75**
>
> **Bendito seja o Senhor, Deus de Israel, porque visitou e redimiu o seu povo.** v.68

Cada Natal — como no primeiro — há muitos que não sabem que Deus veio ao mundo como um bebê chamado Jesus (LUCAS 1:68; 2:21). Ou eles não conhecem a importância desse evento: É "...boa-nova de grande alegria, que o será para todo o povo" (2:10). Sim, todos os povos! Independentemente da nacionalidade, cultura, gênero ou situação financeira, Jesus veio para morrer por nós e nos oferecer o perdão completo para que possamos ser reconciliados com Ele e desfrutar do Seu amor, alegria, paz e esperança. Todas as pessoas: da vizinha ao nosso lado aos colegas com quem almoçamos, todos precisam ouvir esta maravilhosa notícia!

No primeiro Natal, os anjos foram os portadores destas boas-novas. Hoje, Deus quer agir por meio de nós para levarmos a história aos outros. PFC

Senhor, usa-me para tocar a vida dos outros
com as boas-novas da Tua vinda.

*A boa-nova do nascimento de Jesus
é uma fonte de alegria para todas as pessoas.*

5 DE DEZEMBRO

A BÍBLIA em UM ANO
DANIEL 1-2; 1 JOÃO 4

Jesus ama Maysel

Quando minha irmã Maysel era pequena, ela cantava uma canção familiar em sua própria maneira: "Cristo tem amor por Maysel, pois a Bíblia assim me diz". Isso me irritava ao extremo! Como uma de suas irmãs mais velhas e "mais sábias", eu sabia que as palavras eram "por mim", e não "por Maysel". No entanto, ela insistia em cantar à *sua* maneira.

Agora, com a experiência dos dias que já se passaram, acho que minha irmã estava certíssima. A Bíblia de fato diz a minha irmã Maysel, e a todos nós, que Jesus nos ama. Vez após vez, lemos essa verdade. Tomemos, por exemplo, os escritos do apóstolo João: "Aquele discípulo a quem Jesus amava" (JOÃO 21:7,20). João nos fala sobre o amor de Deus em um dos versículos mais conhecidos da Bíblia: "Porque Deus amou ao mundo de tal maneira que deu o seu Filho unigênito, para que todo o que nele crê não pereça, mas tenha a vida eterna" (JOÃO 3:16).

> **LEITURA:**
> **1 João 4:7-16**
>
> Nisto consiste o amor: não em que nós tenhamos amado a Deus, mas em que ele nos amou... v.10

João reforça essa mensagem: "Nisto consiste o amor: não em que nós tenhamos amado a Deus, mas em que ele nos amou e enviou o seu Filho como propiciação pelos nossos pecados" (1 JOÃO 4:10). Assim como João sabia que Jesus o amava, nós também podemos ter a mesma certeza: Jesus *nos* ama. A Bíblia assim nos diz.

ADK

Bendito Senhor, obrigado pela certeza de que nos amas.
Estamos repletos de gratidão por reconhecer
que nos amaste tanto a ponto de morreres por nós.

Cristo tem amor por mim!
Pois a Bíblia assim me diz.

6 DE DEZEMBRO

A BÍBLIA em UM ANO
DANIEL 3–4; 1 JOÃO 5

Confiando em Deus mesmo se...

Sofri uma lesão em 1992, e sinto dor crônica na parte superior das costas, ombros e pescoço. Nos momentos desanimadores de intensa dor nem sempre é fácil confiar ou louvar o Senhor. Mas quando a situação se torna insuportável, a constante presença de Deus me conforta. Ele me fortalece e dá a segurança de Sua bondade imutável, poder ilimitado e graça sustentadora. Se me sinto induzida a duvidar do Senhor, sou encorajada pela fé determinada de Sadraque, Mesaque e Abede-Nego. Eles adoraram a Deus e confiaram em Sua presença, mesmo quando a situação parecia desesperadora.

> **LEITURA:**
> **Daniel 3:13-25**
>
> Eis que o nosso Deus, a quem nós servimos, é que nos pode livrar; ele nos livrará... v.17

Quando o rei Nabucodonosor ameaçou jogá-los na fornalha ardente se não se afastassem do verdadeiro Deus para adorar a sua estátua de ouro (vv.13,15), eles demonstraram a sua fé corajosa e confiante. Eles nunca duvidaram que o Senhor fosse digno de adoração (v.17), "mesmo se" Ele não os resgatasse daquela situação (v.18). Deus não os deixou sozinhos no momento de necessidade; esteve com eles e os protegeu na fornalha (vv.24,25).

Deus também não nos deixa sozinhos. Permanece conosco em meio às provações que podem ser tão destrutivas quanto aquela fornalha. Mesmo que o nosso sofrimento não termine deste lado da eternidade, Deus é e sempre será poderoso, confiável e bom. Podemos confiar em Sua presença constante e amorosa. 🌱 XED

Senhor, obrigado por estares conosco,
não importa o que estivermos passando.

*A fé se fundamenta no caráter imutável de
nosso Deus Todo-Poderoso, não em nossas circunstâncias.*

7 DE DEZEMBRO

A BÍBLIA em UM ANO
DANIEL 5–7; 2 JOÃO

Primeiras coisas primeiro

Quando você viaja de avião, antes do voo decolar, um comissário apresenta as instruções de segurança e explica o que fazer caso haja perda de pressão na cabine. Os passageiros são informados de que as máscaras de oxigênio cairão do compartimento acima e que devem colocá-las em si mesmos antes de ajudar os outros. Por quê? Porque antes de poder ajudar o outro, você precisa estar fisicamente alerta.

LEITURA:
1 Timóteo 4:12-16

Tem cuidado de ti mesmo e da doutrina... v.16

Ao escrever a Timóteo, Paulo enfatizou a importância de manter sua própria saúde espiritual antes de ajudar e servir os outros. Relembrou a Timóteo de suas muitas responsabilidades como pastor: Havia ensinamentos falsos com os quais lidar (vv.1-5) e doutrinas erradas para corrigir (vv.6-8). Mas para desempenhar bem seus deveres, o mais importante era ter "cuidado de [si] mesmo e da doutrina [...] persevera [r] nestas coisas" (v.16). Ele precisava primeiro cuidar de seu relacionamento com o Senhor antes que pudesse atender aos outros.

O que Paulo disse a Timóteo também se aplica a nós. Cada dia encontramos pessoas que não conhecem o Senhor. Quando acumulamos nosso oxigênio espiritual primeiro investindo o nosso tempo na Palavra de Deus, oração e capacitação do Espírito Santo, mantemos o nosso relacionamento com o Senhor. Então estaremos espiritualmente alertas para ajudar os outros. CPH

Senhor, queremos nos fortalecer em Tua Palavra antes de sairmos para ser a Tua luz para o mundo.

A vida de um cristão é a janela através da qual os outros podem ver Jesus.

8 DE DEZEMBRO

A BÍBLIA em UM ANO
DANIEL 8-10; 3 JOÃO

Graça inesperada

Era uma manhã de sábado e eu estava ansioso para chegar ao meu trabalho nas pistas de boliche. Na noite anterior, eu tinha limpado os pisos enlameados, porque o zelador faltara por motivo de doença, e nem me incomodei de avisar o gerente antes, pois assim poderia surpreendê-lo. E pensei, afinal, *o que poderia dar errado?*

Tudo deu errado!

No dia seguinte, vi água parada, com pinos de boliche, rolos de papel higiênico e caixas de folhas de papel empoleiradas no topo. E percebi que ao limpar os assoalhos, *tinha deixado uma torneira grande aberta a noite toda!* Incrivelmente, meu patrão me cumprimentou com um grande abraço e um grande sorriso — "por tentar", disse ele.

> LEITURA:
> **Atos 9:1-19**
>
> ...e viu entrar um homem, chamado Ananias, e impor-lhe as mãos, para que recuperasse a vista. v.12

Saulo estava perseguindo e torturando os cristãos (vv.1,2) quando se encontrou face a face com Jesus no caminho de Damasco (vv.3,4). Jesus confrontou Saulo, que logo seria chamado Paulo, com suas ações pecaminosas. Cego pela experiência, Saulo/Paulo precisaria de um cristão — Ananias — para lhe restaurar a visão em um ato de coragem *e* graça (v.17).

Saulo e eu recebemos graça *inesperada*.

A maioria das pessoas sabe que estão confusas. Em vez de palestras, precisam da esperança de redenção. Rostos severos ou palavras afiadas podem bloquear a visão dessa esperança. Como Ananias, ou mesmo aquele meu chefe, os cristãos devem se tornar a face da graça nos encontros transformadores que têm com os outros.

RKK

As atitudes de um cristão que demonstram graça
podem aplainar o caminho de alguém para buscar a presença do Salvador.

9 DE DEZEMBRO

A BÍBLIA em UM ANO
DANIEL 11–12; JUDAS

De fora para dentro?

"**Mudança: de** dentro para fora ou de fora para dentro?", dizia a manchete, refletindo a tendência popular de que mudanças externas, tais como: reforma, melhor postura, podem ser uma maneira fácil de mudar o que sentimos por dentro, e até mudar a nossa vida.

Quem não gostaria de melhorar sua vida tão fácil assim quanto mudar o visual? Muitos de nós aprendemos com sacrifício que mudar hábitos arraigados é quase impossível. Focalizar em mudanças externas simples traz a esperança de que há um caminho mais rápido para melhorar nossa vida.

LEITURA:
Gálatas 3:23-29

...porque todos quantos fostes batizados em Cristo de Cristo vos revestistes. v.27

Mas, embora essas mudanças possam nos ajudar, as Escrituras nos convidam a buscar transformação mais profunda —, impossível por nossa própria conta. Na verdade, Paulo argumentou que a lei de Deus, uma dádiva inestimável que revelou a Sua vontade, não podia curar o quebrantamento do Seu povo (vv.19-22). A verdadeira cura e liberdade exigiam que, pela fé, eles fossem "revestidos" em Cristo (v.27) por meio de Seu Espírito (5:5). Separados e moldados por Jesus, eles encontrariam sua verdadeira identidade e valor, pois todo o que crê em Cristo é coerdeiro de todas as promessas de Deus (3:28,29).

É fácil dedicarmos muita energia às técnicas de autoaperfeiçoamento. Mas as mudanças mais profundas e gratificantes em nosso coração ocorrem quando conhecemos o amor que ultrapassa todo o entendimento (EFÉSIOS 3:17-19) — o amor que transforma tudo. ❂ *MRB*

Em Jesus é possível
a transformação verdadeira e duradoura.

10 DE DEZEMBRO

A BÍBLIA em UM ANO
OSEIAS 1-4; APOCALIPSE 1

Falhas restauradas

Uma banda convidada liderava o louvor e adoração em nossa igreja, e a paixão deles pelo Senhor era comovente. Podíamos ver e sentir o entusiasmo deles.

Na sequência, os músicos revelaram que eles eram ex-prisioneiros. De repente, suas canções trouxeram um significado especial, e percebi porque suas palavras de louvor significavam tanto para eles. Sua adoração era um testemunho de vidas despedaçadas e restauradas.

> **LEITURA:**
> **Salmo 145:1-16**
>
> **O SENHOR sustém os que vacilam e apruma todos os prostrados.** v.14

O mundo pode dar valor ao sucesso. Mas histórias de fracasso também oferecem esperança às pessoas. Eles nos asseguram do amor de Deus, não importa quantas vezes tenhamos fracassado. Certo pastor, Gary Inrig, diz que o que chamamos de *Heróis da Fé* em Hebreus 11 poderia muito bem ser intitulado *Heróis Restaurados*. "É difícil encontrar entre eles, um que não tenha tido um sério defeito em sua vida", observa. "Mas Deus investe na restauração de falhas. Esse é um grande princípio da Sua graça."

Eu amo o consolo encontrado no Salmo 145, que fala dos "feitos tremendos" de Deus (vv.5,6) e do reino glorioso (v.11). Descreve a Sua compaixão (vv.8,9) e fidelidade (v.13) e, em seguida, imediatamente nos diz que Ele sustém e apruma os que caíram (v.14). Demonstra todos os Seus atributos quando nos acolhe, pois está verdadeiramente nos restaurando.

Você já fracassou? Já foi restaurado? Todos nós já falhamos e somos as histórias vivas da graça de Deus. 🌾

LK

Nossas histórias de fracasso podem ser
as histórias de restauração divina.

11 DE DEZEMBRO

A BÍBLIA em UM ANO
OSEIAS 5–8; APOCALIPSE 2

É todo um presente!

O **Café *Rendezvous*** em Londres tem iluminação agradável, sofás confortáveis e o aroma de café no ar. O que ele não tem são os preços. Começou, originalmente como um projeto de uma igreja local, mas o lugar foi transformado um ano depois que começou. Os gerentes sentiram que Deus os chamava para fazer algo radical, "oferecer um menu grátis". Hoje você pode pedir um café, bolo, ou sanduíche sem custo. Não há sequer uma caixa de doação. Tudo é um presente.

> **LEITURA:**
> **Efésios 2:1-9**
>
> Porque pela graça sois salvos, mediante a fé; e isto não vem de vós; é dom de Deus. v.8

Perguntei ao gerente o porquê de serem tão generosos. "Estamos apenas tentando tratar as pessoas como Deus nos trata", disse ele. "Deus nos dá quer o agradeçamos ou não. Ele é generoso conosco além do que podemos imaginar."

Jesus morreu para nos livrar de nossos pecados e reconciliar-nos com Deus. Ele se levantou do túmulo e está vivo agora. Por isso, cada coisa errada que fizemos pode ser perdoada, e podemos ter uma nova vida hoje (EFÉSIOS 2:1-5). E uma das coisas mais incríveis sobre isso é que é tudo gratuito. Não podemos comprar a nova vida que Jesus oferece. Não podemos nem doar para custear o gasto (vv.8,9). É tudo um presente.

À medida que aquelas pessoas servem seus bolos e cafés, demonstram aos outros um vislumbre da generosidade de Deus. Foi-nos oferecida a vida eterna gratuitamente porque Jesus já pagou essa dívida. 🕮

SMV

*"...**Aquele que** tem sede venha, e quem quiser*
receba de graça a água da vida". APOCALIPSE 22:17

A vida eterna é um presente
pronto para ser recebido.

12 DE DEZEMBRO

A BÍBLIA em UM ANO
OSEIAS 9-11; APOCALIPSE 3

A cura para a ansiedade

stávamos entusiasmados com a mudança por causa do trabalho do meu marido. Mas as incógnitas e os desafios deixaram-me ansiosa. Teria de embalar tudo, procurar um lugar para morar, encontrar um novo emprego para mim, familiarizar-me com uma nova cidade, e me estabelecer. Tudo parecia muito perturbador. Enquanto pensava na lista de coisas por fazer, lembrei-me das palavras escritas pelo apóstolo Paulo: elas ecoaram em minha mente: "sejam conhecidas, diante de Deus, as vossas petições, pela oração e pela súplica" (V.7).

> **LEITURA:**
> **Filipenses 4:1-9**
>
> Não andeis ansiosos de coisa alguma; em tudo, porém, sejam conhecidas, diante de Deus, as vossas petições... v.6

Se alguém pudesse estar ansioso sobre o desconhecido e desafios, teria sido Paulo. Ele naufragou, foi espancado e preso. Em sua carta à igreja de Filipos, ele encorajou seus amigos que também estavam enfrentando incógnitas, dizendo-lhes: "Não andeis ansiosos de coisa alguma; em tudo, porém, sejam conhecidas, diante de Deus, as vossas petições..." (v.6).

As palavras de Paulo me encorajam. A vida é cheia de incertezas — venham elas como uma grande transição da vida, problemas familiares, de saúde ou financeiros. Continuo aprendendo que Deus se importa. Ele nos convida a abandonar os nossos medos do desconhecido, entregando-os a Ele. Quando o fazemos, Ele, que sabe todas as coisas, promete que a Sua paz, "que excede todo o entendimento, guardará" nosso coração e mente em Cristo Jesus (v.7).

KAW

Querido Deus, sou grato por quem és
e pelo que fazes em minha vida.

*O cuidado de Deus por mim
traz paz a minha mente.*

13 DE DEZEMBRO

A BÍBLIA em UM ANO
OSEIAS 12-14; APOCALIPSE 4

Não sou eu

Considerado um dos mais célebres maestros de orquestras do século 20, Arturo Toscanini é lembrado por seu desejo de dar crédito a quem é devido. No livro *Dictators of the Baton* (Ditadores da batuta), o autor David Ewen descreve como os membros da Orquestra Filarmônica de Nova Iorque levantaram-se e aclamaram Toscanini no final de um ensaio da Nona Sinfonia de Beethoven. Houve uma pausa na ovação, e com lágrimas nos olhos, ouviu-se a voz trêmula de Arturo, dizendo: "Não sou eu... É Beethoven!... Toscanini não é nada".

LEITURA:
1 Coríntios 15:1-11

...já não sou eu quem vive, mas Cristo vive em mim...
Gálatas 2:20

Nas cartas do apóstolo Paulo, ele também se recusou a aceitar o crédito por seu discernimento e influência espiritual. Ele sabia que ele era como um pai e uma mãe espiritual para muitos que tinham posto sua fé em Cristo. Ele admitiu que tinha trabalhado duro e sofrido muito para encorajar a fé, a esperança e o amor de tantos (1 CORÍNTIOS 15:10). Mas ele não podia, em sã consciência, aceitar os aplausos daqueles que foram inspirados por sua fé, amor e discernimento.

Assim, por amor aos seus leitores, e também por nós, Paulo afirmou: "Não sou eu, irmãos e irmãs quem vive. É Cristo que vive em mim. Não sou nada." Somos apenas mensageiros daquele que merece os nossos aplausos." MRD

Pai Celeste, sem ti nada seríamos. Sem Tua graça estaríamos em desespero, sem o Espírito de Teu Filho, estaríamos desamparados. Por favor, mostra-nos como dar-te a honra que mereces.

Sábia é a pessoa
que prefere honrar a ser honrada.

14 DE DEZEMBRO

A BÍBLIA em UM ANO
JOEL 1-3; APOCALIPSE 5

Com a ajuda de Deus

À medida que os dias passam, tenho dores nas articulações, especialmente quando o tempo esfria. Alguns dias, sinto-me menos como uma conquistadora e mais como alguém conquistada pelos desafios de se tornar idosa.

Por isso, meu herói agora é o idoso Calebe — o antigo espião enviado por Moisés para explorar Canaã, a Terra Prometida (NÚMEROS 13-14). Após os outros espias darem um relatório desfavorável, Calebe e Josué foram os únicos espiões, dentre os doze, que Deus permitiu entrar em Canaã. Chegou a hora de Calebe receber sua porção de terra (JOSUÉ 14). Mas havia inimigos ainda para expulsar. Não contente em se aposentar e deixar a batalha para a geração mais jovem, Calebe declarou: "...ouviste que lá estavam os anaquins e grandes e fortes cidades; o SENHOR, porventura, será comigo, para os desapossar, como prometeu" (v.12).

> **LEITURA:**
> **Josué 14:7-15**
> ...sou de oitenta e cinco anos. Estou forte ainda hoje como no dia em que Moisés me enviou... vv.10,11

O Senhor será comigo. Pensar dessa maneira o deixou pronto para a batalha. Ele se concentrou no poder de Deus, não em seu próprio, nem em sua idade. Deus o ajudaria no que fosse necessário.

A maioria de nós não pensa em fazer algo grandioso quando alcançamos uma determinada idade. Mas ainda podemos fazer grandes coisas para Deus, não importa quantos anos tenhamos. Quando as oportunidades como as de Calebe surgirem em nosso caminho, não as coloquemos ao lado. Com o Senhor nos ajudando, podemos conseguir!

LMW

Pai Celestial, obrigado por me dares
a força para superar cada dia.

Tudo posso naquele que me fortalece.
FILIPENSES 4:13

15 DE DEZEMBRO

A BÍBLIA em UM ANO
AMOS 1-3; APOCALIPSE 6

Mais do que um herói

Os fãs de *Star Wars* em todo o mundo aguardaram ansiosamente o lançamento do Episódio 8, "Os últimos Jedi", e as pessoas continuam a analisar o notável sucesso desses filmes que remontam a 1977. Um repórter da CNN disse que *Star Wars* junta-se ao anseio de muitos por "uma nova esperança e uma força do bem num momento em que o mundo precisa de heróis".

LEITURA:
João 1:1-5,9-14

...e vimos a sua glória, glória como do unigênito do Pai. v.14

Na época do nascimento de Jesus, o povo de Israel estava oprimido e ansiava por seu Messias, há muito prometido. Muitos esperavam pelo aparecimento de um herói para libertá-los da tirania romana, mas Jesus não veio como um herói político ou militar. Em vez disso, Ele veio como um bebê para a cidade de Belém. Por isso, muitos não reconheceram quem Ele era. O apóstolo João escreveu: "Veio para o que era seu, e os seus não o receberam" (JOÃO 1:11).

Mais do que um herói, Jesus veio como nosso Salvador. Ele nasceu para trazer a luz de Deus para a escuridão e dar a Sua vida para que todos os que o recebem possam ser perdoados e libertos do poder do pecado. João o chamou de "unigênito do Pai" (v.14).

"Mas, a todos quantos o receberam, deu-lhes o poder de serem feitos filhos de Deus, a saber, aos que creem no seu nome" (v.12). Na verdade, Jesus é a única verdadeira esperança que o mundo precisa. *DCM*

Senhor Jesus, tu és o nosso Salvador,
e te louvamos por teres morrido para que possamos viver.

*Em Belém, Deus demonstrou
que amar é doar.*

16 DE DEZEMBRO

A BÍBLIA em UM ANO
AMOS 4–6; APOCALIPSE 7

Deus é o Maior

Ao dirigirmos pelo interior do estado, minha esposa exclamou: "É inacreditável como o mundo é grande!" Ela comentou isso quando passamos pelo sinal que marca o 45.º paralelo; o ponto a meio caminho entre o Equador e o Polo Norte. Falamos sobre como somos pequenos e quão vasto é o mundo, e como, em comparação com o Universo, nosso pequeno planeta é apenas uma partícula de poeira.

> **LEITURA:**
> **Colossenses 1:12-17**
>
> **Pois, nele [Jesus] foram criadas todas as coisas.** v.16

Se nosso mundo é grande, e o Universo é muito maior, qual é a grandeza daquele que poderosamente o criou? A Bíblia nos diz: "pois, nele, foram criadas *todas* as coisas, nos céus e sobre a terra, as visíveis e as invisíveis, sejam tronos, sejam soberanias, quer principados, quer potestades. Tudo foi criado por meio dele e para ele" (v.16).

Esta é uma boa notícia porque este mesmo Jesus que criou o Universo é Aquele que veio para nos resgatar do nosso pecado, cada dia e para sempre. Na noite anterior à Sua morte, Jesus disse: "Estas coisas vos tenho dito para que tenhais paz em mim. No mundo, passais por aflições; mas tende bom ânimo; eu venci o mundo" (JOÃO 16:33).

Quando enfrentamos os grandes e pequenos desafios da vida, invocamos Aquele que fez o Universo, morreu e ressuscitou, e ganhou a vitória sobre a devastação deste mundo. Em nossos tempos de luta, Ele nos oferece poderosamente a Sua paz. WEC

Senhor, sou grato porque és maior do que a minha mente poderia compreender. Ajuda-me a confiar em ti hoje.

A graça de Deus é imensurável,
Sua misericórdia inesgotável, Sua paz inexprimível.

17 DE DEZEMBRO

A BÍBLIA em UM ANO
AMÓS 7--9; APOCALIPSE 8

Humildade e mansidão

Nossos problemas podem nos deixar mal-humorados e fora do prumo, mas nunca devemos justificar esses ataques de mau comportamento, pois eles podem ferir quem amamos e espalhar a miséria ao nosso redor. Só cumprimos a nossa parte quando aprendemos a ser agradáveis uns aos outros.

O Novo Testamento nos ensina como corrigir os nossos dissabores: sejam "*humildes, bem-educados* e *pacientes*" (EFÉSIOS 4:2 NTLH), termos que sugerem que tenhamos alma bondosa e graciosa.

> LEITURA:
> **Efésios 4:1-6**
>
> ...com toda a humildade e mansidão, com longanimidade, suportando-vos uns aos outros em amor. v.2

Ter *paciência* é exercer a vontade de aceitar limitações e doenças, sem "descontar" nos outros; demonstrar gratidão pelo menor serviço prestado e tolerância com os que não nos servem bem. É tolerar pessoas incômodas, especialmente as barulhentas e rudes. É ser bondoso com as crianças, pois isso distingue uma pessoa boa e gentil. É ser manso diante da provocação. Pode ser silenciosa; pois a calma e o silêncio imperturbável muitas vezes são as respostas mais eloquentes às palavras desagradáveis.

Jesus é "manso e humilde de coração" (MATEUS 11:29). Se lhe pedirmos, em Seu tempo, Ele nos recriará à Sua imagem. George MacDonald, escritor escocês, diz: "[Deus] não ouviria de nós um tom áspero que abatesse o coração de outro, uma palavra que ferisse. [...] Jesus nasceu para nos livrar destes e de todos os outros pecados."

HDR

Senhor, quero ser uma pessoa gentil.
Por favor, ajuda-me a ser manso e humilde com os outros hoje.

Ser humilde na presença de Deus
nos torna gentis com os outros.

18 DE DEZEMBRO

A BÍBLIA em UM ANO
OBADIAS; APOCALIPSE 9

Esperança eterna

Pouco antes do Natal, dois meses após minha mãe morrer, as compras e decorações ficaram no fundo da minha lista de prioridades. Eu resistia às tentativas do meu marido em me confortar, pois sofria a perda dessa matriarca cheia de fé. Zanguei-me quando nosso filho colocou as luzes do Natal em nossa casa. Sem dizer uma palavra, ele as ligou antes de ele e seu pai irem trabalhar.

Enquanto as lâmpadas coloridas piscavam, Deus, gentilmente, me tirou da escuridão. Por mais dolorosas que fossem as circunstâncias, minha esperança permaneceu segura à luz da verdade de Deus, que sempre revela o Seu caráter imutável.

> **LEITURA:**
> **Salmo 146**
>
> **Bem-aventurado aquele que tem o Deus de Jacó por seu auxílio, cuja esperança está no SENHOR, seu Deus.** v.5

O Salmo 146 afirma o que Deus me lembrou naquela manhã difícil: minha infinita esperança "está no SENHOR", meu ajudador, meu Deus poderoso e misericordioso (v.5). Como Criador de tudo, Ele "mantém para sempre a sua fidelidade" (v.6). Ele "faz justiça aos oprimidos", protegendo-nos e provendo-nos (v.7). "O SENHOR levanta os abatidos" (v.8). Ele "nos guarda", "nos ampara" e sempre será Rei (vv.9,10).

Às vezes, quando o Natal se aproxima, nossos dias transbordam de alegria. Às vezes, enfrentaremos perdas, mágoas ou solidão. Mas em todos os momentos, Deus promete ser a nossa luz na escuridão, oferecendo-nos ajuda real e esperança eterna. 🌿 *XED*

> **Deus Pai,** obrigado por nos convidares
> a conhecer e confiar em Teu caráter imutável
> como fonte de nossa esperança eterna.

*Deus firma a nossa esperança
em Seu caráter imutável.*

19 DE DEZEMBRO

A BÍBLIA em UM ANO
JONAS 1-4; APOCALIPSE 10

Medidas extremas

Alguns anos atrás, uma amiga minha perdeu o seu filho, enquanto caminhava por uma estação de trem agitadíssima. Não será preciso dizer que foi uma experiência aterrorizante. Ela gritou seu nome e correu de volta para cima da escada rolante, freneticamente, refazendo seus passos num esforço para encontrar seu garotinho. Os minutos de separação pareciam horas, até que de repente e felizmente, seu filho emergiu da multidão e correu para a segurança de seus braços.

> **LEITURA:**
> **Lucas 19:1-10**
>
> **Porque o Filho do Homem veio buscar e salvar o perdido.** v.10

Pensar nela, que teria feito qualquer coisa para encontrar seu filho, renova minha gratidão pela incrível obra que Deus fez para nos salvar. Desde o tempo em que os primeiros portadores da imagem de Deus — Adão e Eva — pecaram, Ele lamentou a perda de comunhão com Seu povo. Ele fez grandes esforços para restaurar o relacionamento enviando Seu único Filho "para buscar e salvar o perdido" (v.10). Sem o nascimento de Jesus, e sem Sua vontade de morrer para pagar o preço por nosso pecado e trazer-nos a Deus, não teríamos nada para comemorar no Natal.

Então, neste Natal, sejamos gratos por Deus ter tomado medidas extremas ao enviar Jesus para restaurar a nossa comunhão com Ele. Embora estivéssemos perdidos, por causa de Jesus fomos encontrados!

JMS

Pai, sou grato por enviares Jesus
para recuperar pessoas não merecedoras como eu!

---

*O Natal revela as medidas extremas que Deus tomou
para recuperar os que estavam perdidos.*

20 DE DEZEMBRO

A BÍBLIA em UM ANO
MIQUEIAS 1–3; APOCALIPSE 11

Quebrando o silêncio

No final do Antigo Testamento, Deus parece estar escondido. Durante quatro séculos, os judeus esperam e se maravilham. Deus parece passivo, despreocupado e surdo às suas orações. Resta apenas uma esperança: a antiga promessa de um Messias. Com essa promessa, os judeus colocam tudo em jogo. E então acontece algo importante. É anunciado o nascimento de um bebê.

> **LEITURA:**
> **Lucas 1:11-17**
>
> **E irá adiante do Senhor no espírito [...] para converter [...] e habilitar para o Senhor um povo preparado.** v.17

Você pode sentir as emoções apenas lendo as reações das pessoas no evangelho de Lucas. Os eventos que cercam o nascimento de Jesus assemelham-se a um musical cheio de alegria. Os personagens se aglomeram na cena: um tio-avô de cabelos brancos (vv.5-25), uma virgem surpresa (vv.26-38), a idosa profetisa Ana (2:36). A própria Maria canta um belo hino (1:46-55). Mesmo o primo não nascido de Jesus chuta de alegria dentro do ventre de sua mãe (1:41).

Lucas toma o cuidado de fazer conexões diretas com as promessas sobre um Messias no Antigo Testamento. O anjo Gabriel chega a chamar João Batista de "Elias" enviado para preparar o caminho para o Senhor (1:17). Claramente, algo está se formando no planeta Terra. Entre os aldeões tristes e derrotados em um canto remoto do Império Romano, algo de bom está surgindo. PDY

Jesus, vieste a nós, e nos alegramos!
Jesus, tu és o dom da redenção e da esperança para nós. Obrigado!

Uma vez em nosso mundo, um estábulo teve alguém em seu interior, que era maior do que todos do nosso mundo. C. S. LEWIS

21 DE DEZEMBRO

A BÍBLIA em UM ANO
MIQUEIAS 4–5; APOCALIPSE 12

Em casa no Natal

Certo Natal, eu estava em missão num lugar em que muitos dos meus amigos não podiam localizar num mapa. Saindo do meu local de trabalho de volta ao meu quarto, caminhei contra o vento gelado soprando do desolado mar Negro. Senti saudades de casa.

Quando cheguei ao meu quarto, abri a porta para um momento mágico. Meu colega de quarto era um artista e tinha terminado seu último projeto; uma árvore de Natal de cerâmica que agora iluminava nossa sala escurecida com brilhantes pontos coloridos. Por apenas um momento, senti-me novamente em casa!

> **LEITURA:**
> **Gênesis 28:10-17**
>
> Eis que eu estou contigo, e te guardarei por onde quer que fores, e te farei voltar a esta terra. v.15

Quando Jacó fugiu de seu irmão Esaú, ele também se encontrou num lugar estranho e solitário. Adormecido no chão duro, em sonho, ele se encontrou com Deus. E o Senhor lhe prometeu um lar. "A terra em que agora estás deitado, eu ta darei, a ti e à tua descendência [...] Em ti e na tua descendência serão abençoadas todas as famílias da terra" (vv.13,14).

De Jacó, é claro, viria o Messias prometido, aquele que deixou o Seu lar para nos atrair para si. "Voltarei e vos receberei para mim mesmo, para que, onde eu estou, estejais vós também", disse Jesus a Seus discípulos (JOÃO 14:3).

Naquela noite de dezembro, sentei-me na escuridão do meu quarto e olhei para aquela árvore de Natal. E inevitavelmente pensei na Luz que entrou no mundo para nos mostrar o caminho para casa.

TLG

Senhor, somos gratos por preparares
um lugar para estarmos contigo.

O lar não é um local num mapa,
é o lugar ao qual pertencemos e nos foi dado por Deus.

22 DE DEZEMBRO

A BÍBLIA em UM ANO
MIQUEIAS 6-7; APOCALIPSE 13

A silenciosa noite da alma

Muito antes de Joseph Mohr e Franz Gruber criarem a familiar canção "Noite Feliz", Angelus Silesius escreveu:
*Na noite silenciosa uma criança nasceu para Deus,
E o que estava perdido voltou a renascer.
A tua alma, ó homem, poderia tornar-se uma silenciosa noite
Deus nasceria em ti e tudo se faria novo.*

Silesius, um monge polonês, publicou o poema em 1657 em "*The Cherubic Pilgrim*" (O peregrino querubínico). Durante o culto anual de Natal da nossa igreja, o coral cantou uma bela interpretação da canção intitulada: "Sua alma poderia se tornar uma noite silenciosa".

> **LEITURA:**
> **2 Coríntios 5:14-21**
>
> E, assim, se alguém está em Cristo, é nova criatura; as coisas antigas já passaram; eis que se fizeram novas. v.17

O duplo mistério do Natal é que Deus se tornou um de nós para que pudéssemos ser um com Ele. Jesus sofreu todo o peso do pecado para que pudéssemos ser "reconciliados". Por esse motivo, Paulo pôde escrever: "se alguém está em Cristo, é nova criatura; as coisas antigas já passaram; eis que se fizeram novas. Ora, tudo provém de Deus, que nos reconciliou consigo mesmo por meio de Cristo e nos deu o ministério da reconciliação" (vv.17,18).

Seja o nosso Natal com família e amigos ou vazio de tudo o que desejamos, sabemos que Jesus veio para nascer em nós.

"Ah! se o teu coração fosse a manjedoura para o nascimento, Deus, uma vez mais, se tornaria uma criança na Terra." DCM

Senhor Jesus, obrigado por nasceres neste mundo sombrio para que possamos nascer de novo em Tua vida e luz.

*Deus se tornou um de nós,
para que pudéssemos ser um com Ele.*

Pão Diário

23 DE DEZEMBRO

A BÍBLIA em UM ANO
NAUM 1–3; APOCALIPSE 14

Deus conosco

"**Cristo comigo,** diante de mim, atrás de mim, em mim, debaixo de mim, acima de mim, à minha direita, à minha esquerda...". A letra desse hino foi escrita no século 5.º pelo monge celta São Patrício, e ecoam em minha mente quando leio o relato de Mateus sobre o nascimento de Jesus. As palavras parecem envolver-me num abraço afetuoso, lembrando-me de que nunca estou sozinho.

LEITURA:
Mateus 1:18-23

Eis que a virgem conceberá e dará à luz um filho, e ele será chamado pelo nome de Emanuel... v.23

O relato de Mateus nos diz que Deus habitando com Seu povo está no coração do Natal. Citando a profecia de Isaías sobre uma criança que se chamaria Emanuel, que significa "Deus conosco" (ISAÍAS 7:14), Mateus aponta para o cumprimento final daquela profecia — Jesus, aquele que nasceu pelo poder do Espírito Santo para ser Deus conosco. Esta verdade é tão central que Mateus começa e termina seu evangelho com ela, concluindo com as palavras de Jesus aos Seus discípulos: "E eis que estou convosco todos os dias até à consumação do século" (MATEUS 28:20).

As letras deste hino me lembram de que Cristo está sempre com os cristãos através de Seu Espírito vivendo neles. Quando estou nervoso ou com medo, posso manter-me firme em Suas promessas de que Ele nunca me deixará. Quando não consigo adormecer, posso pedir-lhe que me conceda a Sua paz. Quando estou celebrando e cheio de alegria, posso agradecê-lo por Sua obra graciosa em minha vida.

Jesus, Emanuel — Deus conosco.

ABP

Pai, obrigado por enviares o Teu Filho
para ser Deus conosco.

O amor de Deus encarnou-se em Belém.

24 DE DEZEMBRO

A BÍBLIA em UM ANO
HABACUQUE 1–3; APOCALIPSE 15

A emoção da esperança

LEITURA: Lucas 2:11-20

> ...é que hoje vos nasceu, na cidade de Davi, o Salvador, que é Cristo, o Senhor. v.11

Reginald Fessenden trabalhava há anos para conseguir a comunicação por rádio sem fio. Muitos acharam suas ideias radicais e pouco ortodoxas e duvidaram de seu êxito. Mas em 24 de dezembro de 1906, ele tornou-se a primeira pessoa a tocar música no rádio.

Fessenden celebrou um contrato com uma empresa de frutas que tinha instalado sistemas sem fio em seus barcos para se comunicar sobre a colheita e comercialização de bananas. Nessa noite, Fessenden afirma que disse aos operadores sem fio a bordo de todos os navios para prestarem atenção. Às 9h da manhã, eles ouviram sua voz.

Ele primeiro tocou um disco de ária de ópera, e depois em seu violino, tocou "Noite Feliz", cantando a última estrofe. Finalmente, fez as saudações do Natal e leu em Lucas 2 a história dos anjos anunciando o nascimento de um Salvador aos pastores em Belém.

Os pastores em Belém há mais de 2 mil anos e os marinheiros a bordo dos navios de frutas, em 1906, ouviram a surpreendente mensagem de esperança numa noite escura. E Deus ainda nos fala essa mesma mensagem de esperança. Um Salvador nos nasceu — Cristo, o Senhor (LUCAS 2:11)! Podemos nos unir ao coro de anjos e cristãos através dos séculos, que respondem com "Glória a Deus nas maiores alturas, e paz na terra entre os homens, a quem ele quer bem" (v.14).

ALP

Deus, obrigado por enviares Teu Filho Jesus Cristo para ser nosso Salvador!

Sem Cristo não há esperança.
CHARLES SPURGEON

25 DE DEZEMBRO

A BÍBLIA em UM ANO
SOFONIAS 1-3; APOCALIPSE 16

Tradições e Natal

Ao saborear um delicioso panetone neste Natal, diga *grazie* para os italianos, pois esta delícia foi criada pela primeira vez na Itália. Ao admirar a sua poinsétia ou flor do natal, diga *gracias* para o México, de onde a planta se originou. Diga *merci* para os franceses pelo termo Noel, e dê um *viva* para os ingleses pela tradição de beijar o seu amado ao passar por baixo de um ramo de viscos.

Mas, ao desfrutarmos de nossas tradições e festividades da época natalina, dos costumes que foram coletados de todo o mundo, guardemos os nossos mais sinceros louvores e agradecimentos ao nosso Deus bondoso, misericordioso e amoroso.

LEITURA:
Lucas 2:1-10

...Não temais; eis aqui vos trago boa-nova de grande alegria, [...] nasceu, [...] o Salvador... vv.10,11

Dele veio a razão de nossa celebração de Natal: o bebê nascido naquela manjedoura judaica há mais de 2 mil anos. Um anjo anunciou a chegada deste presente à humanidade, dizendo: "trago boa-nova de grande alegria [...] nasceu, na cidade de Davi, o Salvador, que é Cristo, o Senhor" (vv.10,11).

Neste Natal, mesmo à luz da reluzente árvore de Natal e cercado por presentes recém-abertos, a verdadeira emoção virá quando voltarmos nossa atenção para o bebê chamado Jesus, que "salvará o seu povo dos pecados deles" (MATEUS 1:21). Seu nascimento transcende a tradição: É o nosso foco central quando louvamos a Deus por este indescritível presente de Natal. JDB

Senhor, agradecemos-te por vires unir-te a nós naquele primeiro Natal. Ajuda-nos a colocar-te em primeiro lugar.

E o Deus da esperança vos encha de todo o gozo e paz no vosso crer...
ROMANOS 15:13

26 DE DEZEMBRO

A BÍBLIA em UM ANO
AGEU 1-2; APOCALIPSE 17

Como assim?

Quando Andrew Cheatle perdeu seu celular na praia, pensou que o tinha perdido para sempre. No entanto, semana depois, o pescador Glen Kerley ligou para ele. Ele tinha retirado o telefone do interior de um peixe bacalhau e, depois de seco, o aparelho funcionou.

A vida é cheia de histórias estranhas, e algumas estão na Bíblia. Um dia, os cobradores de impostos vieram a Pedro perguntando: "Não paga o vosso Mestre as duas dracmas?" (MATEUS 17:24). Jesus transformou a situação num momento de ensino. Ele queria que Pedro compreendesse o Seu papel como Rei. Os impostos não eram cobrados dos filhos do Rei, e o Senhor deixou claro que nem Ele nem Seus filhos deveriam pagar o imposto do Templo (vv. 25,26).

> **LEITURA:**
> **Mateus 17:24-27**
>
> E o meu Deus, segundo a sua riqueza em glória, há de suprir, em Cristo Jesus, cada uma de vossas necessidades.
> Filipenses 4:19

Jesus queria ter cuidado para não "escandalizar" (v.27), então disse a Pedro para ir pescar. (Esta é a parte estranha da história.) Pedro encontrou uma moeda na boca do primeiro peixe que pegou.

Afinal, o que Jesus está fazendo aqui? Ou melhor: "O que Jesus está fazendo no reino de Deus?" Ele é o Rei legítimo, mesmo que muitos não o reconheçam como tal. Quando aceitamos o Seu papel como Senhor em nossa vida, nos tornamos Seus filhos.

A vida ainda nos lançará suas exigências, mas Jesus nos suprirá. Como disse certo pregador: "Quando estamos pescando para o nosso Pai, podemos depender dele para tudo que precisarmos". TLG

Senhor, ensina-nos a deleitarmo-nos
com as Tuas providências.

Somos filhos do Rei!

27 DE DEZEMBRO

A BÍBLIA em UM ANO
ZACARIAS 1-4; APOCALIPSE 18

Obrigada, meu diário

Logo que me tornei cristã, um mentor espiritual me encorajou a manter um diário de gratidão. Era um livreto que eu carregava comigo em todos os lugares em que ia. Às vezes, eu registrava a respeito de uma ação de graças imediatamente. Outras vezes, no final da semana, após um momento de reflexão.

Anotar os itens de gratidão é um bom hábito que estou pensando em restabelecer. Isso me ajuda a estar atenta à presença de Deus e grata por Sua provisão e cuidado.

No mais curto de todos os salmos, Salmo 117, o escritor encoraja todos a louvar ao Senhor porque "grande é a sua misericórdia para conosco" (v.2).

> **LEITURA:**
> **Salmo 117**
>
> Louvai ao Senhor, vós todos os gentios, louvai-o, todos os povos. v.1

Pense nisso: De que maneira o Senhor demonstrou o Seu amor por você hoje, nesta semana, mês e ano? Não olhe apenas para o espetacular. Seu amor é visto nas circunstâncias comuns e cotidianas da vida. Reflita sobre como Ele mostrou o Seu amor à sua família, sua igreja e outros. Deixe sua mente absorver a extensão do Seu amor para todos nós.

O salmista acrescentou que "a fidelidade do Senhor subsiste para sempre" (v.2). Em outras palavras, Ele continuará a nos amar! Assim, continuaremos a ter muitas coisas para louvar a Deus nos próximos dias. Como Seus filhos amados, que o louvor e a gratidão a Deus caracterizem a nossa vida! 🌿

PFC

Pai, obrigado por
Tua fidelidade e bondade.

Lembre-se de agradecer a Deus pelo ordinário
e também pelo extraordinário.

Pão Diário

28 DE DEZEMBRO

A BÍBLIA em UM ANO
ZACARIAS 5–8; APOCALIPSE 19

Todos os dias

Empilhei as compras no meu carro e saí do meu lugar de estacionamento. De repente, um homem atravessou em frente ao meu veículo, sem perceber minha aproximação. Eu pisei forte nos freios, evitando um acidente. Assustado, ele olhou para cima e encontrou o meu olhar. Naquele momento, sabia que tinha uma escolha: responder com frustração explícita em meus olhos ou oferecer um sorridente perdão. Eu sorri.

Seu rosto se aliviou e ele levantou as bordas de seus próprios lábios em gratidão.

Provérbios 15:13 afirma: "O coração alegre aformoseia o rosto, mas com a tristeza do coração o espírito se abate." O escritor quer que tenhamos sorrisos alegres diante de cada interrupção, desapontamento e inconveniência que a vida traz? Certamente não! Há momentos de luto genuíno, desespero e até raiva da injustiça. Mas em nossos momentos cotidianos, um sorriso pode trazer alívio, esperança e a graça necessária para continuarmos.

Talvez o ponto do provérbio seja que um sorriso resulta naturalmente da condição de nosso ser interior. Um "coração alegre" está em paz, satisfeito e cedeu ao melhor de Deus. Com esse coração, feliz de dentro para fora, podemos responder às circunstâncias surpreendentes com um sorriso genuíno, convidando outros a conhecer a esperança e a paz que eles também podem experimentar com Deus.

> **LEITURA:**
> **Provérbios 15:13-15**
>
> O coração alegre aformoseia o rosto, mas com a tristeza do coração o espírito se abate. v.13

ELM

Querido Pai, que eu possa compartilhar a esperança
que somente tu podes oferecer.

Consolai-vos, pois, uns aos outros e edificai-vos...
1 TESSALONICENSES 5:11

29 DE DEZEMBRO

A BÍBLIA em UM ANO
ZACARIAS 9-12; APOCALIPSE 20

O que permanece no olho

beija-flor obtém seu nome em inglês (*hummingbird*) do zumbido feito por suas asas que batem rapidamente. Em outras línguas é conhecido como "beija-flor" (português) ou "joias voadoras" (espanhol). Um dos meus nomes favoritos para este pássaro é *biulu*, "o que permanece no olho" (*Zapotec* mexicano). Em outras palavras, se você vê um beija-flor, jamais o esquecerá.

> **LEITURA:**
> **Salmo 104:24-35**
>
> **Que variedade, Senhor, nas tuas obras!** v.24

G. K. Chesterton escreveu: "O mundo nunca passará fome por falta de maravilhas, mas apenas por falta de maravilhamento". O beija-flor é uma dessas maravilhas. O que é tão fascinante sobre essas pequenas criaturas? Talvez seja seu pequeno tamanho ou a velocidade de suas asas que podem bater de 50 a 200 vezes por segundo.

Não temos certeza de quem escreveu o Salmo 104, mas o salmista certamente foi cativado pela beleza da natureza. Depois de descrever muitas das maravilhas da criação, como os cedros do Líbano e os jumentos selvagens, ele canta: "Que o Senhor se regozije em suas obras" (v.31). Então ele ora: "Que a minha meditação lhe seja agradável" (v.34).

A natureza tem muitas coisas que podem permanecer em nossos olhos por causa de sua beleza e perfeição. Como podemos meditar neles e agradar a Deus? Podemos observar, nos alegrar e agradecer a Deus ao contemplarmos Suas obras e nos maravilharmos. KOH

> **Pai, ajuda-me** a refletir sobre as maravilhas da natureza
> e meditar nelas com gratidão por tudo o que fizeste!

*O maravilhamento
leva à gratidão.*

30 DE DEZEMBRO

A BÍBLIA em UM ANO
ZACARIAS 13-14; APOCALIPSE 21

O momento de concluir

No final do ano, o peso das tarefas não concluídas pode nos desanimar. As responsabilidades em casa e no trabalho podem parecer intermináveis, e as tarefas inacabadas rolam para o dia seguinte. Mas há momentos em nossa jornada de fé quando deveríamos fazer uma pausa e celebrar a fidelidade de Deus e nossas tarefas cumpridas.

Depois da primeira viagem missionária de Paulo e Barnabé, eles voltaram a "Antioquia, onde tinham sido recomendados à graça de Deus para a obra que haviam já cumprido" (v.26). Enquanto ainda havia muito a compartilhar da mensagem de Jesus com os outros, eles tomaram tempo para dar graças pelo que já tinha sido feito. "Ali chegados, reunida a igreja, relataram quantas coisas fizera Deus com eles e como abrira aos gentios a porta da fé" (v.27).

> **LEITURA:**
> **Atos 14:21-28**
>
> ...navegaram para Antioquia, onde tinham sido recomendados à graça de Deus para a obra que haviam já cumprido. v.26

O que Deus fez por você neste ano que passou? De que maneira Ele abriu a porta da fé para alguém que você conhece e ama? De formas que não podemos imaginar, Ele está trabalhando através de nós em tarefas que podem parecer insignificantes ou incompletas.

Quando nos sentimos dolorosamente conscientes de nossas tarefas inacabadas em servir ao Senhor, não nos esqueçamos de agradecer pelas maneiras como Ele tem trabalhado por meio de nós. Regozijar-se sobre o que Deus fez por Sua graça prepara o cenário para o que está para vir!

DCM

Senhor, damos graças por
tudo o que tens realizado em nós e através de nós.

*Deus sempre age em nós
e através de nós.*

31 DE DEZEMBRO

A BÍBLIA em UM ANO
MALAQUIAS 1–4; APOCALIPSE 22

Memórias de construção da fé

LEITURA:
Lamentações 3:19-26

...Grande é a tua fidelidade. v.23

Ao olhar para a multidão que se reunira para o Ano Novo, a alegria reergueu-me com esperança, quando me lembrei das orações do ano anterior. Nossa congregação havia sido afligida por filhos rebeldes, mortes de queridos, perda de empregos e relacionamentos destruídos. Mas também experimentamos a graça de Deus em corações transformados e relacionamentos restaurados. Celebramos vitórias, casamentos, graduações e batismos na família de Deus, recebemos crianças nascidas, adotadas ou dedicadas ao Senhor e muito mais.

Refletimos sobre as provações passadas como Jeremias refletiu sobre a sua "aflição" e "pranto" (LAMENTAÇÕES 3:19). Reconheci que "As misericórdias do SENHOR são a causa de não sermos consumidos, porque as suas misericórdias não têm fim" (v.22). Jeremias creu na fidelidade de Deus, e suas palavras me confortaram: "Bom é o SENHOR para os que esperam por ele, para a alma que o busca" (v.25).

Naquela noite, cada pessoa na congregação representou uma expressão tangível do amor transformador de Deus. Em tudo que enfrentarmos adiante, como membros do Corpo interdependente de Cristo, podemos confiar no Senhor. E ao continuarmos a buscá-lo e nos apoiarmos mutuamente, podemos, como Jeremias, crer que nossa esperança é fortalecida por memórias de construção da fé e do caráter imutável e confiável de Deus. *XED*

Senhor, obrigado, pois nossa esperança
permanece segura em Tua eterna fidelidade.

*Ao olhar para o novo ano, lembremo-nos
de que Deus sempre foi e sempre será fiel.*

Nossa maior necessidade

O momento que mais define a vida de alguém é a decisão de render-se a Deus, aceitando Cristo como Salvador pessoal. A Palavra de Deus, a Bíblia, afirma que a nossa maior necessidade não é simplesmente a orientação na vida; mas o relacionamento com Deus. Podemos ter esse relacionamento somente através de Jesus Cristo, o que nos traz paz com nosso Pai celestial e o dom da vida eterna com Ele.

Se você nunca tomou este passo de fé, lembre-se de que a fé não é algo que você espera, como a entrega de uma encomenda. Antes, a fé é algo sobre o qual você avança, como uma ponte sobre um rio caudaloso. Jesus Cristo pagou a pena por nossos pecados morrendo na cruz. Depois de três dias, Ele ressuscitou dos mortos e agora está preparando um lugar para aqueles que colocam a sua fé nele. Se fizer isso, você se tornará filho do Deus vivo e herdeiro da vida eterna.

> A fé é algo sobre o qual você avança, como uma ponte sobre um rio caudaloso.

Sugerimos que, para entregar-se a Ele, ore algo assim:

Querido Deus no Céu, venho a Tua presença em nome de Jesus. Reconheço que sou um pecador. Creio que o Teu único Filho, Jesus Cristo, derramou o Seu precioso sangue na cruz e morreu por meus pecados. Peço-te que me perdoes. Transforma a minha vida para que eu possa trazer glória e honra somente a ti. Amém.

Temos um presente inspirador que pode transformar a sua vida.

Esperamos que o devocional *Pão Diário* possa ter contribuído para o seu crescimento espiritual e que a leitura diária da Bíblia tenha sido um "manual de encorajamento" para a sua caminhada com Cristo.

Queremos presenteá-lo com o livro digital *Sucesso ou fracasso*, baseado na vida de grandes homens da Bíblia como: Davi, Manassés, Pedro e José, dentre outros, que foram vitoriosos em sua jornada com o Senhor. Esses homens ainda hoje nos ensinam a superar os obstáculos.

Para ler esse livro digital baixe o **aplicativo** *gratuito* **Clube Pão Diário** na loja do seu telefone. Em seguida, vá à biblioteca e baixe *Sucesso ou fracasso*. Lá você conhecerá outros recursos bíblicos escritos e produzidos para a sua edificação espiritual.

Assim, vamos mantê-lo informado de nossos projetos evangelísticos e lançamentos, e também de outros produtos que podem ser baixados gratuitamente. Deus abençoe a sua vida e aproveite bem a leitura!

Disponível na **App Store**   Disponível na **Google Play**

Você sabia que o *Pão Diário*, além de editar e publicar livros, calendários, agendas e devocionais escritos por diversos autores também é um ministério missionário global?

Sim, somos uma organização que produz conteúdo evangelístico e de edificação espiritual em 57 idiomas para 156 países. Todos os anos, 60 milhões de livros e livretos são distribuídos ao redor do mundo em hospitais, prisões, colégios, universidades, igrejas, competições esportivas etc... e para pessoas que, por motivos diferentes, não podem arcar com os custos financeiros destes materiais distribuídos gratuitamente.

- 35 ESCRITÓRIOS
- 600 FUNCIONÁRIOS NO MUNDO
- 1.000 VOLUNTÁRIOS
- 57 IDIOMAS
- 60 MILHÕES DE RECURSOS DISTRIBUÍDOS

Esta versão que você adquiriu é a mesma que milhões de pessoas leem ao redor do mundo. Mais de 40 escritores de diferentes continentes e países e milhares de pessoas envolvem-se, pessoalmente, com amor e dedicação para que a Palavra de Deus se torne acessível e compreensível a todos os povos e nações.

Para conhecer mais sobre os projetos de Ministérios Pão Diário acesse o site www.paodiario.org

MINISTÉRIOS PÃO DIÁRIO
NO MUNDO

- CANADÁ
- IRLANDA
- REINO UNIDO
- ESTADOS UNIDOS
- PORTUGAL
- ESPANHA
- MÉXICO
- JAMAICA
- HONDURAS
- TRINIDAD E TOBAGO
- COLÔMBIA
- GUIANA
- PERU
- BRASIL
- ARGENTINA

No Brasil, os recursos financeiros da venda dos nossos materiais — desde agendas, calendários a devocionais e livros — são investidos em projetos, que visam levar as boas-novas de Deus às pessoas. Através do seu apoio ou pela compra de materiais, você está fazendo parte desses projetos.

LINHA DO TEMPO DO MINISTÉRIO INTERNACIONAL

1930
ESTADOS UNIDOS

▶

1980
CANADÁ
TRINIDAD E TOBAGO
REINO UNIDO

▶

Confiamos em Deus acima de tudo e dependemos de Sua sabedoria e poder para guiar nosso ministério.

1990–1999

MAICA
STRÁLIA
DONÉSIA
LIPINAS
LARUS
TAILÂNDIA
CHINA
JAPÃO
MALÁSIA
UCRÂNIA
MIANMAR
SRI LANKA
NIGÉRIA
LAOS

2000–2009

VIETNÃ
QUÊNIA
ÁFRICA DO SUL
ZIMBÁBUE
ARGENTINA
IRLANDA
ÍNDIA
BRASIL
COLÔMBIA
GUIANA
MÉXICO
PERU
RÚSSIA
PORTUGAL
ESPANHA
NOVA ZELÂNDIA
CAMBOJA
ORIENTE MÉDIO

2010+

HONDURAS
ALEMANHA

Índice temático

TEMA	DATA
A queda	jan. 5,31; set. 5
Adoração	jan. 6; fev. 5; mar. 1; abr. 5,12,18; mai. 7,13,17,21; jul. 9; set. 3; out. 3,20; nov. 12,16,22; dez. 27,29
Alegria	fev. 7; mai. 11; ago. 19; nov. 4; dez. 28
Amizade	fev. 8; mar. 18; abr. 10; mai. 16
Amor de Deus	jan. 28; fev. 3,8,10,14; mar. 4,6,14,21,23,27; abr. 6,8,13,15,26,30; mai. 5,10,13,15,22; jun. 3,30; ago. 21; set. 7,11; out. 12,13,14,23,26; nov. 10,14,30; dez. 5,16,31
Amor pelas crianças	ago. 14
Amor pelos outros	jan. 4; fev. 12; mar. 6; mai. 2,16; ago. 9,24; out. 22; nov. 29; dez. 8
Amor por Deus	mar. 21; set. 3
Arrependimento	mai. 31; jul. 3
Ateísmo	mai. 23
Autoimagem	mar. 27
Bíblia	abr. 4,9; mai. 15; jun. 6,25; out. 30; nov. 27
Compaixão	jan. 10; abr. 3; jun. 29; ago. 14,28; set. 7; out. 24; nov. 10
Comunhão com Deus	mar. 10; jul. 14,29
Confiança em Deus	jan. 8,16,20, 21,23; fev. 6,10,11,17,20,24,25; mar. 11,22; abr. 20,29; mai. 1,5,10,26; jun. 22; jul. 15,22,26; ago. 3,4,11,13,16; set. 14,24,29; out. 1,7,8,16,27,28,29; nov. 20; dez. 1,2,3,6
Contentamento	jun. 4; set. 19
Crescimento espiritual	fev. 11; mar. 29; abr. 23; jul. 1,21; dez. 7
Criação	ago. 18,31; out. 15; nov. 11,19,23; dez. 16,29
Cristo, Messias/Salvador	jan. 5,6,17,22; fev. 9,18,26; mar. 2,3; abr. 10,14,15,16; jul. 7,14,16; ago. 2; set. 9,26; nov. 21,30; dez. 3,15,20,21,25
Cuidado de Deus	jan. 12,13,22,25; fev. 1; mar. 3,16,17; abr. 6,16; mai. 1,3,10,22,26; jun. 1,21; jul. 19,25; ago. 15; set. 8,25; out. 5,21,27; nov. 7; dez. 14,26
Cuidados com a prole	mai. 19; set. 21
Culpa	ago. 23
Deidade de Cristo	jan. 29; mar. 2; set. 11;29
Depressão	jan. 15
Descanso	jan. 8; mar. 20; jun. 14; jul. 8
Desesperança	nov. 7
Disciplinas espirituais	ago. 21; out. 10
Doar	fev. 12; abr. 21; ago. 28; nov. 13